이해하기 쉬운

외식경영 및 창업

캡스톤디자인

Preface

외식산업은 경제성장과 식문화 발전, 여성의 사회 진출 및 라이프스타일의 변화에 따라 다양화되고 질적 수준이 향상되었다.

외식기업들은 소비자들에게 차별화된 음식과 높은 수준의 서비스를 제공하기 위하여 4차 산업혁명 시대에 알맞은 혁신적이고 발전적인 경영시스템을 도입하여 운영하고 있으며, 정보화·세계화에 빠르게 대처하고 기업의 경쟁력 강화를 위해 노력하고 있다. 최근에는 건강과 환경을 중시하는 고객의 가치소비 확산, 비대면 소비, 푸드테크의 고성장 등 외식기업의 환경 변화에 따라 ESG 시대 사회적 가치 구현 및 지속 가능한 경영시스템이 도입되고 있다.

외식경영은 외식과 관련된 기업이나 사업 등을 효율적으로 수행하는 것으로 외식경영자는 외식시장의 다양한 트렌드 변화 속에서 많은 정보를 활용하고 관리하는 역량이 필요하다. 외식 창업은 창업자가 사업 아이디어를 가지고 자원을 결합하여 활동을 시작하는 일을 말하며, 외식창업자는 창업에 필요한 지식과 전문성, 기술 등을 바탕으로 혁신적인 경영 전략을 수립할 수 있어야 한다. 따라서 이 책에서는 외식경영 및 창업에 관한 지식을 습득하고 사례를 활용하여 직접 창업업무를 해봄으로써 창업에 대한 경험을 쌓을 수 있도록 외식 현황 파악부터 외식경영 파트, 외식 창업(사례) 파트, 캡스톤 디자인 파트로 구성하였다.

외식 현황에서는 외식산업의 특성을 파악하고 외식트렌드 및 미래 전망에 대한 내용을 학생들이 쉽게 학습할 수 있도록 하였다. 외식경영 파트는 외식산업의 경영 형태, 외식 콘셉트, 외식 메뉴관리, 서비스와 마케팅 관리, 인적자원관리, 원가관리 등 관련 이론을 습득하고 활용할 수 있도록 하였다.

외식 창업 파트에서는 외식경영에 관한 이론을 습득한 후 현장에서 필요한 창업과 관련된 기술 습득을 위해 최근 외식기업의 운영사례를 사진과 실제 자료로 제시하고 이를 학생들이 간접 경험할 수 있도록 구성하여 빠른 기술 변화에 대처하고 실무능력을 높일 수 있도록 하였다. 또한 실제로 외식창업을 준비하는 학생들을 위한 산학연계형 캡스톤디자인 운영과 활용 사례를 통해 4차 산업혁명 시대에 알맞은 창의적 문제해결 및 협업 능력을 함양할 수 있도록 하였다.

식품영양학과와 외식 및 조리 관련학과 학생들에게 정확한 정보를 제공하기 위하여 오랫동안 저자들이 대학에서 강의한 내용과 외식경영 전문가의 많은 자료를 취합하여 정리하고 다듬었으나 여러 가지로 미흡한 점이 많아 앞으로도 지속적인 보완과 책의 완성도를 높이는 작업이 필요할 것 같다.

이 책이 출간되기까지 많은 도움을 주신 박재성 부위원장님, 함현근 대표님 그리고 파워북의 김재원 전무님을 비롯한 편집부 관계자들께 진심으로 감사의 마음을 전한다.

2023년 3월

저자 일동

Contents

4 외식 콘셉트

5 외식 메뉴관리

6 외식서비스

7 외식마케팅 관리

10 외식 창업

캡스톤 디자인

11

CHAPTER

1

외식산업의 개요

1. 외식의 개념
2. 외식산업의 개념 및 분류

학습목표

1. 외식과 외식산업의 개념을 이해한다.
2. 외식산업의 분류를 이해한다.
3. 외식산업의 운영체계를 이해한다.

1. 외식의 개념

1) 식사

(1) 식사의 정의

식사는 특정한 시간에 특정한 음식food & beverage을 먹는 것, 사람이 음식을 즐기는 행위, 사람이 식물食物, food을 먹고, 음료飮料, beverage를 마시는 행위로 정의할 수 있다. 식사가 성립하기 위해서는 식사를 할 수 있는 공간, 식사와 음료, 식사를 하는 행위자가 있어야 한다.

(2) 식사의 구분

식사는 조리 주체, 섭취 장소, 조리 장소에 따라 하위 개념인 외식外食, 중식中食, 내식內食으로 구분할 수 있다 그림 1-1.

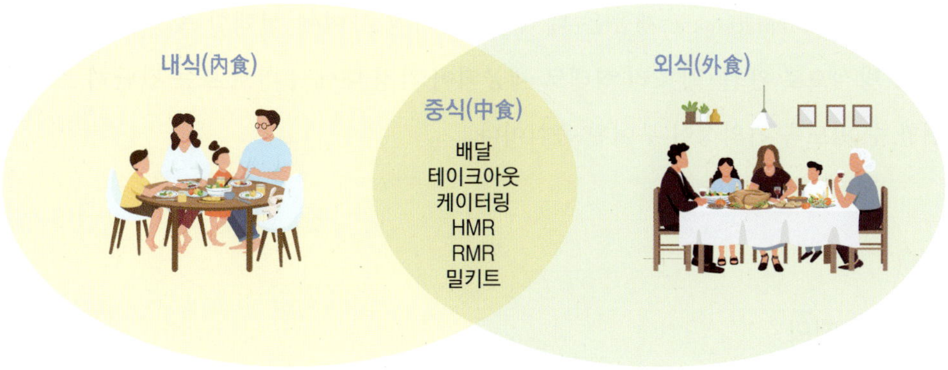

그림 1-1 식사 형태

내식은 조리하는 주체가 가정 내 사람으로 조리 및 섭취 장소가 원칙적으로 가정 내에서 이루어지는 식사를 말하며, 건강에 주안점을 두고 있다. 중식은 조리 주체가 가정 외 사람으로 조리 장소는 원칙적으로 가정 외에 있으며 섭취 장소가 가정 내인 식사를 의미하며 편의성에 주안점을 두고 있다 그림 1-2. 외식은 가정을 중심으로 밖에서 하는 식사 행위의 총칭으로 맛을 탐색하는 데 주안점을 두고 있으며, 최근 외식산업의 변화를 고려

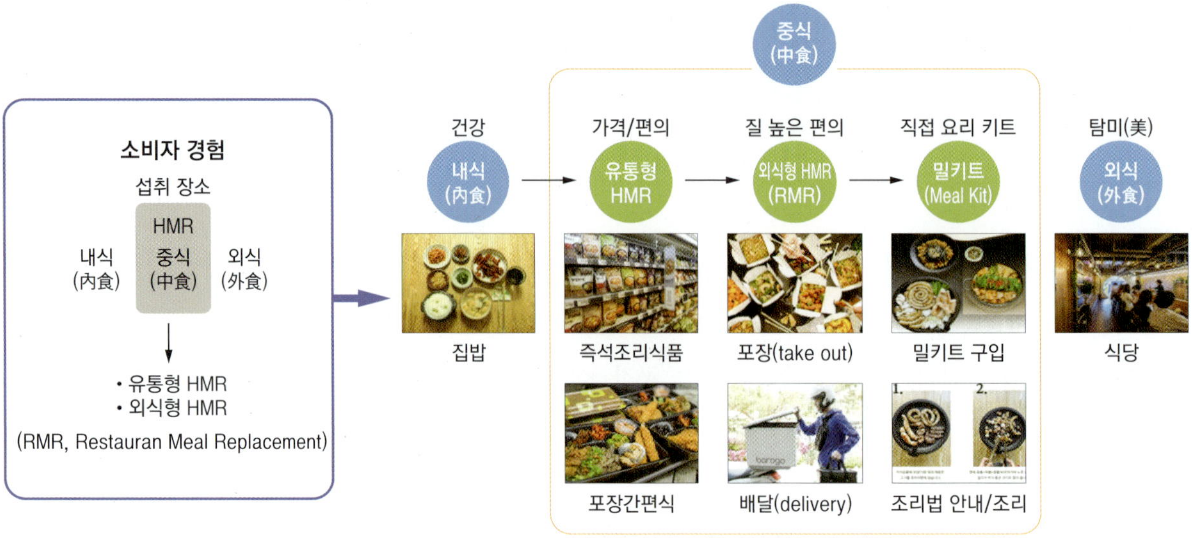

그림 1-2 내식, 중식, 외식의 구분

할 때 중식도 외식에 포함하는 추세를 보이고 있다. 중식에 해당하는 소비자 경험 중심의 HMRhome meal replacement 제품은 내식집밥과 외식 사이에 선택할 수 있는 대체 섭취 제품 및 방식으로 완전·반조리 형태로 제공되어 가정 내에서 바로 또는 간단히 조리하여 섭취할 수 있도록 편의성이 부여된 음식이다.

2) 외식

(1) 외식의 정의

식생활, 소비자 욕구, 외식 형태, 유통 구조, 사회·경제·문화·기술의 거시적 환경 변화 및 외식 트렌드, 연구자 등에 따라 외식의 정의는 차이가 있지만 일반적으로 외식은 음식을 만드는 장소, 만드는 사람, 음식을 먹는 장소 등이 가정 내부에서 이루어지는 내식內食과 반대로 모든 제반 요건이 세대나 가정 외부에서 행해지는 식사 행위로 정의한다.

(2) 외식의 범위

내식內食과 외식外食의 경계가 점차 불분명해지면서 외식의 내식화포장, take out, 내식의 외식화샌드위치, 김밥, 반찬류 현상이 나타나고 있다. 외식의 범위는 외식적 내식external-internal foodservice, 내식적 외식internal-external foodservice, 외식적 외식external-external foodservice으로 구분할 수 있다 표 1-1. 이 중 외식적 내식과 내식적 외식 두 가지를 중식中食의 개념으로 통합하여 세 가지 유형을 외식에 포함시켜 최종적으로 정의하였다 그림 1-3.

표 1-1 외식의 범위 및 정의

외식의 범위	정의
내식적 내식internal-internal foodservice	• 가정에서 요리한 음식을 가정 내에서 먹는 식사
외식적 내식external-internal foodservice	• 가정에서 요리한 음식을 가정 외에서 먹는 식사
내식적 외식internal-external foodservice	• 반찬 매장, 음식점에서 요리한 음식을 포장, 배달, 택배를 이용해 가정 내에서 먹는 식사 • 출장 뷔페의 형태로 전문조리사가 집을 방문하여 요리한 음식을 가정 내에서 먹는 식사
외식적 외식external-external foodservice	• 일반적인 외식의 개념으로 음식점에서 먹는 식사

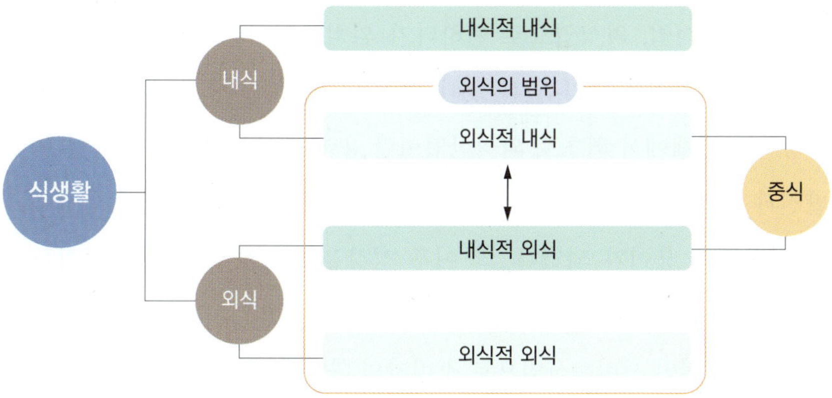

그림 1-3 내식과 외식의 범위

(3) 외식서비스 형태

방문외식, 배달외식, 포장외식으로 구분할 수 있다. 방문외식은 음식점을 직접 방문해서 음식을 주문한 후 음식점에서 먹는 경우를, 배달외식은 전화·인터넷·배달앱 등으로 음식을 주문한 후 음식점 외의 장소에서 먹는 경우를, 포장외식은 주문한 음식을 음식점에서 수령한 후 음식점 외의 장소에서 먹는 외식 형태다.

2. 외식산업의 개념 및 분류

1) 외식산업의 정의

「외식산업진흥법」에서 '외식산업'을 "외식상품의 기획·개발·생산·유통·소비·수출·수입·가맹사업 및 이에 관련된 서비스를 행하는 산업과 그 밖에 대통령령으로 정하는 산업"으로 정의하고 있다. 즉, 가정을 떠나 자기가 조리하는 일 없이 음식을 먹는 것을 외식이라 하고, 그 식사를 제공하는 것을 직업 및 사업으로 하는 업계를 외식산업이라고 한다(식품과학기술대사전, 2008). 외식산업은 식음료의 생산뿐 아니라 무형의 인적 서비스, 분위기 연출 및 이와 관련된 다양한 편익을 제공하는 제조업과 서비스업의 특징을 동시에 지니는 복합 산업이라고 할 수 있다(한국외식산업 통계연감, 2021).

미국은 1960년대 이후, 일본은 1970년대 외식관련 부분이 급속하게 발전하고 규모가 확대되면서 외식산업foodservice industry이라는 용어를 사용하기 시작하였다. 우리나라는 요식업, 식당업, 음식업, 외식업으로 변하다가 외식산업이란 용어는 1979년 10월 최초의 체인음식점인 '롯데리아'가 일본 롯데리아의 기술지원을 통해 국내에 도입되면서 방송과 각종 언론매체에서 최초로 외식산업이란 용어가 사용되기 시작하였다. 1980년대 산업의 발전과 국민소득이 크게 늘어나면서 해외 외식브랜드의 도입과 함께 외식산업은 더욱 자주 사용되는 용어가 되었다. 그 이후 성장을 거듭했고 정부는 외식산업을 육성하고 진흥시키고자 2011년「외식산업진흥법」을 제정하였다.

외식산업은 대표적인 서비스산업으로 소비자의 다양한 욕구에 부응하며 시대와 환경에 따라 민감하게 변화하는 특성을 지니고 있다. 또한, 외식산업은 사람 중심의 산업이며, 서비스 지향적이고, 입지 의존적이며, 높은 경쟁강도와 낮은 진입장벽을 특징으로 하는 산업이다.

외식산업의 사전적 정의

외식산업은 밖에서 음식을 사먹는 사람을 위한 서비스업을 통틀어 이르는 말이며, 가맹점을 거느린 큰 규모의 외식업으로 공통된 식단을 마련하고 재료를 일괄 구입하는 것이 특징이다.

2) 외식산업의 분류

우리나라는 정부 부처별로 관련 소관 사업을 추진하기 위한 목적에 따라 외식산업을 분류하고 있다. 표준소득률국세청, 식품위생법, 관광진흥법에 근거하여 분류하고 있으며, 가장 널리 통용되는 외식산업 분류는 통계청의 '한국표준산업분류'(10차 개정, 2017)이다.

외식산업진흥법의 정의

- **외식** : 가정에서 취사炊事를 통하여 음식을 마련하지 않고, 음식점 등에서 음식을 사서 이루어지는 식사 형태
- **외식상품** : 외식을 위하여 판매가 가능하도록 생산한 제품 및 외식과 관련된 서비스, 교육 · 훈련, 운영체계, 상표 · 서비스표
- **외식산업** : 외식상품의 기획, 개발, 생산, 유통, 소비, 수출, 수입, 가맹사업 및 이에 관련된 서비스를 행하는 산업과 그밖에 대통령령으로 정하는 산업
- **외식사업** : 외식산업과 관련된 경제활동
- **외식사업자** : 외식사업을 영위하는 자

3) 외식사업

(1) 외식사업의 정의

「외식산업진흥법」에서 외식사업은 외식산업과 관련된 경제활동으로 정의한다.

(2) 외식사업의 분류

외식산업의 업종과 업태, 명칭, 서비스 형태를 기준으로 분류할 수 있다.

① 업종과 업태별 분류

업종과 업태는 외식기업의 분류기준으로 많이 활용되고 있으나 외식 메뉴계획을 할 때에는 메뉴 분류기준으로도 사용할 수 있다.

업종type of business은 사업의 형태를 의미하는 용어로 외식기업에서는 주로 음식의 국적에 따른 분류로 활용하고 있다. 국내에서 외식사업을 업종에 따라 분류하면 주로 한식, 양식, 중식, 일식 등 판매하는 음식의 종류로 보인다 그림 1-4.

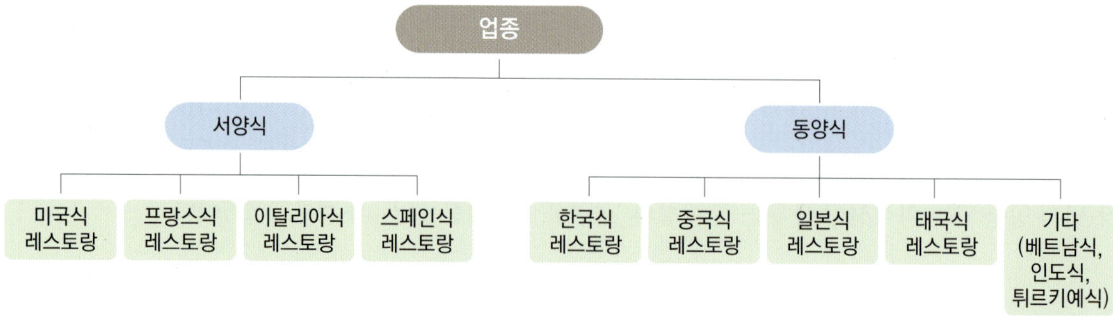

그림 1-4 외식사업의 업종별 분류

업태type of service는 영업전략에 따라 분류하는 방법으로 외형상으로 볼 때는 고객에게 제공하는 서비스 수준을 기준으로 분류하는 것처럼 보일 수 있다. 업태는 미국 등 외식 산업 선진국에서 활용하는 분류방식으로 패스트푸드, 패스트 캐주얼, 패밀리 레스토랑, 캐주얼 다이닝, 파인 다이닝 등으로 분류할 수 있다 그림 1-5 그림 1-6 표 1-2.

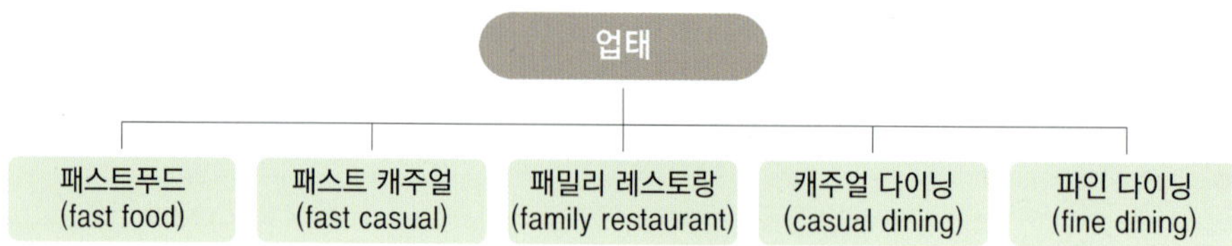

그림 1-5 외식사업의 업태별 분류

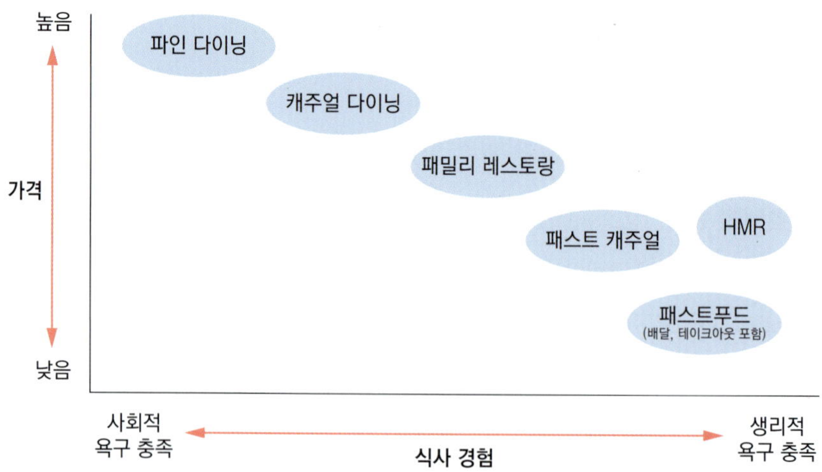

그림 1-6 가격과 식사경험에 따른 외식사업 업태

표 1-2 업태의 종류 및 정의

업태	정의
패스트푸드fast food	셀프서비스, 제한된 메뉴를 저렴한 가격에 신속, 편리하게 제공하는 표준화된 운영시스템으로 바쁜 현대인들이나 저렴한 식사를 원하는 고객 대상
패스트 캐주얼fast casual	셀프서비스, 패스트푸드보다 가격이 비싸지만 캐주얼 다이닝보다는 저렴하고 메뉴가 제한적이며 시간제약을 많이 받는 고객이나 패스트푸드와 캐주얼 다이닝 시장에서 이탈한 고객 대상
패밀리 레스토랑family restaurant	다양한 메뉴, 표준화된 운영시스템, 격식을 차리지 않는 동네 음식적 이미지로 구매동기를 유발하며, 고기구이전문점, 전문한식당이 한국형 패밀리레스토랑의 대표적인 형태
캐주얼 다이닝casual dinning	고급 음식점으로 분류되며 비즈니스 모임, 사회적 교류를 위한 모임, 높은 객단가로 머무는 시간이 길고 점심과 저녁 영업에 주력함. 와인을 비롯한 다양한 알코올 서비스가 제공되며, 바bar가 있는 것이 특징
파인 다이닝fine dinning	요리의 독창성, 예술성이 중요하며 서비스 직원들의 전문성이 중요함. 메뉴나 서비스의 'e고객화' 정도가 매우 높으며 주요 고객은 음식을 즐기는 미식가

② 명칭별 분류

명칭이란 특정한 사물을 부르는 호칭을 의미한다. 외식업소는 요식업소, 식당, 레스토랑, 음식점 등으로 일반적으로 사용되었다. 외식이 단순한 '식사'의 개념에서 벗어나 새로운 외식문화로 인식되면서 외식업소를 어필할 수 있는 명칭의 음식점이 늘어나고 있다 그림 1-7 표 1-3.

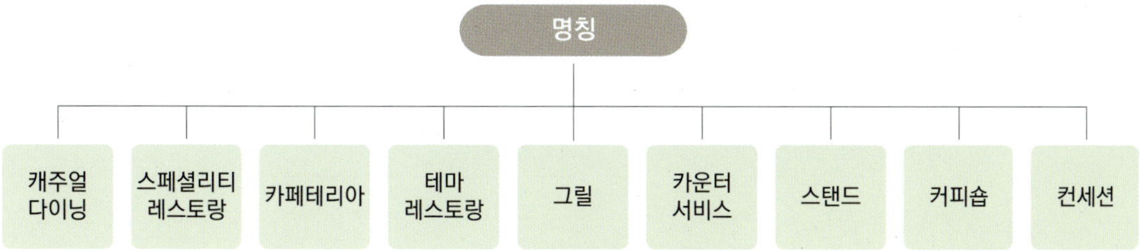

그림 1-7 외식사업의 명칭별 분류

표 1-3 명칭별 분류 및 정의

명칭	정의
캐주얼 다이닝/패밀리 레스토랑	폭넓은 메뉴, 고객의 주문에 의해 서비스 직원이 음식을 제공하는 테이블 서비스 방식, 대중적 음식, 중간 정도 가격, 정중한 서비스, 편안한 시설
스페셜리티 레스토랑	해산물, 팬케이크, 치킨, 야채, 스테이크, 도넛, 오믈렛, 샌드위치 등 한 가지 음식만을 전문적으로 생산 판매
카페테리아	Self Service 방식으로 손님 스스로 진열되어 있는 음식을 선택하여 그 음식값만 지급하고 가져다 먹는 간이식당
다이닝 룸	영업시간을 정해 놓고 조식을 제외한 점심과 저녁 식사를 위해 정식요리 제공. 초고급 음식부터 캐주얼 레스토랑과 패밀리 레스토랑 스타일의 음식까지 제공. 최근 다이닝 룸 명칭을 사용하지 않고 고유의 명칭을 붙인 전문요리 레스토랑과 그릴grill로 바뀌고 있음
테마 레스토랑	특징 있는 테마를 가지고 디자인된 레스토랑 예 기차, 항공기, 열대우림, 교실 등 테마로 분위기 맞는 실내장식, 유니폼 등을 갖추고 운영
그릴grill	주로 일품요리를 제공하는 레스토랑으로서 메뉴 선택의 편의와 매출 증대를 위해 그날의 특별요리를 제공하며 아침, 점심, 저녁 식사 등 모든 식사를 할 수 있음
카운터 서비스	주방이 개방되어 고객이 직접 조리과정을 볼 수 있고 카운터와 테이블이 일체화되어 식음료서비스가 이루어지는 외식업소 예 회전초밥, 스낵바
스탠드	특별한 영업장 시설 없이 카운터 테이블만을 갖추고 있는 레스토랑, 고객이 카운터 테이블로 와서 음식을 주문하고 그 앞에 서서 음식을 먹음. 공항, 바닷가, 도로변과 사람들이 많은 곳에 위치. 핫도그, 아이스크림, 햄버거 등 메뉴 제공
커피숍	고객이 많이 왕래하는 장소에서 음료, 도넛, 샌드위치, 파이 등 단단한 식사를 판매하는 레스토랑
푸드코트	백화점이나 쇼핑센터 내에 다양한 업종, 업태의 외식사업을 일정 장소에 집결시켜 테이블과 좌석을 공동으로 사용하면서 운영
컨세션	경기장, 공항, 체육관과 임대계약을 맺고 이곳을 이용하는 고객에게 햄버거, 음료, 맥주 등의 한정된 상품을 판매하는 외식사업

③ 서비스 유형별 분류

전통적인 외식사업의 서비스는 '인간의 인간에 대한 봉사'가 전제되었다면, 최근에는 비용 관점에서 불필요한 서비스를 지양하고 고객이 부여한 가치에 부합한, 가격대비 합리적인 서비스 제공으로 변하고 있다 그림 1-8 표 1-4.

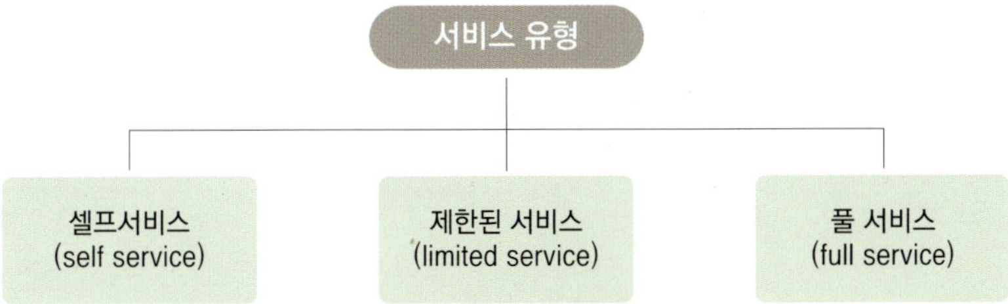

그림 1-8 외식사업의 서비스 유형별 분류

표 1-4 서비스 유형 및 정의

서비스 유형	정의
셀프서비스self service	상대적으로 낮은 인건비, 낮은 가격, 고객 기호에 맞는 상품 선택 기회, 낮은 고객 불만, 높은 좌석회전율, 높은 고객 참여, 신속한 서비스 유형
제한된 서비스limited service	셀프서비스와 풀 서비스의 중간 형태로 서비스·음식의 종류와 서비스의 양과 질, 내용까지 자유롭고 특징있게 디자인할 수 있어 타 기업과 차별적인 서비스 설계 가능한 서비스 유형
풀 서비스full service	테이블 서비스 레스토랑이라 할 수 있음. 높은 가격, 편안함과 화려함 등 고객의 특별하고도 다양한 욕구를 충족시킬 수 있는 서비스 유형

CHAPTER

2

외식산업의 특성

1. 외식산업의 특성
2. 외식산업의 문제점
3. 외식 트렌드
4. 외식산업의 전망

학습목표

1. 외식산업의 특징과 문제점을 이해한다.
2. 외식 트렌드를 이해한다.
3. 외식산업의 전망을 파악한다.

1. 외식산업의 특성

1) 외식산업의 특징

외식산업은 환대, 관광, 식품, 서비스, 제조, 유통 등의 다양한 산업과 밀접하게 연결되어 있어 복합적인 산업구조를 띠고 있다. 외식산업의 기업 형태는 소수의 대기업, 프랜차이즈가맹본부, 다수의 개별 외식기업으로 구성되어 있다. 한국표준산업분류에서는 대분류 '숙박 및 음식점업', 중분류는 '음식점 및 주점업'으로 구분하고 있다 표 2-1. 통계청 외식 관련 자료는 한국표준산업분류 체계를 따르고 있기 때문에, 음식점 및 주점업을 외식산업으로 정의하고 일률적으로 사용하고자 한다. 외식산업은 과당경쟁이 심각한 수준으로 지속적인 성장세를 유지하고 있으며, 대다수가 영세한 특징을 가지고 있다 그림 2-1.

표 2-1 한국표준산업 분류(10차 개정, 2017)

대분류	중분류	소분류	세분류	세세분류
I. 숙박 및 음식점업	56 음식점 및 주점업	561 음식점업	5611 한식 음식점업	56111 한식 일반 음식점업
				56112 한식 면요리 전문점
				56113 한식 육류요리 전문점
				56114 한식 해산물요리 전문점
			5612 외국식 음식점업	56121 중식 음식점업
				56122 일식 음식점업
				56123 서양식 음식점업
				56129 기타 외국식 음식점업
			5613 기관 구내식당업	56130 기관 구내식당업
			5614 출장 및 이동 음식점업	56141 출장 음식 서비스업
				56142 이동 음식점업
			5619 기타 간이 음식점업	56191 제과점업
				56192 피자, 햄버거, 샌드위치 및 유사 음식점업
				56193 치킨 전문점
				56194 김밥 및 기타 간이 음식점업
				56199 간이음식 포장 판매 전문점
		562 주점 및 비알코올 음료점업	5621 주점업	56211 일반유흥 주점업
				56212 무도유흥 주점업
				56213 생맥주 전문점
				56219 기타 주점업
			5622 비알콜 음료점업	56221 커피 전문점
				56229 기타 비알콜 음료점업

자료 : 통계청 통계분류포털(http://kssc.kostat.go.kr), 2017

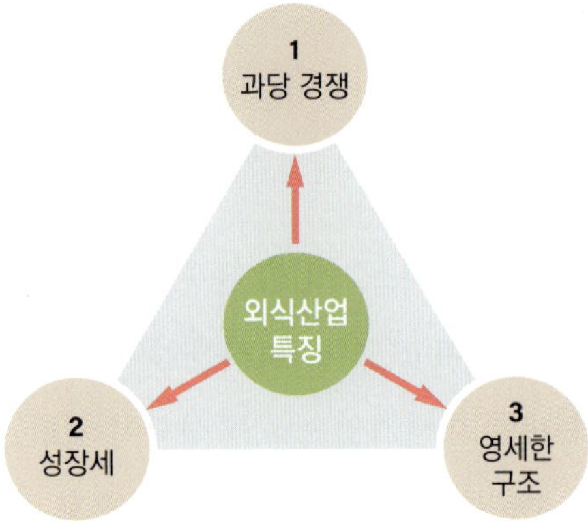

그림 2-1 외식산업의 특징

(1) 과당 경쟁

좋은 일자리에서 밀려난 사람들이 상대적으로 기술이나 자본이 덜 필요하고 진입장벽이 낮은 외식업 창업에 뛰어들면서 과당 경쟁의 생태계를 초래하고 있다. IMF 이후 일자리에서 밀려난 사람들이 기술이나 자본이 덜 필요한 외식업 창업에 뛰어들면서 외식기업 수는 꾸준한 증가세를 보이고 있다. 단순히 인구 대비 외식기업 수를 비교해 봐도 미국 499명당 1개, 일본 208명당 1개, 우리나라는 64명당 1개로 과당경쟁이 심각한 수준이다 그림 2-2.

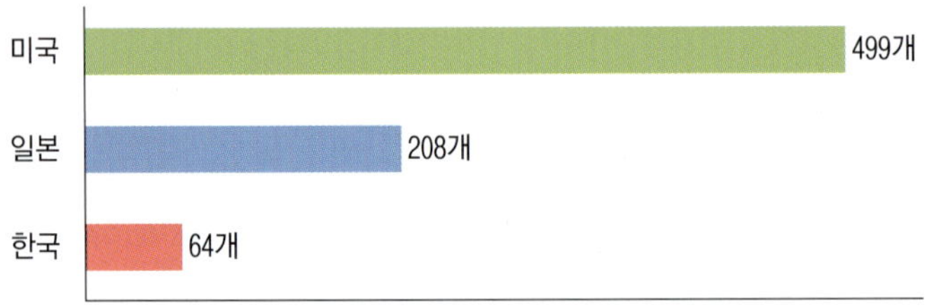

그림 2-2 인구 수 대비 미국, 일본, 한국 외식기업 수 비교

자료 : 한국 - 통계청, 2020; 통계청, 2021, 미국 - US CENSUS, 2019, 일본 - 총무성, 2019

특히 간이음식 포장 판매, 커피전문점, 피자·햄버거·샌드위치, 일식 등은 2019년 대비 크게 증가했고, 주점업, 한식 육류·해산물, 치킨 전문점 등의 수는 감소한 것으로 분석된다. 특히 주점업 관련 업종은 개체수가 큰 폭으로 줄었고 치킨, 커피 전문점의 과밀화 수준은 더욱 심화된 것으로 나타났다 표 2-2.

표 2-2 2019~2022년 외식기업 수

(단위: 개, %)

구분	사업체수		증감수	증감률	구분	사업체수		증감수	증감률
	'22.8월	'19.8월				'22.8월	'19.8월		
전 업종	722,142	685,988	36,154	5.3	기타 비알코올 음료	12,655	19,614	-6,959	-35.5
음식점업	638,174	599,532	38,642	6.4	생맥주 전문	7,831	11,679	-3,848	-32.9
간이 음식 포장 판매	550	147	403	274.1	기타 외국식	1,114	1,556	-442	-28.4
커피 전문	29,946	15,621	14,325	91.7	기타 주점	5,117	7,130	-2,013	-28.2
피자, 햄버거, 샌드위치 등	22,099	17,871	4,228	23.7	한식 육류 요리	41,410	57,633	-16,223	-28.1
일식	16,455	13,994	2,461	17.6	한식 해산물 요리	18,379	24,995	-6,616	-26.5
한식 일반	413,976	354,310	59,666	16.8	출장 음식 서비스	553	743	-190	-25.6
기관 구내식당	651	580	71	12.2	한식 면 요리	11,470	15,006	-3,536	-23.6
중식	24,965	22,339	2,626	11.8	김밥 및 기타 간이 음식	18,433	23,267	-4,834	-20.8
제과점업	21,473	19,252	2,221	11.5	치킨 전문	30,827	33,790	-2,963	-8.8

자료 : 한국농수산식품유통공사, 2022

(2) 지속적인 성장 추세

음식점 및 주점업의 규모는 매년 증가하는 추세를 보였으나 코로나19 팬데믹pandemic의 영향으로 2020년 매출액과 종사자 수가 감소한 것으로 파악된다. 종사자 수는 192만 명, 매출액은 139조 8,900억 원 규모로 나타났으며, 사업체 수는 전년대비 7만 7,000개 늘어나 80만 개 수준인 것으로 나타났다 그림 2-3.

(3) 영세한 구조

대부분 외식기업은 매출액이 낮고 가족경영으로 운영되고 있으며, 2019년 기준 전체 외식기업 중 종사자 5인 미만의 소규모 외식기업 수는 61만 5,498개, 84.6%로 높은 비중을 차지하는 반면, 전체 매출에서 차지하는 비중은 47.69%로 평균 매출은 약 1억 1,000만 원 수준의영세한 구조로 되어 있음을 알 수 있다 그림 2-4.

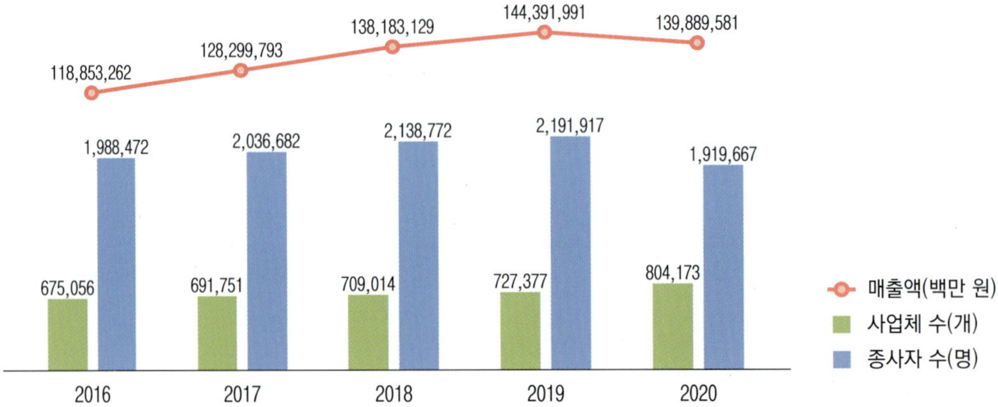

그림 2-3 연도별 외식산업 사업체 수, 종사자 수, 매출액(2016~2020)

자료 : 통계청, 서비스업조사(2016~2019) 및 경제총조사(2020)

표 2-3 종사자 수별 외식기업 매출 현황

구분	1~4명	5~9명	10~19명	20~49명	50명 이상	전체
전체 매출(백만 원)	68,861,881	40,799,826	19,888,674	10,923,018	3,918,592	144,391,991
비중(%)	47.69	28.26	13.77	7.56	2.71	100
업체 수(개)	615,498	91,048	17,13	3,180	513	727,377
비중(%)	84.62	12.52	2.36	0.44	0.07	100
평균매출(원)	111,879,94	448,113,369	1,160,501,459	3,434,911,321	7,638,580,897	198,510,526

자료 : 통계청 서비스업조사, 2019

2. 외식산업의 문제점

외식산업은 높은 폐업률, 생계를 유지하기 어려운 수준의 수익성, 인건비 대비 낮은 노동생산성이라는 고질적인 문제점을 가지고 있다 그림 2-4.

1) 높은 폐업률

2019년 기준 음식업 폐업률은 21.5%로 전체 산업 평균보다 9.8% 높으며, 전 산업 중에서 폐업률이 상위에 속하는 업종에 해당된다 그림 2-5.

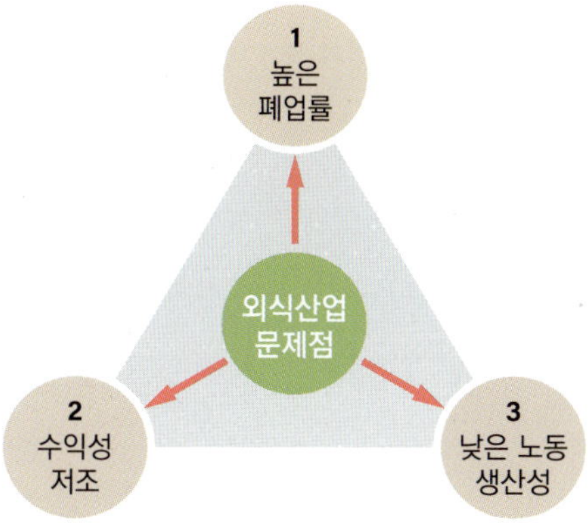

그림 2-4 외식산업의 문제점

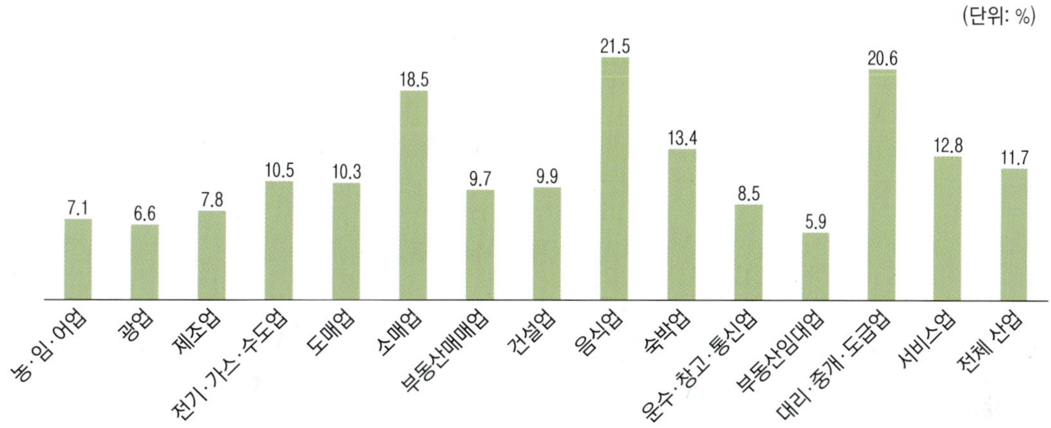

그림 2-5 산업별 전체 폐업률(2019) 및 음식점 폐업률 추이(2015~2019)

자료 : 국세청, 국세통계(2015~2019), 한국외식산업연구원 재가공

2) 수익성 저조

음식점업 연평균 매출은 약 1억 7,700만 원으로 연평균 이익은 약 2,961만 원 수준으로 파악된다 표 2-4. 매출 대비 식재료비, 인건비가 최근 지속적으로 상승했고, 임차료가 급상승[1)]하면서 영업이익률은 약 16.7%에 그치고 있다 그림 2-6.

1) 임차료 상승은 '젠트리피케이션' 현상으로 이어지고 있다.

표 2-4 외식업 경영성과 분석

(단위: 만 원)

구분	2017	2018	2019	2020	평균
매출액	16,275	16,955	17,440	20,302	17,743
영업비용	12,322	14,080	15,458	17,255	14,779
영업이익	3,942	2,875	1,982	3,046	2,961

자료 : 통계청, 경제총조사(2015), 서비스업조사(2017~2020)

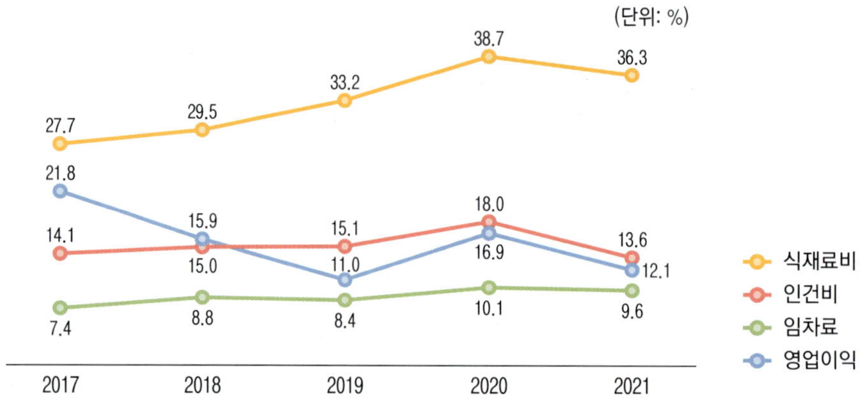

그림 2-6 매출 대비 비용 구조

2020년 기준 일식(17.7%)의 수익성이 가장 높고, 기타 외국식(16.2%), 주점업(15.8%), 한식(15.2%) 순으로 나타났으나, 단순히 2018년과 비교해도 전 업종에 걸쳐 영업이익률이 현저히 감소한 것을 알 수 있으며 업종 간에도 영업이익률의 차이가 큰 것으로 확인된다 그림 2-7.

젠트리피케이션gentrification 현상

일명 '둥지 내몰림 현상'이라고 불리는 젠트리피케이션은 1964년 영국의 사회학자 루스 글래스R. Glass가 처음 사용한 용어로 지주계급을 의미하는 '젠트리'와, 변화를 의미하는 어미 '-피케이션'의 합성어다. 낙후된 구도심 지역이 활성화되고, 상대적으로 낮았던 임대료가 높아지면서, 그 과정에서 원주민이나 기존 주민이나 상인들이 다른 지역으로 내몰리는 현상을 의미한다. 서울의 이태원과 경리단길, 익선동, 성수동, 연남동은 모두 특유의 분위기로 핫플레이스로 부상했던 곳이지만, 치솟는 임대료에 '기존 상인'들은 떠나가고, '대형 프랜차이즈'들이 들어서며 지역 상권이 무너지고 있다.

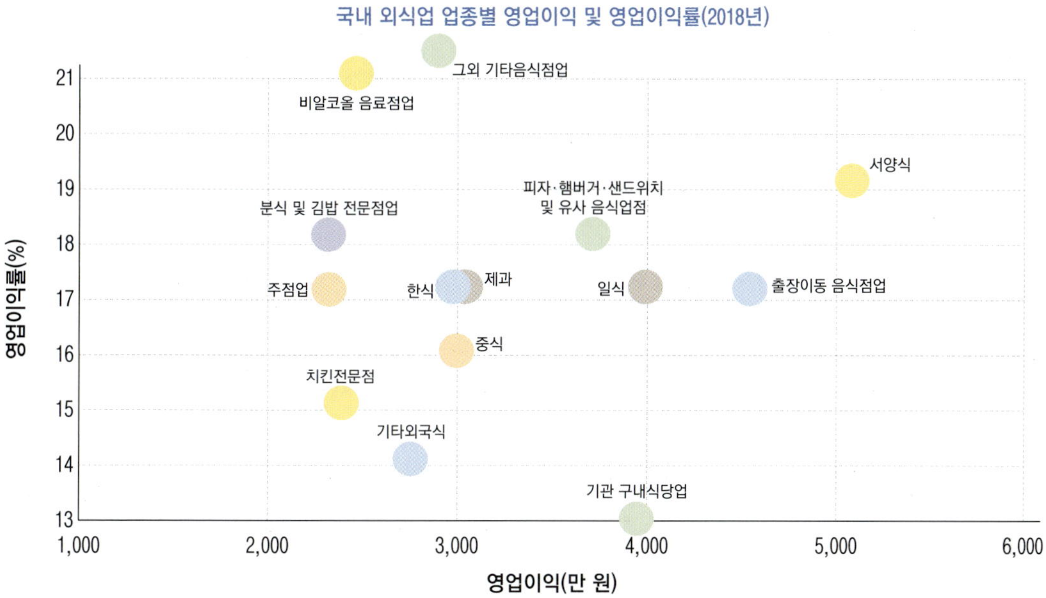

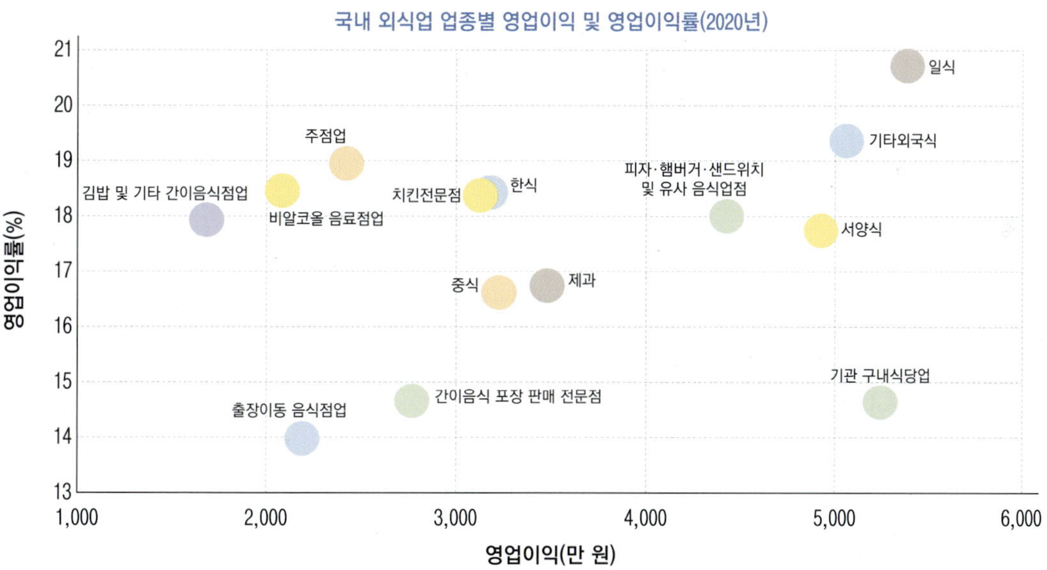

그림 2-7 외식업 업종별 영업이익 변화

3) 낮은 노동생산성

외식산업은 최근 4차 산업혁명을 근간으로 하는 푸드테크, 스마트상점smart store 등을 접목해 인력을 대체하기 위한 시도가 많아지고 있으나 여전히 인력의 의존도가 매우 높은 산업에 속한다. 외식업은 유·무형 서비스가 동시에 제공되는 산업 특성을 지닌다. 수익성 개선을 위해서는 유·무형의 서비스를 동시에 효율적으로 관리해야 하며, 외식업의 노동생산성이 타 산업에 비해 현저히 낮기 때문에 인력의 효율적인 관리는 매우 중요하다. '숙박 및 음식점'의 노동생산성지수는 2012년 크게 감소한 이후, 2019년까지 꾸준히 증가하는 추세를 보였으나 2020년 5.4p 감소한 101.1로 나타났으며, '음식점 및 주점업'은 전년 대비 소폭 하락한 87.4로 나타났다 그림 2-8.

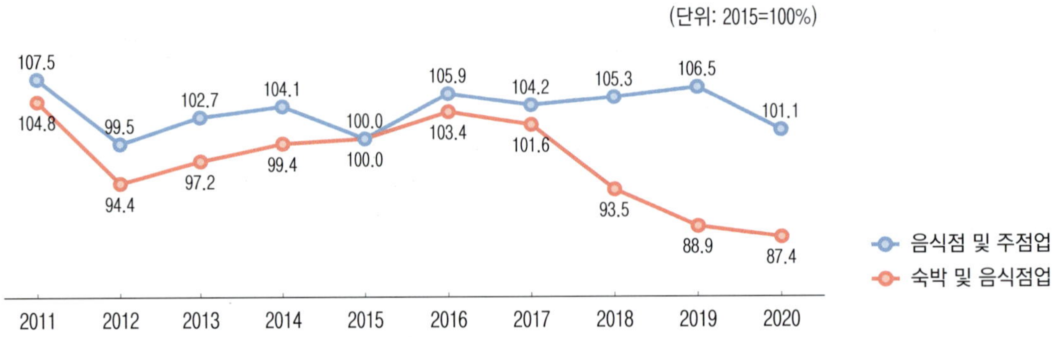

그림 2-8 음식점 및 주점업 노동생산성지수

자료 : 노동비용 - 고용노동부, 직종별사업체노동력조사(구 사업체고용동향특별조사), 노동생산성지수 - 한국생산성본부

3. 외식 트렌드

4차 산업혁명으로 인해 발생한 기술적 변화는 사회 전반의 거시적 환경에 큰 영향을 미치고 있으며, 최근 외식산업의 트렌드를 주도하고 있음을 알 수 있다 그림 2-9.

국내 외식 트렌드는 새로운 트렌드가 나타나기도 하지만 대체로 기존의 트렌드가 변화 및 발전하며 트렌드를 형성하는 경향을 보인다 표 2-5.

2022년 국내 외식 트렌드 키워드는 '퍼플오션 다이닝purple ocean dining', '취향을 연결하다', '속자생존速者生存 24시'로 요약된다 표 2-6.

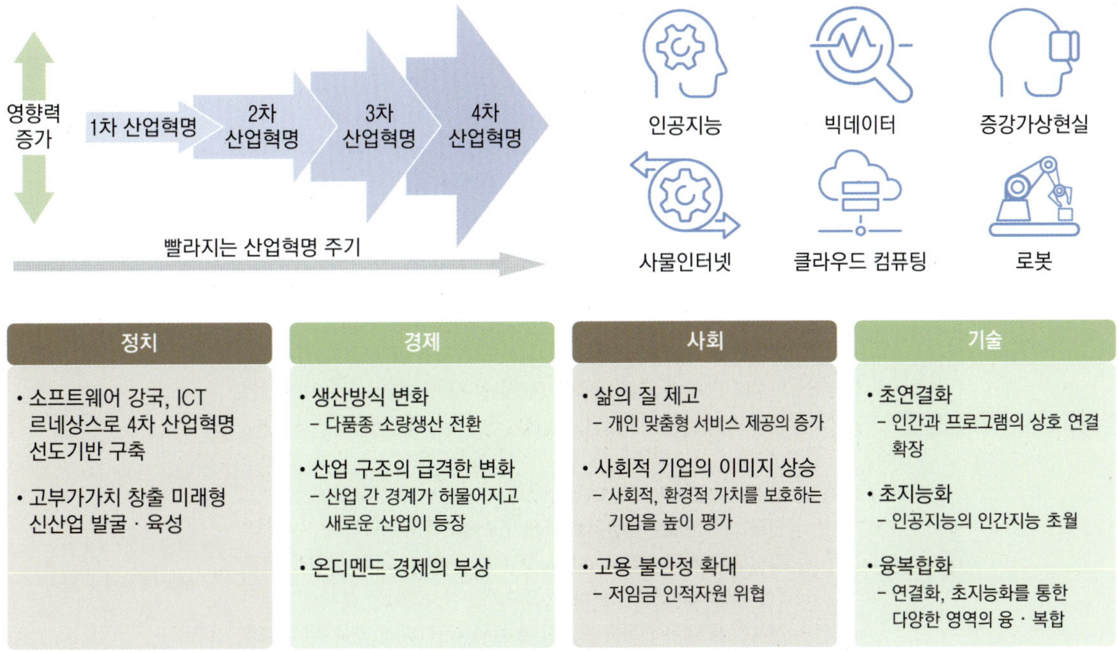

그림 2-9 4차 산업혁명으로 따른 거시적 환경 변화

자료 : 김삼희, 2021

표 2-5 국내 외식 트렌드 연도별 키워드

2012~2013년	2014~2015년	2016년	2017년	2018년	2019년	2020년	2021년
1인 외식	먹방 신드롬	미각 노마드	나홀로 열풍	가심비	비대면 서비스화	Buy me For me	홀로만찬
매스티지	로켓소비	푸드 플랫폼	반(半)외식의 다양화	빅블러big blur	편도족의 확산	멀티 스트리밍 소비	진화하는 그린슈머
홈메이드	한식의 재해석	나홀로 다이닝	패스트 프리이멈	반(半)외식의 확산	뉴트로 감성	편리미엄 외식	취향소비
복고	HMR	SNS 외식경험	모던한식의 리부팅	한식단품의 진화	간편식	그린오션	안심 푸드테크
슬로푸드, 웰빙	가치소비	1인가구, HMR	쿡방, 먹방, SNS	골목상권, 체크슈머	친환경	온라인 체험소비	동네상권의 재발견

자료 : 한국농수산식품유통공사, 2021

표 2-6 2022년 국내 외식 트렌드 및 마케팅 활용 포인트

외식 트렌드	정의	마케팅 활용 포인트
퍼플오션 다이닝	1인 외식, 간편식, 프리미엄 등 시장의 성장 및 경쟁 가속화 속에서 기존시장이 세분화되고, 또 새로운 시장 및 상품의 출현 등이 혼재하는 시장, 즉 동일 시장 안에서도 경쟁(레드오션)과 기회(블루오션)가 공존하는 보랏빛 외식산업(퍼플오션 다이닝) 전망	• 간편식 전쟁 • 1인 외식 • 안전한 외식 • 사치 이상의 가치
취향을 연결하다	재미를 쫓고, 팬덤을 형성하는 시대, 경험을 공유하고 남과 다른 나만의 취향을 우선하는 가운데 나의 취향을 나만 알고 있는 것이 아니라 SNS 등 각종 온라인 플랫폼을 통해 취향을 공유하고 연결하는 소비 감성이 확대되고 있음	• 재미 더한 취향소비 • 편라보레이션 • 굿즈경제 • 슈머sumer족 • 디지털 네이티브의 강화 • 미디어 마케팅 • 음식 큐레이션
속자생존速者生存	현재 외식산업을 한마디로 표현하면 속도의 전쟁이라 할 수 있음. 일반배달에 익숙해진 소비자들은 더욱 빠른, 오직 나만을 위한 단건배달 서비스를 이용하고, 표준화된 식사 행태인 삼시세끼 대신 24시간 중 내가 원하는 시간이 곧 식사시간이 되고 있음. 외식 니즈 및 소비 행태의 변화를 빠르게 감지, 변화하는 시장에 빠르게 대처하는 것이 곧 생존이 되는 시대가 도래함	• 배달시장 가속화 • 푸드테크의 진화 • 무無 시간성 • 고스트 레스토랑의 확대 • 고급메뉴의 대중화

자료 : 한국농수산식품유통공사, 2021

4. 외식산업의 전망

4차 산업혁명의 파고는 전통적인 외식산업의 서비스 형태와 시스템을 변화시키고 있다. 배달 서비스는 선택이 아닌 필수로 자리 잡았고, 비대면 서비스untact service가 사회 전반의 뉴 노멀new normal이 된 지 오래다. 외식산업 경영 환경에 있어서도 변화의 범위는 더욱 다양화·세분화·구체화되는 동시에 그 속도는 점차 빨라지고 있다. 외식업의 기본을 철저히 지키면서 새로운 비즈니스 모델에 대한 이해와 발 빠른 대응력을 키우는 것이 더욱 중요해진 이유다. 새롭게 부상하고 있는 푸드테크food tech, 구독경제subscription economy, 스마트상점smart store, 밀키트meal kit에 대한 관심이 지속적으로 많아질 전망이다.

1) 푸드테크

푸드테크food tech는 식품과 기술의 합성어로 푸드사이언스food science와 함께 사용되어 온 개념으로 식품과 기술이 융합된 4차 산업혁명 기술의 한 종류로 정의할 수 있다. 식품가공산업, 외식산업, 식품유통산업 등 식품산업과 농림축산업 등의 연관 산업에 정보통신기술이나 인공지능, 사물인터넷, 빅데이터 등을 접목시켜 새로운 시장을 개척하는 기술을 말한다. 외식분야는 온라인을 통한 레시피 공유, 음식점 예약 및 추천, 이용 리뷰 및 이용자 리워즈 등 전통적인 분야에서 배달 및 픽업 플랫폼, 공유주방, 대체육, 이커머스, 조리·서빙 로봇, 키오스크, 태블릿 주문기, 인력관리, 식자재 관리 등 외식업과 관련된 생산-조리, 가공-배송뿐 아니라 인력관리 등 다양한 분야로 지속 확대되고 있다(한국농수산식품유통공사, 2021).

푸드테크는 음식과 식재료 배달 및 주문 등의 식품 유통산업과 먹방·쿡방·맛집 정보 공유 등의 식품관련 콘텐츠 산업에 빠르게 활용되고 있다. 농산물의 생산, 식품 제조와 관리, 식품 및 음식점 검색, 주문과 배달, 소비 등 농업부터 식품산업의 전 가치사슬value chain을 근본적으로 변화시키고 있다(이재형 외, 2020).

푸드테크의 주요 분야는 O2O 서비스, 뉴푸드, 스마트팜, 스마트키친 등이다 표 2-7. O2O 서비스는 on line to offline의 약자로 오프라인과 온라인을 연결하여 새로운 가치를 창출하는 것이다. 이는 푸드테크의 가장 대표적이고 쉽게 접할 수 있는 분야이다. 모바일에 기반을 둔 음식 서비스라고 표현할 수도 있으며 신선식품 정기 배송, 무인 배달 대행 등으로 O2O 영역을 확장하고 있다. 뉴푸드란 식품의 생산성을 유전자를 조작하거나 변형시켜 만든 새로운 음식을 말한다. 동물성 재료를 대체하는 새로운 식품은 세계 식품 업계에서 가장 주목하는 트렌드다. 스마트팜은 인터넷과 자동화 기술을 융합하여 시·공간의 제약 없이 농사 환경과 상태를 관측하고, 정보를 계량화하여 농업 생산과 유통, 농촌 생활에 적용함으로써 삶의 질 향상과 함께 보다 지능화되고, 고효율을 지향하는 농업 형태를 말한다.

표 2-7 푸드테크 적용 분야

O2O 서비스	음식배달 서비스 주문 예약 시스템 식재료 배송 서비스
뉴푸드	인공육고기(콩고기, 육류 단백질 배양) 단백질 대체식품(식물단백질, 효모단백질, 곤충단백질, 해조류 단백질)
스마트팜	이미지 분석 기술 농업 로봇 기술 시설환경 제어 생산 시기 예측 및 경영관리

2) 구독경제

외식업은 메르스MERS, 사스SARS, 조류독감AI, 구제역FMD, 아프리카돼지열병ASF, 계란 파동, 코로나 등의 각종 질병 및 식품안전에 대한 이슈가 발생할 때마다 외식업계는 매출이 급감하는 경험을 했다. 극심한 어려움 속에서도 단골고객이 많은 외식기업은 상대적으로 타격이 덜했던 것으로 파악된다. 고객의 유지와 이탈을 최소화하는 것이 무엇보다 중요하다는 얘기다. 고객과의 연결고리를 강화하고 지속적인 매출을 가능케 하는 방식 중 하나로 최근 '구독경제subscription economy'가 부각되고 있다. 구독경제는 미국의 구독 결제시스템 솔루션 기업 주오라Zuora의 창립자인 티엔 추오Tien Zhuo가 제창한 개념이다. 소비자가 상품의 가격보다 낮은 일정 금액을 선지불하면 공급자가 상품이나 서비스를 정기적으로 제공하는 것으로 정의할 수 있다 그림 2-10. 구독경제하에서는 신규 고객 유입 이후 고객의 지속적인 긍정적 경험을 통해 고객과의 관계가 구축되고 이로

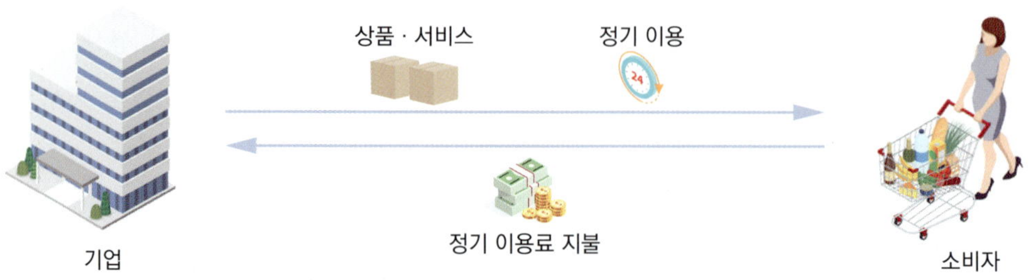

그림 2-10 구독경제의 일반적 개념

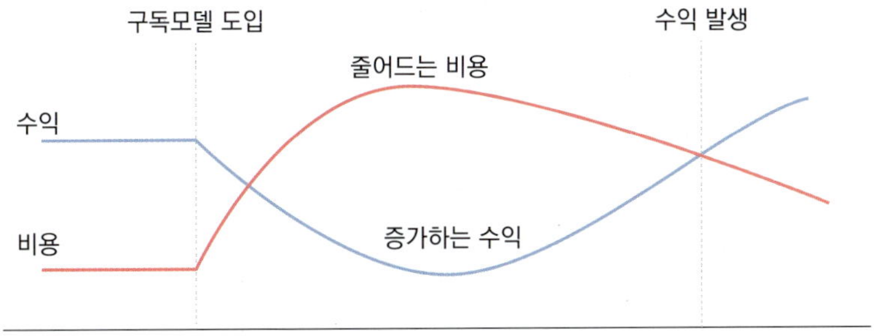

그림 2-11 구독경제의 수익-비용 모델(물고기 모델)

인해 고객의 이탈이 최소화되면서 궁극적으로 성숙기에 다다르면 지속적 매출이 가능하게 된다 그림 2-11.

구독경제의 핵심개념은 고정고객의 확보lock-in effect와 고객 이탈률을 최소화하여 안정적인 매출과 유동성을 지속적으로 유지하는 데 있다. 구독경제를 도입하는 것만으로 성공적인 모델이 될 수는 없다. 특히 외식산업의 경우 구독경제에 최적화된 상품과 서비스, 배달시스템의 구축이 병행되어야 가능한 일이다.

3) 스마트상점

스마트상점smart store의 일반적인 정의는 스마트 기술을 이용해 매장 내 서비스, 경영방식을 혁신하는 상점을 의미한다. 외식업 스마트상점은 더 나아가서 스마트 기술(키오스크, 스마트오더, AR/VR, 스마트냉장고 등)을 이용해 매장 내 식자재 관리, 조리 관리, 판매 및 마케팅, 홀서비스 관리, 직원 관리 등을 효율적으로 혁신하고 서비스, 경영방식을 개선해 생산성을 높이고 비용을 절감하는 외식기업을 의미한다.

인공지능AI,사물인터넷IoT, 정보통신기술ICT 등 첨단 기술의 발전은 음식 서비스 산업의 근본적인 구조 변화를 촉발하고 있다. 외식산업이 디지털 전환에 대한 인식이 낮고 투자 리소스가 부족한 상황임에도 불구하고, 여전히 기술 수용을 통한 산업의 효율화는 필요한 상황이다. IT 기술 및 데이터 관련 핵심 기술요소들을 활용한 스마트상점화는 새로운 기회가 될 수 있다. 외식업 가치사슬은 식자재 구매부터 고객에게 음식이 전달될 때까지 수행하는 음식 서비스와 그 외 매장을 운영하는 데 수시로 진행하는 관리업무로 이뤄져

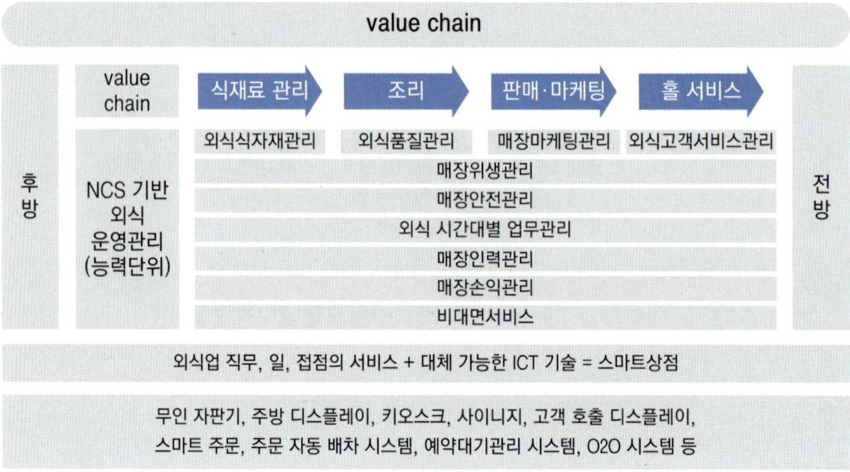

그림 2-12 외식업 가치사슬value chain과 직무

있다 그림 2-12.

국내 푸드테크는 배달 서비스를 시작으로 스마트팜, 대체식품, 3D 음식 프린터, 서빙로봇 등 폭넓은 분야로 영역이 확대되고 있으며, 외식업 분야도 관련 기술·기기를 도입한 스마트상점 개념의 매장이 증가하고 있다 그림 2-13. 고객이 매장을 방문하기 전 미리 스마트오더(QR오더, 모바일오더 등)를 통해 주문 및 예약을 한다. 미리 주문을 했거나

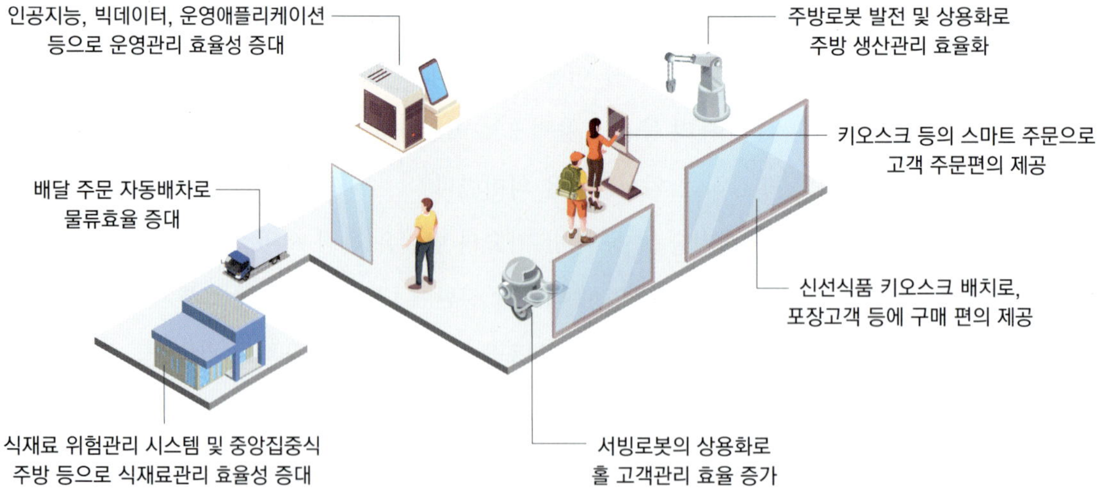

그림 2-13 외식업 스마트상점 개념도

주문을 하지 않고 상점에 방문한 경우 대기관리 시스템에 방문자의 정보가 업로드 되어 매장 입장까지 앞으로 몇 명이 남았는지 알려준다. 고객이 매장에 입장하면 사이니지(전자광고판)를 통해 메뉴와 가격을 확인한다. 이후 키오스크를 통해 주문과 결제를 진행하거나 키오스크 대신 테이블오더가 설치된 음식점에서는 먼저 테이블에 앉은 후 주문을 진행한다. 이때 주문정보 데이터가 발생한다. 주문이 완료되면 주문정보 데이터가 자동으로 KDS(주방 디스플레이)로 표시되어 종업원이 조리를 시작한다. 아직은 실용화되기 어려운 단계지만, 조리로봇이 있다면 데이터가 조리로봇으로 직접 입력돼 KDS는 사라지게 된다. 조리가 완료되면, 해당 데이터가 플랫폼을 통해 DID(고객호출 디스플레이)로 표시된다. 고객은 DID를 확인해 본인의 음식을 가져와서 식사하면 된다. 서빙로봇이 더 활성화되면 데이터가 서빙로봇으로 이동해 정보를 DID에 표시하는 것이 아니라 고객에게 직접 서빙할 것으로 기대된다. 여기서 포장고객은 방문 전 주문 및 예약을 하고 난 뒤 스마트오더 알림이나 DID를 확인해 음식을 가져가면 된다. 배달의 경우 음식 포장이 완료되면 업주가 플랫폼에 연결해 높은 배달업체 라이더에게 자동을 배차가 이뤄진다 표 2-8.

음식 서비스가 주문부터 서빙까지 정형화된 과정이 있다면, 관리업무는 그러한 과정

표 2-8 외식업 음식 서비스에 적용될 수 있는 스마트기술

스마트기술	기능
QR오더	상점 자체, 나아가 고객이 앉아 있는 테이블 자체 QR코드를 고객이 스캔하여 어디서든 주문
모바일오더	고객이 가진 휴대전화를 통해 상점의 플랫폼 애플리케이션 혹은 웹사이트를 통해 어디서든 주문
웨이팅관리 시스템	고객이 매장 방문 전 주문하거나 매장 방문 후 대기가 필요할 때 상점에 비치된 사이니지를 통해 확인하거나 플랫폼을 통해 고객 휴대전화의 문자, 카카오톡 메시지 등으로 알림
사이니지	영상이나 문자 등의 정보를 디스플레이에 표시하고, 이를 플랫폼을 통해 원격으로 관리하는 광고·안내판
테이블오더	고객이 앉은 테이블에 매장 고유 QR코드를 부착하여 고객이 스캔만으로 주문할 수 있게 만드는 서비스
KDS	주방에 설치해 주문정보만 표시되어 조리에만 집중할 수 있도록 하는 디스플레이
DID	고객의 주문정보를 기반으로 음식 조리가 완료됐을 경우 고객에게 알려주는 디스플레이
서빙로봇	인공지능AI 로봇이 주문정보를 기반으로 고객의 테이블까지 직접 음식을 가져다주는 서비스
배달자동차 서비스	고객의 주문정보를 기반으로 AI가 자동으로 최적의 라이더에게 배차하는 서비스

없이 수시로 이루어지는 업무다. 관리업무는 크게 다섯 가지로 나눌 수 있다. 손익관리를 위한 판매 및 구매 데이터관리 시스템이 업주가 구매한 식자재, 판매량 등을 주문정보를 기반으로 자동으로 분석 시각화하여 보여준다. 식자재관리를 위해 식자재구매 데이터관리 시스템이 판매량을 기반으로 필요한 식자재 수량을 분석한다. 스마트 냉장고, 유통기한 모니터링 시스템이 식자재를 구매한 날짜를 기준으로 유통기한을 계산한다. 매장 위생·안전관리를 위해 종업원의 위생안전 수행능력을 모니터링하여 확인 및 기록한다. 또 인력관리를 위해 위치기반 근무관리 시스템이 알아서 종업원의 출퇴근을 확인한다. 블록체인 기술은 업주가 고객의 정보를 알 수 있게 하여 마케팅 전략을 짜는 데 도움을 준다.

주문과 결제를 고객이 직접하는 추세로 바뀌면서, 업주는 주문결제를 받는 데 쓰던 비용을 아끼게 되었다. 여기서 아낀 비용으로 블록체인 기술을 통해 만든 적립금을 고객에게 준다. 이 적립금은 고유의 값을 가지게 되는데, 이 값과 해당 고객의 주문정보를 매치시켜 구매패턴을 파악할 수 있다. 외식기업 업무에 적용되는 스마트 기술 시스템이 기존과 다른 것은, 모든 기술이 통합적으로 관리되는 플랫폼 기반이기 때문에 매장 내 POS뿐만 아니라 어디서든 휴대전화, 태블릿 등을 통해 수시로 확인할 수 있다는 것이다. 모든 연결된 스마트 기술을 업주가 단일 플랫폼을 통해 확인하고 관리할 수 있다.

4) 밀키트

음식을 준비하면서 시간 절약과 편리함을 추구하는 소비자들의 요구가 반영되어 밀키트 시장이 성장하게 되었다. 밀키트meal kit는 meal(식사) + kit(키트, 세트)라는 뜻의 '식사키트'라는 의미로 쿠킹 박스, 레시피 박스라고도 부르며 가정간편식home meal replacement, HMR과 조금 다른 개념이다. 밀키트란 조리에 필요한 식재료를 전처리한 후 조리에 맞는 소스와 조리방법을 세트로 구성하여 제공하는 상품이며, 쿠킹 박스 또는 레시피 박스라고도 부른다. 밀키트는 신선함과 원재료의 맛을 제공하면서 장보는 시간과 재료 손질 시간을 단축해 주는 점에서 프리미엄 HMR로 간주한다(Hertz, Halkier, 2017). 식재료 낭비를 줄이는 '클린 이팅clean eating'과 건강식을 실현할 수 있다는 장점도 가지고 있다(김옥선, 2018).

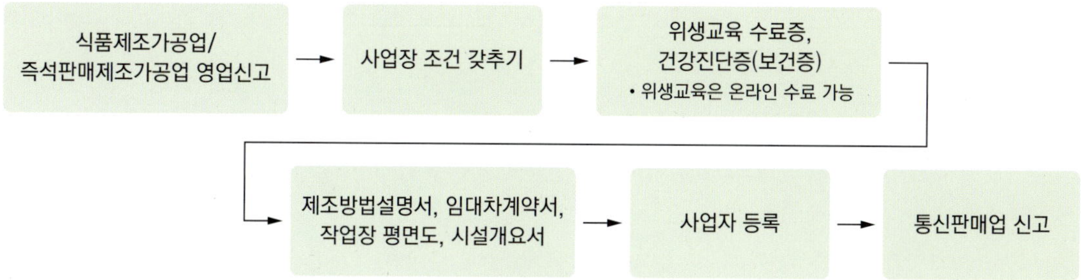

그림 2-14 밀키트 제조 프로세스

밀키트는 2007년 스웨덴의 'Linas Matkasse'라는 기업에서 처음 등장하여 2012년 미국 뉴욕에서 '블루 에이프런'의 쿠킹박스 사업으로 알려지면서 인기를 얻었다. 미국의 밀키트 시장은 시장 규모가 큰 폭으로 성장하면서 2025년에는 142억 달러 규모에 이를 것으로 예상된다(농식품수출정보, 2019).

국내는 2016년 프레시지 등 사업을 시작으로, 대기업들이 진출하면서 시장 규모가 급성장하였고, 2024년 7,000억대 규모로 성장할 것으로 관측된다(농촌경제연구원, 2021). 밀키트는 식품 가공품이어야 합법적인 유통이 가능하다. 외식기업도 기존 매장에 즉석판매제조 허가를 받으면 밀키트 생산이 가능하다. 기존에 운영하던 음식점을 유지하면서 즉석판매제조가공업을 하려면 주방 안에 밀키트 제조 공간을 마련해야 하며 면적변경 신고서를 제출해야 한다 그림 2-14. 이외에도 지방 자치단체별로 요구하는 서류가 다를 수 있어 주의가 필요하다. 또한 밀키트를 만들어 네이버 스마트스토어, 아이디어스, 마켓컬리, 와디즈 등의 플랫폼에서 유통이 가능하며, 입점 수수료가 저렴한 공공 플랫폼인 '가치삽시다' 이용도 가능하다 그림 2-15.

그림 2-15 공공 유통 플랫폼 '가치삽시다'

CHAPTER

3

외식산업의 경영형태

1. 독립경영
2. 위탁경영
3. 프랜차이즈 경영

학습목표

1. 외식산업의 경영형태를 이해한다.
2. 외식산업의 경영형태별의 구분을 이해한다.
3. 외식산업의 경영형태별 특징을 이해한다.

외식은 가정 외에서 조리된 음식을 가정 내·외에서 소비하는 것을 말하며, 외식산업 foodservice industry은 음식과 관련된 산업으로 특정인 또는 불특정 다수에게 상업적 또는 비상업적으로 판매 및 서비스를 제공하는 업을 의미한다.

외식경영은 고객에게 양질의 음식과 서비스를 제공하기 위하여 원료, 사람, 자본, 방법, 기계, 시장 등 인적·물적 자원을 효과적이고 효율적으로 활용하는 과정을 의미한다.

외식경영의 기능은 관리적 기능(계획수립, 조직화, 지휘, 통제), 업무적 기능(구매, 조리작업, 품질경영, 마케팅, 인사, 재무, 정보관리), 의사결정의 기능(최고경영자층 활동, 중간관리자층 활동, 하급관리자층 활동)으로 구분할 수 있다.

외식산업의 경영방식은 프랜차이즈와 비프랜차이즈로 구분하기도 하며 독립경영, 위탁경영 및 프랜차이즈 경영으로 분류하기도 한다.

1. 독립경영

독립경영independent management, owner management은 외식 아이템 선정부터 개업까지 그 모든 영업활동의 권한과 책임이 경영자 자신에게 부여되는 외식산업의 경영형태이다.

독립경영은 창업자가 사업의 주체가 되어 점포와 관련된 의사결정과 행동을 스스로 해야 하기 때문에 이에 대한 책임도 져야 한다.

1) 독립경영의 장점

(1) 창업비용 절감

점포를 임대하거나 소유하는데 들어가는 비용을 제외한 인테리어, 간판, 의자, 탁자, 주방 설비 등의 비용을 절감할 수 있다. 독립경영은 프랜차이즈 창업 시 본부에 지급할 가맹금(가맹비, 교육비 등)이 없으며 가맹본부에 제공하는 마진율도 없기 때문이다.

그림 3-1 독립경영의 예
자료 : SBS 3대 천왕 방송

(2) 높은 영업이익(영업이익률)

원재료를 직접 구입할 수 있어 원재료비를 낮출 수 있으며 프랜차이즈 창업처럼 로열티 등도 지급할 필요가 없다. 또한 매장에 대한 통제를 직접 할 수 있는 부분들(인건비, 마케팅비 등)이 많이 있기 때문에 영업이익을 높일 수 있다.

(3) 점포 운영의 자유로움

독립경영은 시장에 대응하는 정책의 결정을 스스로 빠르게 내릴 수 있으며 자신이 생각하고 계획한 방향으로 점포의 운영을 할 수 있다. 또한 지역의 특색을 살려 운영할 때 그 지역의 고객 특성, 경쟁업체와의 관계 등을 고려한 자율적 판단과 행동이 가능하다.

2) 독립경영의 단점

(1) 체계적인 점포관리의 어려움

독립경영은 매입에서 판매까지 이루어지는 전 과정을 스스로 책임져야 하기 때문에 체계적으로 관리하는 데 한계가 있다.

(2) 신제품 개발R&D의 한계점

독립경영자는 고객의 니즈를 파악하여 계절별로 새로운 신제품을 만드는 데 한계가 있다. 또한 특별한 기간에만 판매가 가능한 상품(크리스마스 상품, 밸렌타인데이 상품) 등을 만들 때에도 시장조사를 할 시간적 여유나 판매하기 위해 준비해야 하는 비용 그리고 판매가 되지 않을 경우 재고에 대한 부담감이 있다.

(3) 브랜드 파워 생성의 한계점

독립경영은 프랜차이즈 매장처럼 브랜드 파워를 올릴 수 있는 활동이 곤란하다. 외식 브랜드에 대한 가치를 높이기 위해서는 마케팅 비용이 수반되며, 단기간에 수익이 나지 않는 독립경영의 경우에는 프랜차이즈보다 고객들과의 매장 접점에 한계가 있다.

(4) 매장 운영의 어려움

독립경영은 혼자서 의사결정을 하고 외부의 도움을 받지 못하며, 때로는 주변의 도움을 요청하기 곤란하여 사업에 대한 자금 운영 및 효율이 낮은 부분도 있다.

2. 위탁경영

위탁경영은 위탁운영, 위탁계약경영으로도 부르며, 기업체 또는 개인이 경영에 관한 노하우를 가지고 있는 제3자(외식전문기업)에게 회사 경영을 위탁하는 것이다. 일반적으로 위탁경영은 소유자(회사)와 경영회사가 위탁경영 계약을 체결함으로써 외식경영을 전문으로 하는 회사가 경영 전권을 맡고 소유자(회사)는 자산관리에만 전념하게 된다. 따라서 위탁경영은 유형자산(부동산, 동산)과 자본(자금)은 있으나 외식경영 능력이 부족한 기업체 또는 개인이 외식전문기업으로 하여금 대리 경영토록 위탁경영 계약서를 작성하고, 소유주인 기업체 또는 개인은 토지, 건물, 시설과 운영자금을 제공하며 외식전문기업은 경영에 필요한 모든 권한을 위임받아 운영을 하는 경영형태이다.

우리나라 최초의 위탁경영 형태는 1967년 미국의 웨스틴Westin사와 조선호텔이 25년간 계약을 체결하여 운영된 것이 효시이며, 현재 외식기업, 병원, 호텔 등에서 많이 도입하고 있다.

1) 위탁경영의 장점

외식전문기업에는 전문가 또는 전문가 집단이 있어 합리적인 의사결정이 가능하며, 경영관리 시스템enterprise resource planning, ERP 등을 통한 효율적인 관리로 외식기업의 브랜드 이미지 및 매출과 수익 상승을 기대할 수 있다.

2) 위탁경영의 단점

소유주와 경영자(외식전문기업)가 경영철학이나 경영이념, 경영방침 등이 다를 경우

갈등이 생길 수 있으며, 외식전문기업의 경영으로 인한 영업부진에 대한 손실도 소유주가 감수해야 한다.

표 3-1 위탁경영의 장·단점

구분	외식전문기업	소유자(개인 또는 기업)
장점	• 투자비용이 적고 급속한 체인 확장 가능 • 재무적 위험 부담 감소 • 규모의 경제 실현 • 브랜드 및 서비스에 대한 지속적인 통제 가능 • 투자수익 증대와 이익 발생 • 경영이념과 경영방침을 적용하여 경영권 행사 • 우수 종사자 양성과 자산 매각 시 투자수익률 확보	• 외식경영에 필요산 운영기술과 경영관리 지식 습득 • 빠른 시기에 브랜드 이미지 상승 • 자산가치 증진 및 자금 조달 용이 • 외식경영에 우수한 인적자원 확보
단점	• 소유자에 재무적으로 의존 • 소유자의 일방적인 계약종료 시 위험 발생 • 매출액 감소와 경영기술 부족에 대한 소유자의 법적 분쟁의 가능성 존재 • 성공적인 외식경영으로 생기는 자산의 부가가치에 대한 무소유권	• 경영통제권의 상실로 확실한 업무수행 달성 어려움 • 고정비용과 채무원리금 변제액을 포함한 모든 운영비용과 자금 부담 • 과다한 위탁경영 수수료와 추가비용 발생 • 고정비용으로 인해 점유율이 떨어질 경우 높은 손실 위험에 노출 • 위탁경영관계가 지속되고 있는 동안 자산의 매입, 매각 어려움 • 계약 종료 후 소유자는 전문적 경영의 능력 부족으로 재무적 손실 증가

자료 : 김홍범, 2001

3. 프랜차이즈 경영

1) 프랜차이즈 경영의 개념

우리나라에서 "프랜차이즈franchise는 가맹사업자franchisor가 다수의 가맹계약자franchisee에게 자기의 상표, 상호, 서비스, 표, 휘장 등(이하 영업 표지라 한다)을 사용하여 자기와 동일한 이미지로 상품 판매, 용역 제공 등 일정한 영업활동을 하도록 하고, 그에 따른 각종 영업의 지원 및 통제를 하며, 가맹계약자는 가맹사업자로부터 부여받은 권리 및 영업상 지원의 대가로 일정한 경제적 이익을 지급하는 계속적인 거래 관계를 말한다"고정의하고 있다(공정거래위원회, 1997). 가맹점은 직영점과 자율 체인의 장점만을 혼합한 형태로서 상표만 빌려주고 영업에 대해서 전혀 관여하지 않는 라이센싱licensing과는 구별된다.

프랜차이즈 사업의 특징은 가맹본부와 독립사업자인 가맹점주가 서로 협업하는 형태로써 가맹본부와 가맹점 사업 간의 계약한 제한된 범위 내에서 일정 부분을 통제하거나 요구할 수 있다.

2) 프랜차이즈 경영의 구분

일반적으로 프랜차이즈 경영franchise management, chain management은 크게 레귤러 체인regular chain과 볼런터리 체인voluntary chain, 프랜차이즈 체인franchise chain 등으로 구분된다 표 3-2.

표 3-2 프랜차이즈 경영형태별 특징

구분	레귤러 체인regular chain	볼런터리 체인voluntary chain	프랜차이즈 체인franchise chain
개념	단일자본의 가맹본부가 직접 경영을 하는 방법	단독점포와 프랜차이즈의 중간 형태인 연합회 형식	가맹점을 각자의 독립채산제로 인정하면서 개점에서 판매관리까지 통일된 시스템으로 운영하는 방식
운영	본부와 동일한 경영 주체가 운영	독립자본에 의해 같은 업종의 소매점이 모여서 공동매입과 경영에 동등하게 참여	본부와 다른 경영주체(가맹점주)가 운영
특징	강력하고 일관성 있는 통제하에 전국 어디서나 동일한 색을 확실하게 내 일반소비자들에게 좋은 이미지를 남길 수 있음	가맹본부는 최소한의 기능만 하고 점포경영주가 자기만의 특성을 살려 융통성 있게 경영할 수 있음	가맹본부가 가맹사업자와 계약을 맺어 영업을 지원하는 운영시스템으로 약정된 계약에 의해 로열티를 지불하며 법적 강제성을 가지고 있음
예	스타벅스	나들가게(지역 내 농산물 공동 수매 후 개발된 브랜드)	국내 대다수 프랜차이즈 브랜드

(1) 레귤러 체인

본사가 독자적으로 자기자본 전액을 출자 또는 투자하여 체인를 확장해 가는 방식을 말하며, 동일 경영자와 그 경영회사의 자본에 의한 다점포화를 의미한다. 즉, 하나의 기업이 2개 이상의 직영점을 내고 본부가 관리하는 방식의 체인조직을 말하며, 직영 체인점이라고도 한다. 점포가 많이 있어도 하나의 회사가 관리·감독하므로 기업형 체인이라고도 한다.

① 레귤러 체인의 장점

- 규모의 경제를 통한 효율적인 경영이 가능하다.

② 레귤러 체인의 단점

- 프랜차이즈 체인방식에 비해서 확장을 위한 점포 개발부터 점포 개설비용이 많이 들어간다.
- 점포의 구입, 점포의 집기비품, 인테리어와 그에 필요한 자금 조달을 비롯하여 점포 개설비용도 모두 본부가 투자하기 때문에 자금력 없이는 체인점을 확장할 수 없다.
- 직영 체인 점포의 운영 실패는 직접적으로 본부가 책임져야 하는 위험도 존재한다.
- 레귤러 체인은 점포 개설에 들어가는 비용이 일반 독립점보다 높기 때문에 빠르게 점포 수를 늘릴 수는 없다.

프랜차이즈 시스템을 도입하고 있는 체인에서도 몇 개의 점포는 시장조사나 경영 노하우 축적, 매뉴얼 작성 등을 위해서 직영점을 운영하고 있는 경우가 많고, 개정 「가맹사업법」에서는 2021년 11월 19일부터 직영점 1개 이상을 운영하고 있는 본사만 프랜차이즈

스타벅스

STARBUCKS는 미국 해양 소설 중 하나인 《모비딕Moby Dick》에 등장하는 인물의 이름을 본따서 만들었으며 스타벅스 창업자는 제럴드 제리 볼드윈Gerald Jerry Baldwin, 지브 시글Zev Siegl, 고든 보커Gordon Bowker 등 3명이었기 때문에 '스타벅Starbuck'의 복수형인 s를 붙여 STARBUCKS로 브랜드 이름을 만들었다. 그리고 모비딕 소설의 콘셉트를 바탕으로 바다의 신 '사이렌Siren'의 모습을 형상화해서 간판에 넣어 브랜드 이미지를 구축하였다. 이후 하워드 슐츠가 스타벅스 커피, 티 앤 스파이스를 인수하면서 스타벅스사 회장이 되었고, 1992년 나스닥에 상장하여 오늘날 세계에서 가장 유명한 대형 커피 브랜드로 성장하였다.

자료 : 스타벅스코리아 홈페이지(https://www.starbucks.co.kr/store/store_reserve.do)

사업에 필수적인 정보공개서를 등록하도록 법을 개정하였다.

(2) 볼런터리 체인

독립자본에 의한 비슷한 업종의 소매점이 모여서 공동으로 구입, 광고, 보관, 배송 등을 하는 형태로 생겨난 체인 조직이며, 기능의 일부를 체인 본사에 위탁하여 프랜차이즈 시스템을 갖추고 영업을 하는 방식이다. 임의연쇄점(몇 개의 도매상이나 소매상이 각각 독립성을 유지하면서 구입, 광고, 보관, 배송 따위를 공동으로 하는 수평적 협업 조직)이라고도 불리는 볼런터리 체인은 개별 소매점 경영의 자율성과 체인화로 얻는 이득을 동시에 충족하고자 만든 조직의 형태로 하나의 점포가 복수의 체인에 속하는 경우도 있다. 각 점포가 개별 소유라는 점에서는 프랜차이즈 체인방식과 유사하지만 본부의 지시에 가맹점이 자율적으로 행동하고 조직의 주체는 가맹점이며, 가맹점이 체인경영의 의사결정에 참여하는 등 가맹점 간의 수평적 관계가 중시된다. 이러한 임의적 체인점은 출발 자체가 쉽지 않지만 저렴한 가격정책을 무기로 하는 연쇄점이나 슈퍼 등의 업종에 적합하며 해외에서는 한남체인, 국내에서는 썬마트, 나들가게 등이 활동하고 있다.

볼런터리 체인이 프랜차이즈 체인과 다른 점은 가맹금, 물류 배송 수익 등으로 돈을 벌기 위한 조직이 아닌 체인화에 의해서 규모의 경제를 만들어 가맹점의 매출을 신장

나들가게

2017년부터 체인화를 추진한 나들가게는 '정이 있어 내 집같이 나들이하고 싶은 가게'라는 의미를 담고 있으며, 매장 면적 $300m^2$ 이하 소매점포가 대상이다. 나들가게는 쇼핑환경 · 가격 · 서비스 · 위생 등에서 대형마트와 기업형 슈퍼마켓Super Super Market, SSM과 경쟁할 수 있도록 시설을 현대화한 게 특징이며 판매실적 · 재고 · 매출관리 등의 정보화와 공동구매 및 물류를 실현했을 뿐 아니라 상권분석, 점포설계, 재고관리 등에 대한 경영지원도 중소벤처기업부 소상공인시장진흥공단을 통해 지속적으로 지원받고 있다.

자료 : 소상공인시장진흥공단 나들가게(https://www.sbiz.or.kr/nas/nadleintro/nasIntro.jsp)

시키는 것을 목적으로 한다는 것이다. 입회비는 실비 또는 무료인 경우가 대다수이며, 이러한 점이 프랜차이즈 체인과 구별된다.

볼런터리 체인(임의적 체인)의 특징은 경영은 임의로 이루어지고 시스템의 이용도 자유로우며 자본의 경우 본부와 가맹점이 독립적이다. 또한 출점속도에서 급속출점이 가능하나 한정된다.

(3) 프랜차이즈 체인

프랜차이즈 체인은 체인본사와 각 가맹점이 모두 독립자본에 의한 사업자이지만 운영의 주체는 체인본사에 있으며, 가맹점은 프랜차이즈 체인 경영의 의사 결정에 적극적으로 참여하지 않는다. 다만, 최근에는 가맹점주협의회 등의 단체를 통하여 체인경영에 일부 참여하는 모습이 나타나고 있다. 프랜차이즈 체인은 가맹점주는 개점 및 경영 노하우 등을 본부로부터 제공받아 편리성과 안정성을 부가해 사업을 할 수 있고, 소비자는 동일한 브랜드 이미지로 체인망 내 매장에서 양질의 상품과 서비스를 받을 수 있으며, 가맹(체인)본부는 가맹비, 로열티, 상품 도매 이익 등의 수입으로 지속적인 사업을 영위하는 시스템이다. 즉, 이러한 관계는 본사와 가맹점 간의 수직적 관계가 중시된다.

프랜차이즈 시스템은 가맹점을 모집하는 본부를 프랜차이저franchisor라고 하며 가맹점을 프랜차이지franchisee라고 지칭한다. 프랜차이저는 BBQ, 청년다방, 이디야커피처럼 가맹점에 대한 영업권을 주는 본사를 지칭한다.

프랜차이저는 가맹점과의 계약을 「가맹사업법」에 따라 진행하고 프랜차이저의 매장 영업관련 노하우와 음식의 경우 제조 비법, 슈퍼바이저를 통한 매장관리 등의 매뉴얼을 제공해 준다. 또한 개점 전 충분한 교육을 통해 매장이 스스로 자립할 수 있게 도와주고 가맹점 매출의 일정비율을 로열티 수수료로 받는 경우가 많다.

프랜차이지는 프랜차이저와 계약을 하고 매장영업을 하는 개별 가맹점을 지칭한다. 프랜차이지의 수는 프랜차이저가 벌이는 프랜차이즈 업종의 사업성에 따라 달라질 수 있다. 본사가 해외에 있고 한국에 지사를 개설한 뒤 한국지사에서 프랜차이지를 모집할 경우 한국지사를 마스터 프랜차이지master franchisee라고 부르며, 해외 본사인 프랜차이저와 계약에 따라 지점이 개설된 해당 국가에서 서브 프랜차이지 계약에 관한 독점권이나 우선권을 갖는다. 이러한 프랜차이즈 시스템은 시대에 따라 다양한 업종과 업태에 적용될 수 있으며 많은 패턴과 비즈니스 방식이 존재한다. 예를 들면 맥도날드, 던킨도너츠 등이 해외에서 국내로 들어 온 마스터 프랜차이즈의 한 형태이다.

프랜차이즈 체인(가맹점)의 특징은 일부 임의경영이 가능하나 대부분 프랜차이즈 본사의 통제(가격, 영업시간, 판매촉진 등)를 받으며 슈퍼바이저에 의한 순회지도를 받고 상품공급 또한 본부에서 공급받거나 알선받은 상품을 사용하여야 한다. 자본의 경우는 볼런터리 체인처럼 본부와 가맹점이 독립적이다.

① 프랜차이즈 체인의 장점

- 신규업소 개업 시 적은 자본으로 상표이용료 및 기술지원료 등의 수익을 창출할 수 있고 단기간에 업소의 확대와 프랜차이즈의 브랜드 인지도를 높일 수 있다.
- 가맹점의 증가만큼 본사의 이익이 증가하며 규모의 경제로 구매파워가 생겨 구매상의 이점도 생긴다.
- 가맹점은 프랜차이즈 시스템을 따르므로 운영 경험 부족으로 발생하는 리스크를 줄일 수 있고, 프랜차이즈 본부의 상호, 상표, 상품의 사용과 경영 노하우를 전수받을 수 있다. 또한 통합된 영업, 광고, 판촉 등의 지원으로 브랜드 이미지를 올려 영업효과를 높일 수도 있다.
- 개인이 신제품을 만들고 판매하는 것이 아니므로 재고의 부담을 줄일 수 있고 품질의 균일화도 이룰 수 있다. 반면 표준화된 동일방식을 따르므로 임의로 더 나은 방법을 채택하여 운영할 수 없고, 프랜차이즈본부와의 이해가 상반되는 경우, 그 해결방안이 복잡해질 수 있다.
- 일부 프랜차이즈본부의 경우 가맹점과 불평등한 계약을 요구하는 경우도 있다. 오너에게 모든 것이 집중되어 프랜차이즈본부의 명예 실추(오너 및 대표 가족 리스크) 및 잘못된 판단이나 불법행위로 기업에 영향을 끼칠 수 있으며, 이로 인한 브랜드 하락 피해를 볼 경우 가맹점주들은 그 보상이 어려울 수 있다.

② 프랜차이즈 체인의 단점

- 외식기업 프랜차이즈는 비프랜차이즈와 매출 대비 식재료 원가비율이 높다.

- 매출액 규모는 프랜차이즈 가맹점이 개인사업에 비해 더 큰 것으로 나타났지만, 영업이익률은 비프랜차이즈보다 낮은 것으로 나타났다.
- 프랜차이즈 운영형태는 비프랜차이즈 운영형태에 비해 투자비용이 상대적으로 많기 때문에 실패로 인한 매몰비용이 더 많다.

맥도날드

맥도날드의 역사는 1954년 레이 크록Ray Kroc이 캘리포니아에 있는 한 햄버거 가게를 방문하면서부터 시작되었다. 밀크셰이크 기계 판매원으로 근무하던 크록은 맥도날드 형제가 운영하던 햄버거 가게에서 주문을 받았고 그들에게 감탄했는데 메뉴는 간단하고 저렴하지만 햄버거의 품질과 맛은 최고였다. 크록은 맥도날드 형제에게 미국 전역에 걸쳐 맥도날드 매장을 개장하는 비전을 제시하며 프랜차이즈 사업을 제안하였다. 1955년 레이 크록은 일리노이주의 데스플레인스Des Plaines에 맥도날드의 첫 정식 프랜차이즈 매장을 오픈했으며 이후 큰 성공을 거두어 불과 5년 만에 점포 수는 200개가 되었다.

크록은 언제 어디에서나 변함없이 좋은 품질의 음식과 완벽한 서비스를 동일하게 제공해야 하며 이를 위해 프랜차이즈 파트너와 공급업체의 수평적인 관계를 통해 동반 성장이 이루어져야 한다는 신념으로 이들에게 '맥도날드를 위해 일하는 것'이 아닌, '맥도날드와 함께 본인들을 위해 일하는 것'이라는 비전을 전달했다. 또한 '사업은 혼자 하는 것이 아니라by yourself, 본인을 위해 하는 것for yourself이다'라는 유명한 슬로건을 남긴 바 있다.

크록의 신념은 프랜차이즈, 파트너, 공급업체가 의자의 세 다리와 같은 역할을 해야만 맥도날드가 튼튼하게 바로설 수 있다는 '세 다리 의자The Three-Legged Stool'의 경영 철학을 바탕으로 맥도날드가 오늘날 프랜차이즈의 표본이 되었고, 60년 가까이 전 세계에서 최대 규모의 프랜차이즈 업체로 성장하게 되었다.

자료 : 맥도날드 홈페이지(https://www.mcdonalds.co.kr/kor/story/intro/brandhistory.do)

실습 외식 프랜차이즈 업체 조사하기

자료

- 외식기업의 경영형태
- 외식 가맹 운영의 형태
- 가맹 운영형태의 사업과정
- 외식산업 관련 연구논문 및 보고서

기기(장비 · 공구)

- 컴퓨터, 프린터, 스캐너, 빔 프로젝터
- 프레젠테이션 프로그램
- 스마트폰
- 문서 작성 프로그램

안전 · 유의사항

- 외식기업 자료 수집 시에는 업체 담당자의 허락을 얻은 후 자료 수집 및 정보 등을 제공받는다.
- 외식기업은 국내 및 해외(마스터 프랜차이즈) 등으로 구분하여 조사한다.
- 외식산업 관련 연구논문 및 보고서는 최근의 자료를 활용한다.

수행 순서

1. 우리나라에서 인지도가 높은 프랜차이즈 업체의 시스템을 조사한다.
2. 팀원들이 방문할 업체를 선정한 후, 조사할 내용 및 자료를 수집한다.
3. 외식기업의 정보를 활용하여 프랜차이즈 업체를 업종별로 구분한다.
4. 프랜차이즈 업체를 선정하고 조사할 내용을 협의한 후, 팀별로 방문 조사한다.
5. 수집한 자료는 정리하여 도표를 작성하고 촬영한 사진은 편집한다.
6. 개별로 작성한 자료는 취합하여 팀별로 정리한 후, 보고서를 작성한다.
7. 각 팀별로 5분 정도의 프레젠테이션을 준비하고 발표를 통해 서로 공유한다.

수행 tip

- 팀원들은 외식기업 자료 수집 시, 국내 · 외 프랜차이즈 업체의 운영 시스템을 조사 및 분석한다.
- 최근 성공한 프랜차이즈 업체 중심으로 자료를 수집한다.

외식 프랜차이즈 조사보고서 작성

외식 프랜차이즈 업체 조사하기	
날짜 :	작성자 :
구분	**내용**
외식기업명	
경영이념	외식기업의 경영방침
인재상	외식기업에서 추구하는 인재상
외식기업의 특징	타 외식기업과의 차별화 전략 및 외식기업의 사회적 책임 (윤리구매, 환경보호, 사회공헌활동 등)
프랜차이즈 경영 시스템 분석	조사한 프랜차이즈 업체의 경영 시스템(특이사항 및 장·단점)
참조 자료	자료 및 출처
Discussion	느낀 점

CHAPTER

4

외식 콘셉트

1. 외식 콘셉트의 개념 및 역할
2. 외식 콘셉트 개발
3. 입지 선정

학습목표

1. 외식 콘셉트의 개념과 역할을 이해한다.
2. 외식 콘셉트의 종류를 이해한다.
3. 외식 콘셉트의 개발 및 단계를 이해한다.
4. 상권조사 및 입지분석을 이해한다.

1. 외식 콘셉트의 개념 및 역할

콘셉트concept는 con과 cept가 결합된 단어로 '여럿을 하나로 취하다', '여럿을 붙잡아 하나로 묶은 것'이라는 뜻으로 이미지로 보이는 것들을 총칭하며, 외식 콘셉트는 메뉴, 품질, 서비스, 식재료 구매, 위치, 경영형태, 분위기, 입지, 가격 등에 의해 결정되며 외식 기업의 중추적인 역할을 한다.

1) 콘셉트의 종류

외식 콘셉트는 크게 브랜드 콘셉트, 제품 콘셉트, 표현 콘셉트, 상호 콘셉트 등으로 구분할 수 있다.

(1) 브랜드 콘셉트

브랜드 콘셉트brand concept는 기업의 이미지corporate identity, CI와 브랜드 이미지brand identity, BI를 나타내는 것이다. 브랜드 콘셉트는 소비자들이 상품을 구매하거나 서비스를 이용하기 전에 가장 우선되는 판단 기준이다. 최근 소비자들의 브랜드 선택 행동이나 평가 과정을 살펴보면 제품이나 서비스의 물리적 속성이나 기능 등에 대한 이성적 판단보다는 브랜드 전반에서 오는 총체적 느낌, 브랜드 외적 요소에 더 영향을 받고 있다. 이러한 경향은 관심의 집중도가 낮은 외식산업의 저관여low-involvement 상품이나 서비스뿐 아니라 가전제품, 자동차 등 관심의 집중도와 탐색 노력 정도가 높은 고관여high-involvement 상품 및 서비스에서도 나타난다.

외식 소비자들은 브랜드를 평가할 때 브랜드의 여러 가지 속성을 일일이 다른 브랜드들과 비교하여 그 각각의 결과를 종합적으로 평가하는 방식보다는, 특정한 요소에 대해 평가한 후 그 결과에 따라 브랜드 전체를 판단하는 종합적holistic 의사결정을 하는 경향이 있다. 소비자들은 그동안 브랜드에 대해 쌓아온 경험 등에 의거하여 브랜드와의 관계, 브랜드 성격brand personality, 브랜드의 감성적 혜택emotional benefits, 사용자 또는 사용 상황 이미지 등에 의존하여 브랜드를 평가한다.

(주)칠링키친의 브랜드 콘셉트

푸드트럭은 해외에서 새로운 먹거리 문화로 자리 잡았다. 우리나라도 지난 2014년 푸드트럭 운영의 규제 완화를 통해 합법화되면서 청년 창업가들의 관심이 높아지고 있다. 특히 소규모 자본과 아이디어로 창업할 수 있다는 장점에 푸드트럭 사업자의 약 70%는 2030 청년이다.

청년 벤처기업인 ㈜칠링키친의 함현근 대표는 푸드트럭을 그만의 철학으로 디자인하고, 푸드트럭으로 인해 만들어지는 공간을 기획하여 새로운 거리문화도 창출하려는 당찬 포부를 가지고 있다.

푸드트럭은 "단순히 거리에서 음식만을 파는 것이 아니라 푸드트럭이 있는 곳에서 새로운 문화를 만들기 위하여 푸드트럭은 문화입니다."라며 브랜드 콘셉트를 개발하였다.

또한 ㈜칠링키친은 국내에서 유일하게 ICT 규제 샌드박스 실증 특례 승인을 받은 푸드트럭 전용 공유주방을 운영한다. 푸드트럭에 특화된 맞춤형 서비스로 푸드트럭의 생태계를 선도하며, 2022년 4월에는 광명시 소셜벤처육성사업에 선정돼 고용노동부에 사회적기업 인증을 신청했다.

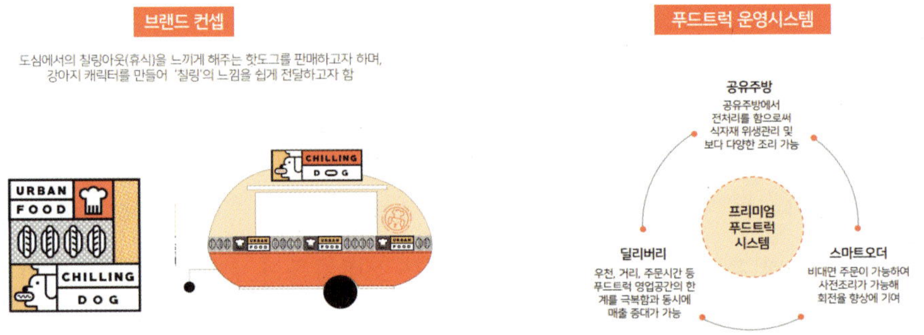

자료 : (주)칠링키친; http://www.koreapost.co.kr, https://www.newscj.com/article/20220719580870

(2) 제품 콘셉트

제품 콘셉트product concept는 상품이나 서비스를 사용하기 위한 근거를 제시해 주며, 소비자의 입장에서 그 제품이나 서비스를 이해할 수 있는 대표적인 속성을 표현한다. 또한 경쟁사 출현과 소비자의 선호 변화 등 시장 상황이 변함에 따라 이미지를 새롭게 바꿔야 하기 때문에 리뉴얼이나 신제품 출시 등 제품 콘셉트의 변화는 더 자주 나타난다.

제품 콘셉트는 상품이 지닌 가장 강력한 장점이 무엇인지 파악하는 것이다. 이것은 기술력이나 투자비용 또는 희귀성으로만 판단하지 않고 현재 시장 상황에서 소비자를 움직이는 가장 중요한 포인트를 찾아내는 것이다. 즉, 상품의 많은 장점 중에서 무엇을 알릴 것인가를 결정하는 것으로 메시지 만드는 커뮤니케이터를 연결하는 중요한 전략적 역할을 갖는다.

제품 콘셉트의 역할

- 상품, 서비스의 속성이나 기능이 소비자의 효용과 편익으로 될 수 있는 독창성을 띠고 있는지를 소비자의 인식에 비추어 확인한다.
- 우리가 원하는 소비자가 일상생활 속에서 이러한 효용과 편익에 대하여 공감하고 있어야 한다.
- 광고전략에 주요한 영향을 미치며 소비자분석에 의한 목표고객이 결부되어 결정된다.

오설록의 제품 콘셉트

오설록의 제품라인 중에 'SCENE OF JEJU'는 녹차에 특수 향이나 곡물을 혼합한 특수차 라인의 명칭이다. 제주의 아름다운 숨은 비경을 담은 오설록의 SCENE OF JEJU는 '비의 사색, 바람노래, 햇살언덕, 금빛마중, 달빛걷기'로 구성되어 있다. 각 티Tea의 이름은 제주의 비경을 연상시키는 문구로 만들었으며, 서정적인 일러스트를 사용한 패키지는 제주도의 Scene을 그대로 그려냈다.

'비의 사색'은 안개가 자욱한 제주 삼나무 숲길의 고요함을 담은 비내리는 사려니 숲길을 그렸다. 제주의 그윽한 후발효차 삼다연에 달콤 쌉싸름한 애플 시나몬의 풍미가 어우러진 오리엔탈 스파이시 블렌딩 티이다. '바람 노래'는 제주의 바람과 더불어 자라나는 청정 곡식들이 가득한 오곡차를 그렸다. 바람이 일렁이는 들길을 일러스트로 표현한 바람노래는 싱그러운 녹차에 제주의 순수한 영양을 한가득 품은 제주 청보리순, 청콩, 보리를 블렌딩한 구수한 향의 순수 영양 허브차이다. '햇살 언덕'은 햇살을 가득 머금고 자란 탱글탱글한 유자와 다원에서 잘 자란 싱그러운 그린티가 만나는 햇살이 머무는 언덕을 일러스트로 나타냈다. 싱그러운 녹차에 무공해 햇살 가득 머금고 자란 탱글탱글 유자를 블렌딩한 상큼한 유자 그린티이다. '금빛 마중'은 비양도를 배경으로 한 패키지 디자인이다. 비양도의 서서히 물들어 가는 금빛 노을처럼 은은한 열대 과일 녹차를 금빛 해안가에 그렸다. 녹차와 향긋한 홍차에 망고, 파파야와 열대과일을 블렌딩한 부드럽고 달콤한 트로피컬 그린티이다. '달빛 걷기'는 달빛을 따라 설레듯 밤바다를 걷는 몽환적 순간의 느낌을 일러스트로 표현했다. 부드럽고 달큰한 배와 은은한 녹차의 조화가 환상적인 블렌딩 티이다.

이처럼 브랜드나 제품 설명에 있어서도 묘사와 상징이 서로 보완되도록 하면 소비자에게 더 좋은 호감을 얻고 구매로 유도할 수 있다.

자료 : 오설록(https://www.osulloc.com/kr/ko/brandstory)

(3) 표현 콘셉트

고객이 상품이나 서비스로 부터 얻는 혜택이 무엇인가를 고찰하고 제품 콘셉트에서 얻어지는 목표고객의 혜택을 기술하는 것으로 인간의 오감에 작용하는 감성적인 용어가 주로 사용된다. 일반적으로 소비자는 상품이나 서비스의 종류에 준해서 정보를 처리하는 것으로 알려져 있으며 소비자는 자기의 생활과 결부시켜 정보를 선별적으로 받아들이므로 그들의 필요와 욕구에 기초한 정보에 관심을 갖는다. 따라서 훌륭한 브랜드는 소비자가 필요를 느끼거나 내재된 욕구를 만족시키는 요건을 갖추고 있다. 이 기본적인 표현형태를 표현 콘셉트creative concept라 하는데, 브랜드 콘셉트 개발작업은 표현 콘셉트의 구체적인

테드앤드베이츠사Ted & Bates Ad. co.의 표현 콘셉트

미국 테드베이츠사의 로저 리브스Rosser Reeves는 표현 콘셉트와 관련하여 USPunique selling proposition 이론을 제안하였다. 그는 USP에 대한 정의를 "경쟁 상대가 아직 주장하고 있지 않았든가, 하고 싶어도 할 수 없는 것이 아니면 안 된다. 즉 그 브랜드 자체가 유니크한 것이어야 한다"고 하며 이것이 카피의 핵심이 되어야 한다고 주장했다.

- 상품이나 서비스에 관한 각가의 광고는 소비자에게 그 상품의 독특한 이점을 제시해야 한다.
- 광고하는 상품의 USP는 경쟁사의 상품이 가지지 못하는 독특한 것이어야 한다.
- 광고상품의 독특한 이점은 소비자가 그 상표를 구매하려고 할 만큼 충분히 강력한 것이어야 한다.

위와 같은 USP의 세 가지 기본개념을 포함하여 표현 콘셉트를 도출해야 한다. USP 전략을 통해 경쟁사의 타사 제품과 다른 독특한 혜택을 소비자에게 전달함으로써 자사 제품의 위치를 높일수 있다.

이러한 USP 기본개념을 잘 설명하고 있는 (주)이루에프시 바른치킨의 경우 치킨을 튀기는 기름 재사용이 우리 몸에 해를 끼칠 수 있다는 분석을 통하여 가장 기름이 좋을 때를 소비자가 눈으로 볼 수 있도록 판매 영수증에 치킨이 1통의 식용유에서 몇 번째로 튀겨졌는지를 표시하였다.

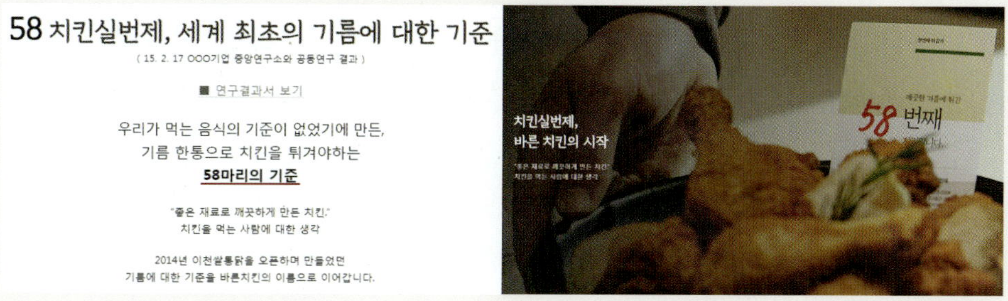

자료 : 바른치킨(https://barunchicken.com/brand/)

전개이다.

표현 콘셉트는 상품과 서비스의 특징에 준한 범위에서 결정되어야 하며 소비자가 그 상품을 구입하는 이유와 동일해야 한다.

(4) 상호 콘셉트

상호 콘셉트communication concept는 브랜드, 즉 제품이나 서비스의 콘셉트를 소비자에게 이해하기 쉽게 전달하는 것이다. 따라서 인지도를 구축할 것인가? 특징이나 성능을 강조할 것인가? 등 설정한 목표에 도달하기 위해 콘셉트를 개발하기도 한다. 소비자와 의사소통하는 유형은 언어적, 비언어적, 서면, 시각적, 듣기 이렇게 5가지 방법이 있다.

크라운제과의 상호 콘셉트

크라운제과 롱스의 커뮤니케이션 목표는 신제품을 초코파이로 인식시키는 것이다. 신제품의 특장점 중 먹기 편한 초코파이라는 것을 명확하게 인식시키기 위해 만들어졌다. 커뮤니케이션의 타깃은 16~20세 여고, 여대생이다. 이들은 세상의 중심은 나라고 생각하고 난 오피니언 리더이며 주목받길 바란다. 결국 기존 초코파이의 특장점인 포만감, 재미요소, 사랑의 감정에 새로움을 더하면 나를 돋보이게 하는 새로운 나의 초코파이 롱스가 제품 개발되는 것이다. 위에서 설명한 이러한 과정이 상호 콘셉트의 방법적 접근이다.

자료 : (주)크라운제과(http://www.crown.co.kr/product/pView.asp?idx=141)

2) 콘셉트의 요소

콘셉트의 요소는 고객지향성, 응축성, 창의성, 지속성, 조화성, 일관성, 보완성 등 7가지로 정의된다.

(1) 고객지향성

고객지향성customer orientation은 고객을 위한 우월한 가치를 지속적으로 창출하기 위해 외식기업의 목표고객을 충분히 이해하는 것으로, 외식기업이 고객의 입장에서 사고하는 관점에서 기업활동을 행하는 것을 의미한다. 이는 외식기업의 활동을 고객의 관점에서 인지하고, 고객의 이익을 증진시키는 방향으로 나가야 한다는 것을 말한다.

(2) 응축성

응축성condensation은 고객에게 전달되는 외식기업의 브랜드 콘셉트가 한 가지 핵심만으로 제안할 수 있게 압축되어야 한다는 것을 의미한다. 한 가지 핵심이란 단순히 짧은 것이 아니라 함축되고 압축되어 소비자가 느끼기에 혼란스럽지 않도록 일목요연해야 함을 말한다.

(3) 창의성

창의성creativity은 새롭고 독창적이며 유용한 아이디어를 산출해 낼 수 있는 능력을 기초로 아이디어를 서로 연계시키는 능력, 실행에 옮기는 과정, 브랜드가 처한 상황 및 환경적 요인들을 상호 결합하여 생성된 결과로 정의할 수 있다.

(4) 지속성

지속성continuity은 지속가능성으로도 불리며 환경 변화에 상관없이 외식기업의 브랜드가 지속적으로 생존할 수 있는 상태 또는 능력을 의미한다. 소비자는 친환경 제품 선택과

에어뉴질랜드

기업의 지속가능성 실현의 예로, 방수 기능을 입힌 바닐라맛 비스킷이 식용 커피잔으로 에어뉴질랜드 기내에 도입됐고, 영국의 스타트업 스키핑 록스랩SKIPPING ROCKS LAB이 개발한 해초 포장재 우호OOHO 캡슐은 생분해되고 먹을 수도 있는 파우치로 플라스틱 물병을 대체해 쓰이기 시작했다. 폴란드의 비오트렘BIOTREM은 밀겨를 이용해 먹을 수도 있고 100% 생분해되는 접시와 포크, 스푼을 제작하고 있다. 글로벌 맥주 업체 몰슨 쿠어스의 경우 캔맥주 팩에 사용되는 일회용 플라스틱 포장재를 친환경 소재로 교체에 나서는가 하면 오는 2025년까지 모든 포장재를 재활용 또는 생분해 가능한 소재로 교체하겠다고 약속했다. 국내에서도 '필必환경'을 내세운 선물세트가 속속 등장했으며 현대백화점은 과일 선물상자의 플라스틱 포장재를 재활용 및 생분해되는 재질로 교체한 것을 시작으로 '녹색 포장 프로젝트'가 시행되었다.

자료 : 식품외식경영(https://www.foodnews.news/news/article.html?no=64193)

대체 포장재 사용 등을 일상에서 실천하고, 기업은 생산과정부터 서비스, 디자인에 이르기까지 지속가능성을 추구하고자 한다.

(5) 조화성

조화성combination은 두 개념 또는 상품이나 서비스 사이의 유사성, 요소 간에 공유하는 관련성으로 요소 간의 응집성과 대상들의 개념 일치성, 지각된 적합성을 의미한다(Murphy & Medin, 1985). 브랜드 측면에서는 기업 이미지와 브랜드 콘셉트의 이미지가 일치하면 긍정적인 효과가 있고, 점포에서는 점포 이미지를 고려하지 않은 상품이나 서비스 도입 시 점포 이미지를 해칠 수 있다.

(6) 일관성

일관성consistency은 철학 용어로, 그 어떤 모순도 포함하지 않는 것을 말한다. 예를 들면 외식기업에서 매장 메뉴, 인테리어, 주방집기, 내부의 탁자 등 모든 것이 브랜드 콘셉트에 맞도록 일관성 있게 만들어져야 한다는 것이다.

비트

나종호 한경희생활과학 부사장은 비트, 메디안 치약, 엔프라니 등 무수한 히트상품을 만들어 왔다. 나 부사장은 "마케팅 일관성은 단 하나의 실수도 용납하지 않는다"라고 강조했으며 "다른 분야에서는 '100−1=99'라는 등식이 성립하지만 마케팅 일관성과 관련해서는 '100−1=0'이다"라고 하였다. 브랜드와 광고, 포장 등 모든 요소가 통일된 메시지를 기준으로 정렬되지 않으면 실패한다는 것이다.

자료 : 동아비즈니스리뷰
(https://dbr.donga.com/article/view/1202/article_no/1819/)ac/magazine

(7) 보완성

보완성complementarity 또는 상호 보완성이라고도 하며 이는 서로 다른 영역에 있기 때문에 통합으로 서로 보완해야 좋은 결과를 가져온다는 것을 의미이다.

예를 들면 커피만을 팔던 매장에 베이커리를 도입함으로써 베이커리 카페가 탄생할 수 있고, 이는 커피의 식사로서의 문제점과 베이커리가 가지고 있는 물이 없는 음식에 대한 한국인의 정서상 '국'에 해당하는 이미지를 보완해 줄 수 있다.

2. 외식 콘셉트 개발

콘셉트 개발은 외식기업 및 점포 운영 시 경영자에게 이익이 되고 긍정적인 사업성과를 기대할 수 있는 아이디어를 도출하고 체계화하는 것이다. 신규 브랜드 또는 신규 제품의 개발과정은 아이디어를 콘셉트로 전환하는 콘셉트화 과정과 콘셉트를 브랜드로 전환하는 브랜드 설계과정으로 구분할 수 있으며 콘셉트 개발 방법에는 품질기능 전개와 문제발견 분석이 있다.

1) 콘셉트 개발방법

(1) 품질기능 전개

고객의 소리로부터 시작하여 구체적인 기술적 속성으로 연결하는 방법을 말한다. 품질기능 전개quality function deployment, QFD는 Shigeru Mizuno 교수와 Yoji AKao 교수에 의해 1960대 후반 일본에서 처음으로 개발된 품질 시스템으로 품질관리 전문가들과 함께 품질기능 전개를 위한 도구와 기법을 개발하였고 그것들을 새로운 제품과 서비스에 대한 고객 만족으로 연결하는 시스템을 개발했다.

품질기능 전개의 목적은 고객을 만족시키는 제품과 서비스를 효율적으로 전달하는 데 있으며, 특히 기업은 제품 또는 서비스 개발 프로세스에서 '고객의 소리voice of customer, VOC에 귀를 기울여야 한다.

품질기능 전개의 초기 적용분야는 대부분이 제조업이었지만, 최근에는 IT 분야의 신기술 및 신제품 개발, 외식산업, 관광산업, 호텔 및 병원 서비스, 교육행정 등의 품질관리에도 점차 확대되어 매우 다양한 분야의 서비스에 적용되고 있다.

(2) 문제발견 분석

브랜드 콘셉트를 개발하면서 발생하는 다양한 문제를 해결라기 위한 방법으로 소비자들에게 다양한 문제들을 제시하고 각 문제들이 소비자를 얼마나 귀찮게 하는가와 문제가 얼마나 자주 발생하는가를 묻는 방법이다.

좁은 의미로 문제란 바람직하지 않은 상태 또는 현재 상태를 악화시킬 수 있는 위협들이다. 문제는 좋지 않은 것으로 원하지 않는 사건이나 곤경 등을 문제라고 할 수 있으며, 문제해결 방식은 이전 상태로 회복하고 재발을 방지하는 것이다.

넓은 의미의 문제는 현재 상태와 미래 상태의 차이이다. To-be 상태와 As-is 상태의 차이GAP이다. 문제는 부정적 시각이 아니라 미래의 달성하고자 하는 목표와의 거리이다. 따라서 문제해결은 목표를 달성하는 것이다.

2) 콘셉트 결정

외식기업에서 콘셉트는 전체적인 브랜드 이미지에 영향을 미치므로 콘셉트를 결정할 때에는 고객시장, 경영형태, 식재료 구매 시스템, 메뉴의 종류, 서비스 형태, 종사자의 고용형태, 광고 및 홍보 방법 등을 고려해야 한다 표 4-1.

표 4-1 외식 콘셉트의 결정과정

구분	세부 내용
1단계	• 외식시장 조사 및 정보 수집 • 인구통계학적, 사회문화적 고객 특성 및 최신 트렌드 파악
2단계	• 메뉴, 품질, 서비스, 식재료 구매, 위치, 경영형태, 분위기, 입지, 가격 등 콘셉트 개발을 위한 아이디어 도출 • 시장 세분화, 목표고객 선정, 포지셔닝 등 워크 플랜의 수립
3단계	• 외식 콘셉트의 요소인 메뉴, 품질, 서비스, 식재료 구매, 위치, 경영형태, 분위기, 입지, 가격 등 각 요소의 조화 및 고객의 요구에 부합할 수 있는 차별화된 콘셉트 개발
4단계	• 콘셉트의 요소별 분석 결과를 통한 콘셉트 결정 및 구체화
5단계	• 외식시장 및 기업의 재정 타탕성 평가 및 피드백

3. 입지 선정

입지 선정은 외 식사업 성공에 가장 중요한 요소이며 입지적 여건 변화에 따라 외식기업의 콘셉트가 달라지게 된다.

1) 상권과 입지의 개념

(1) 상권

상권이란 고객을 유인할 수 있는 지역적 범위를 말하는 것으로 예상고객들이 분포된 지역의 범위일 수도 있다. 여러 업종의 점포들이 상가 등을 형성하여 밀집된 지역을 상권이라 한다(예: 강남역 상권, 동대문 상권, 명동 상권 등). 따라서 상권은 상업상의 세력이 미치는 범위로 상업공간의 최상위 개념이며 상품이나 서비스를 구매할 수 있는 소비자의 범위이다(예: 역세권, 유흥가, 주택가, 학원가 등).

(2) 입지

입지란 내 점포가 위치한 개별 공간 영역을 말하며, 상품과 서비스가 고객과 만나는

그림 4-1 상권과 입지의 차이점

개별단위의 장소를 말한다. 따라서 입지는 물리적으로 개인이 운영할 수 있는 범위이고 얼마나 좋은 환경과 위치적 조건을 갖는냐에 따라 상권 내 개별속성을 가진다(예: 중식, 일식, 한식 등 업종 특성에 따른 구분).

2) 상권조사와 입지분석

(1) 상권조사와 입지분석

상권조사를 하는 목적은 대지가 점포에 미치는 영향권을 확인하여 거래의 범위를 알기 위한 것으로 상권조사를 통해 상권 전체의 성쇠 여부를 평가할 수 있다. 반면, 입지분석은 대지나 점포가 소재하고 있는 위치적 조건을 확인하여 접객장소로써 각 점포의 성패 여부를 파악하기 위해 이루어진다.

상권분석과 입지분석의 목적

- 목표고객을 파악할 수 있다.
- 경쟁사를 파악할 수 있다.
- 사업의 범위를 결정할 수 있다.
- 마케팅 전략 수립을 위한 기초자료를 수집할 수 있다.
- 매출 추정의 근거를 찾을 수 있다.
- 투자비용 대비 수익률을 산출할 수 있다.
- 사업주의 경영능력을 향상시킬 수 있다.
- 효과적인 경영이 가능하다.

3) 상권과 입지의 분류 및 특성

(1) 상권의 분류

상권은 사업목적에 따라 창업형 상권과 투자형 상권으로 구분하고, 규모에 따라서는 지역 상권, 지구 상권, 지점 상권, 개별건축 상권으로 구분된다. 주변환경에 따라서는 오피스 상권, 주택가 상권, 번화가 상권, 역세권 상권, 대학가 상권으로 구분할 수 있다.

또한 유동인구에 따라서는 대형 상권, 중형 상권, 소형 상권으로 구분하고, 인구 특성에 따라서는 유동인구 중심형 상권과 배후인구 중심형 상권으로 구분할 수 있다. 거리, 고객 밀집도에 따라서는 1차 상권, 2차 상권, 3차 상권으로 구분하며 형태에 따라서는 일자형 상권, 곡선형 상권, 항아리형 상권으로 구분할 수 있다.

(2) 상권의 특성

상권은 개별점포 입장에서 보면 매장을 개설하기 위한 입지조건이 되고, 소비자 입장에서는 상품과 서비스를 구매할 수 있는 구매접점이 된다.

- 번화가 상권 : 교통과 편의시설이 집중되어 있고 역세권 상권과 비슷하며 유명 브랜드가 모여 있어 높은 창업비용이 들어간다.
- 대학가 상권 : 주 소비층이 학생들이기 때문에 저렴하면서 실속있는 상품이나 서비스가 많은 비중을 차지하며 방학 동안의 매출 감소가 두드러진다.
- 역세권 상권 : 교통의 중심으로 주변에 지하철, 버스터미널, 기차역이 있어 흘러가는 유동인구가 많아 간편하고 빠른 소비를 원하는 소비자가 있다.
- 복합권 상권 : 주택가, 오피스, 역세권, 번화가 등이 복합된 상권으로 안정된 배후인구와 역세권의 집객력, 유흥 상권의 높은 소비율의 장점을 가진다.
- 아파트 상권 : 아파트 단지별로 소비에 대한 특성과 차이가 뚜렷하며 평형대에 따라 소비자의 경제력과 소비유형이 다르게 나타난다.
- 오피스 상권 : 특정한 시간대에 소비가 집중되고 주 소비층은 젊은 직장인들과 학생들이 차지한다.

(3) 입지의 분류

입지는 상권 범위, 이용목적, 구매습관 등에 따라 분류할 수 있다. 상권 범위에 따라서는 1급지, 2급지, 3급지로 분리한다. 1급지는 가시성, 접근성, 인지성이 모두 양호하며, 2급지는 세 가지 중 일부가 양호한 형태이며, 3급지는 세 가지 모두 불량하다. 이용목적에 따라서는 적응형, 목적형, 생활형으로 구분할 수 있고 구매 습관에 따라서는 편의품, 선매품, 전문품 등으로 구분할 수 있다.

4) 상권과 입지 분석 절차

(1) 상권 조사방법

① 정성적 조사방법

문헌적 기초자료 수집을 통해 소비자와 사업자의 심층 인터뷰를 실행하고 체크리스트를 활용하기도 하며 상권분석 전문가의 의견을 청취한다.

② 정량적 조사방법

소상공인시장진흥공단이 제공하는 상권분석시스템을 활용하거나 통계청 통계자료를 확인하는 방법 등이 있고 검색키워드 동향 분석 등의 방법이 있다.

(2) 상권조사의 절차

① 상권조사는 업종과 투자금액을 대략 정하여 상권분석의 목적 및 계획을 수립하고 후보상권을 비교한다.

② 상권의 특성을 파악한 다음에 교통 및 통행량을 조사한다. 접근 용이성에 대한 조사가 이루어지면 입지의 조건을 확인해야 한다.

③ 임대조건을 확인한 후 입지의 특성을 파악하고 후보 입지를 비교해 본다. 이후 경쟁점을 조사하고 경쟁점의 장단점과 매출을 확인하며 예비점포의 매출과 수익률을 추정해 본다.

④ 점포의 권리를 분석해 본 다음 입지의 성장이나 업종변환 같은 향후 전망을 확인하고 점포 계약을 통해 입지를 확정한다.

(3) 입지 선정 요령

① 가시성 및 인지성

사거리나 도로 폭이 넓어 점포가 눈에 잘 보이는 곳에 위치해야 하며, 브랜드 건물이나 학교, 병원, 공공기관 등의 옆에 있어 기억하기 좋은 위치여야 한다.

② 상권의 타당성

지정한 상권 내 소비지출 총액을 확인하여 해당 상권 내 점포들의 매출비율을 조사하고 인구 증가와 소득 수준의 상승이 기대되는지 확인한다.

③ 접근 가능성

지하철, 버스 정류장, 주차장 등의 교통 편의시설이 있어야 하고, 통행량이 많고 어느 방향에서든 접근이 편리해야 한다.

④ 경쟁 회피와 상권 흡인력

보완관계에 있는 상품을 취급하는 점포가 많고, 같은 종류의 상품을 취급하는 점포라면 고객을 흡인하기 위해 모여 있는 게 유리하다.

⑤ 조심해야 하는 점포

폐업 이력이 많아 주인이 자주 바뀌거나 점포 임대료가 유난히 싸거나 주변에 대형 점포가 있거나 주인이 유사한 업종에 종사하거나 언덕이나 지하에 있는 점포는 피해야 한다.

5) 상권분석 시스템

(1) 소상공인시장진흥공단 상권분석시스템https://sg.sbiz.or.kr/godo/index.sg

중소벤처기업부 소상공인시장진흥공단에서 제공하는 서비스로서 예비창업자에게 다양한 데이터와 지능형 정보기술을 기반으로 지역, 업종별 상권, 입지, 경쟁, 수익정보 등을 제공하여 예비창업자 및 소상공인들에게 지역·업종별 상권정보를 제공함으로써

그림 4-2 소상공인시장진흥공단 상권분석시스템

과잉경쟁 예방 및 준비된 창업을 유도하고 경영안정을 도모한다.

(2) 경기도 상권분석지원 서비스https://sbiz.gmr.or.kr/main.do

빅테이터 기반의 다양한 상권분석 정보를 확보하였다. 그 정보를 토대로 자영업자가 가장 많이 창업하고 있는 93개의 생활밀집업종을 선별하여 업종별 다양한 정보를 상권 단위로 제공한다. 경기도 상권분석지원 서비스는 맞춤형 컨설팅, 창업 온도, 경기 상권 분석, 내 점포 분석, 지역별·상권별 현황을 포함하고 있다.

그림 4-3 경기도 상권분석지원 서비스

(3) 나이스비즈맵 상권분석 서비스https://m.nicebizmap.co.kr/

나이스비즈맵 상권분석 서비스는 시장과 고객에 대한 분석 DB를 구축하여 개인·기업·공공 부문에 다양한 경영 및 마케팅 인사이트 정보를 제공한다. 제공 정보는 예상 매출, 경쟁 현황, 이용고객 특성, 지역정보, 각종 지수 등의 통계 데이터이며, 이용목적에 따라 보고서, 데이터, 솔루션 등의 형태로 활용할 수 있다. 데이터는 상세화된 지역(전국 11만/36만 블록)과 업종(소매유통, 음식, 서비스, 의료, 교육 등 190여 개 소분류 업종)을 기반으로 제공된다.

그림 4-4 나이스비즈맵 상권분석 서비스

실습 외식기업 콘셉트 및 상권 조사하기

자료

- 외식기업의 콘셉트 구성 요소
- 외식 상권 조사
- 외식 상권의 통계자료
- 외식기업의 다브랜드화 전략

기기(장비 · 공구)

- 컴퓨터, 프린터, 스캐너, 빔 프로젝터
- 프레젠테이션 프로그램
- 스마트폰
- 문서 작성 프로그램

안전 · 유의사항

- 외식기업의 콘셉트는 온라인 또는 직접 업체를 방문하여 조사한다.
- 상권조사는 팀원들이 선호하는 지역 및 업체를 선택한 후 자료를 수집한다.
- 외식상권을 분석할 때에는 통계자료 및 업체 현장 조사가 필요하다.
- 외식상권의 통계자료는 통계청, 구청 기획예산처, 상공회의소의 상주인구조사 결과보고서 등을 통해 조사한다.

수행 순서

1. 외식기업의 콘셉트 구성 요소는 고객시장, 경영 형태, 식재료 형태, 메뉴의 수, 서비스 형태, 종사자의 고용 형태, 광고 및 홍보 방법 등으로 구분하여 조사, 분석한다.
2. 외식기업은 팀원들의 선호도가 높고 비교하기 좋은 2곳을 선택한 후, 콘셉트 구성 및 상권을 비교·분석한다.
3. 팀원들은 각자 분담하여 상권 통계자료를 수집한다.
4. 업체 현장 조사 시, 점검항목을 체크하고 관련 자료를 참조한다.
5. 현장 조사할 업체를 선정하고 인원을 배분한 후, 조사할 내용을 협의한다.
6. 수집한 자료는 정리하여 도표를 작성하고 촬영한 사진은 편집한다.
7. 개별로 작성한 자료는 취합하여 팀별로 정리한 후, 보고서를 작성한다.
8. 팀별로 5분 정도의 프레젠테이션을 준비하고 발표를 통해 서로 공유한다.

수행 tip

- 팀원들은 조사할 외식기업의 업종을 구분하여 자료를 수집한다.
- 최근 핫 플레이스의 자료를 수집하고 사진 및 동영상도 촬영한다.

서촌 D지역
옥인시범아파트 흔적
인왕산 수성동계곡
서촌재
윤동주하숙집터
박노수 미술관
서촌 A지역
통인시장 도시락카페
서촌 B지역
대오서점
이상의집
서촌 C지역

상권조사(서촌마을)

외식 콘셉트 및 상권조사 보고서 작성

외식 콘셉트 및 상권조사 비교 분석하기		
날짜 :	작성자 :	
구 분	내 용	
	외식기업 1	외식기업 2
외식기업명		
외식 콘셉트의 구성요소 비교	고객시장, 경영형태, 식재료 형태, 메뉴의 수, 서비스 형태, 종사자의 고용형태, 광고 및 홍보 방법 등	
상권조사	관심있는 지역 또는 최근의 핫 플레이스의 상권 조사	
참조 자료	자료 및 출처	
discussion	느낀 점	

CHAPTER

5

외식 메뉴관리

1. 메뉴의 이해
2. 메뉴의 분류
3. 메뉴의 계획
4. 메뉴의 분석과 평가

학습목표

1. 식단 및 차림표를 나타내는 메뉴menu book와 음식점에서 판매하는 제품을 나타내는 메뉴product를 구별할 수 있다.
2. 메뉴의 역할을 설명할 수 있다.
3. 다양한 기준으로 메뉴를 분류할 수 있다.
4. 메뉴계획 모형을 나열하고 각각의 특징을 설명할 수 있다.
5. 메뉴분석 기법을 활용하여 메뉴를 평가할 수 있다.

1. 메뉴의 이해

1) 메뉴의 어원

메뉴는 음식점에서 판매하는 음식의 이름과 값을 적은 음식의 목록으로 유의어로 '식단', '차림', '차림표'가 있다. 차림표는 외식기업과 급식소에서 판매하는 음식의 이름과 값을 적은 표이다.

메뉴menu의 어원

- 라틴어 '미누투스Minutes, 줄인'에서 유래한 언어로 '아주 작은, 간단한, 상세하게 기록한'의 뜻을 함유하고 있으며, 영어에서는 '세밀하다'라는 의미도 포함하고 있음
- 초창기에는 주방에서 식재료의 조리방법을 기술하였음
- 1541년 프랑스 앙리 8세 때 브랑위그Blanc Hugues 공작이 만찬회에서 제공하는 요리명과 순서를 기입한 목록을 식탁 위에 올려둔 것이 시초임
- 영국에서는 16세기경, 연회의 많은 요리로 인하여 배가 부르는 것을 조절하기 위해 사용하면서 보편화됨. 19세기 프랑스 파리에 있는 팰리스 로열Place Royal에서 '메뉴'라는 명칭이 일반적으로 사용됨.

자료 : 이대학보(https://inews.ewha.ac.kr)

2) 메뉴의 정의

메뉴라는 단어를 영어사전과 국어사전에서는 '음식점 등에서 파는 음식의 이름과 값을 적은 표'라는 뜻으로 외식기업에서 판매하는 음식의 리스트인 '메뉴북'을 의미하는 경우와 다른 하나는 외식기업에서 판매하는 '음식'을 의미하는 두 가지를 혼재하여 사용하고 있다. 메뉴에 대한 두 가지 의미는 SNS, 일반도서와 전문서적 등에서도 구분없이 사용하고 있다. 이 책에서는 음식의 목록은 메뉴북 또는 메뉴판으로 기술하고, 음식(제품)은 음식 자체와 음료에만 한정하여 표기하고자 한다 그림 5-1.

이 책에서 메뉴의 의미

- 음식점에서 판매하는 **음식의 리스트**는 **메뉴북**menu book 또는 **메뉴판**으로 표기
- 음식점에서 판매하는 **음식(제품)**food & beverage, product에 한정하여 표기

메뉴(menu, 메뉴판)

식당과 음식점에서 파는 음식의 종류와 가격을 적은 표
→ 식단, 차림표로 사용

메뉴(product)

식사의 요리 종류(음식)
→ 육개장, 돈까스 등의 음식

그림 5-1 사전에서의 '메뉴'의 의미

자료 : 네이버사전(2023. 2. 인출)

인스타그램에서 '메뉴'

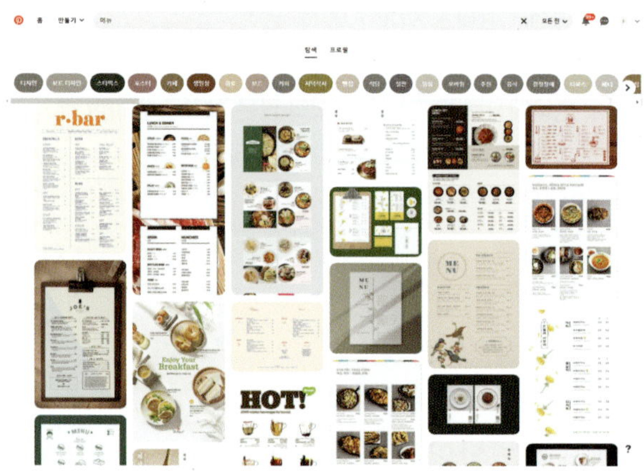

핀터레스트에서 '메뉴'

그림 5-2 '메뉴' 검색 결과

3) 메뉴의 역할

메뉴는 단순한 리스트 또는 목록에서 벗어나 최근에는 외식(급식)경영의 모든 업무의 기반이 되는 항목이며, 메뉴가 결정됨에 따라 식재료의 구매, 검수, 저장, 조리, 시설, 레이아웃layout, 조직, 생산성, 서비스, 원가관리 등에도 영향을 미친다.

메뉴는 1960년대에는 '차림표'로서 레스토랑에서 제공하는 식음료를 기록하는 단순한 리스트'의 역할을 하였고, 1970년대에는 '마케팅과 관리'의 개념이 가미된 '차림표'로서, 1980년대에는 '차림표'의 개념이 삭제된 '마케팅과 내부 통제의 도구'로서 역할을 하고 있다.

음식점의 입장에서 메뉴의 역할을 정리해 보면 "메뉴는 판매도구이며, 가장 중추적인 관리 및 내부 통제의 도구, 고객과의 대화, 광고, 판매촉진을 포함하는 마케팅 도구 marketing tool"이다. 고객의 입장에서 메뉴의 역할은 방문과 구매동기를 유발하고, 음식점의 이미지 구축과 정보를 제공하고, 고객만족의 중요한 도구이다.

메뉴의 역할과 메뉴 역할의 변화는 그림 5-3 표 5-1과 같다.

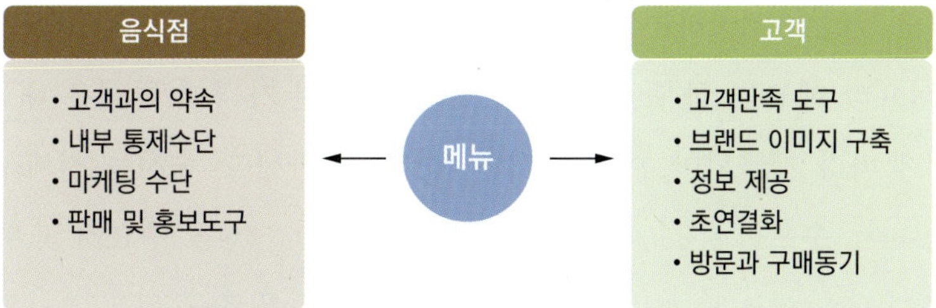

그림 5-3 메뉴의 역할

초연결화
기업들의 새 트렌드를 강조하기 위해 2008년 처음 사용한 용어로 모바일 시대를 맞아 사람과 사람, 사람과 사물, 사물과 사물이 연결된 상황을 말함(네이버 지식백과, 2023. 2. 인출)

표 5-1 시대 변화에 따른 메뉴의 역할

연도	개념	관점
1960년~	차림, 차림표	생산지향적
1970년~	+ 마케팅 도구	
1980년~1990년대	+ 내부 통제 도구	+ 관리지향적
2000년~	+ 디자인 표현 도구	+ 소통 및 대화지향적

자료 : 정경 외, 2010 재구성

2. 메뉴의 분류

메뉴는 어떤 기준을 적용하였는가에 따라 전개가 달라지며, 메뉴를 분류하는 기준은 메뉴의 품목과 가격 구성, 메뉴가 제공되는 시간, 메뉴의 변화빈도와 주기(유지기간) 등 크게 3가지로 나누어 볼 수 있다.

1) 메뉴의 품목과 가격 구성에 따른 분류

(1) 정식요리 메뉴table d'hote menu, full course menu, 타블 도트 메뉴

정식요리 메뉴는 숙박을 제공하는 시설에서 숙박자의 편의와 영업상 수익을 고려하여 숙박에 식사를 곁들여 제공하는 미국식 풀펜션full pention, full board 요금제도에서 유래한 것이다. 정식요리 메뉴는 하루 또는 며칠 동안 정해진 가격에 똑같은 내용의 식사가 정해진 순서에 따라 제공되며, 이때 고객의 선택은 제한된다. 순서는 전채appetizer, hors d'oeuvra: 오르되브르, 수프soup, potage: 포타주, 생선fish, poisson: 푸아송, 주요리 및 채소main dish & salad, entree salad: 앙트레 샐러드, 후식dessert: 디저트, 식후 음료demi taase boisson, beverage: 베버리지 순으로 제공된다.

오늘날의 정식요리는 결혼, 연회, 회갑연 등 공식적인 자리에서 주로 제공되며, 예전보다 간소화된 코스로 구성된다.

정식요리 메뉴의 장점과 단점은 표 5-2와 같다.

표 5-2 정식요리 메뉴의 장단점

구분	경영자	고객
장점	• 신속한 서비스와 높은 좌석회전율 • 메뉴 및 식자재 관리 용이 • 원가 절감(대량구매) • 인력 수와 인건비 절감 • 주방의 흐름 원활	• 상대적으로 저렴한 가격 • 선택과 주문 용이
단점	• 가격변화에 대한 유연성 결여 • 창의적인 메뉴와 서비스 부족 • 종사자의 능력 개발 기회 부족	• 선택의 폭이 좁음 • 원하지 않는 메뉴 가격에 대한 불만

(2) 일품요리 메뉴a la carte menu, 알 라 카트 메뉴

일품요리 메뉴는 코스가 아니라 전채, 수프, 생선 및 해산물, 주요리, 샐러드, 샌드위치, 후식 등의 구성에서 고객이 원하는 품목의 요리만을 선택하여 가격을 지불하는 방식이다. 기호에 따라 다양하게 음식을 선택할 수 있어 현대의 음식점에서 쉽게 사용하는 메뉴 형태이다.

일품요리의 장점과 단점은 표 5-3과 같다.

표 5-3 일품요리 메뉴의 장단점

구분	경영자	고객
장점	• 높은 객단가 • 메뉴 개발에 창의성 표현 가능 • 가격변화 요인에 유연한 대처	• 넓은 메뉴 선택의 폭
단점	• 메뉴(지속적인 메뉴개발)와 식자재 관리 어려움 • 원가 상승 • 높은 인건비	• 이윤의 불안정 • 서비스 직원의 전문화 필요 • 정식요리 메뉴에 비해 비싼 가격 • 메뉴에 대한 지식이 부족한 고객은 주문 및 선택 어려움

(3) 혼합(조합)요리 메뉴combination menu

혼합요리 메뉴는 정식요리 및 일품요리 메뉴의 장점만을 혼합한 메뉴로 최근 사람들이 많이 선호하는 메뉴 형태이다. 장점으로는 가격과 포션의 조정으로 식자재 원가 상승에 대처가 용이하며, 고객은 비교적 저렴한 가격으로 일품요리 메뉴를 즐길 수 있다. 또한 정식요리 메뉴의 객단가가 낮은 단점을 일품요리 메뉴의 혼합으로 객단가를 높일 수 있으며, 식자재 관리가 일품요리 메뉴보다 편리하다.

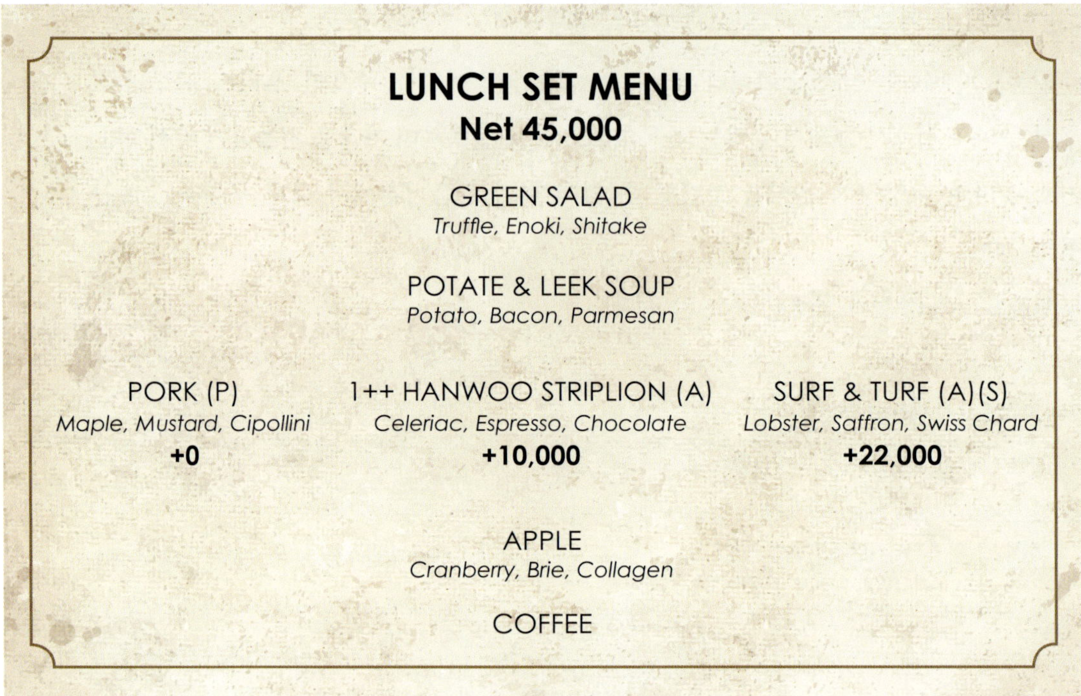

그림 5-4 **혼합메뉴의 예시**

자료 : 이은영 외, 2018 재구성

2) 메뉴의 제공시간에 따른 분류

(1) 조식 메뉴breakfast

조식 메뉴는 아침 6시~10시 30분에 제공되는 메뉴로 유래된 지역에 따라 미국식, 유럽식, 영국식, 비엔나식으로 분류한다. 조식 메뉴의 구성은 표 5-4와 같다.

표 5-4 **조식 메뉴의 종류와 구성**

미국식American breakfast	유럽식Continental breakfast	영국식English breakfast	비엔나식Vienna breakfast
• 주스, 시리얼 • 달걀요리 • 햄, 베이컨, 소시지 • 토스트, 빵 • 프라이드포테이토 • 음료	• 주스 • 토스트, 빵 • 커피, 우유	• 주스 • 오트밀 • 생선요리 • 달걀요리 • 토스트, 빵 • 음료	• 스위트 도넛, 데니시 페스트리 • 반숙의 달걀요리 • 커피, 우유

(2) 브런치brunch

브런치는 아침과 점심의 합성어이다. 10시~14시 30분에 간단히 제공되는 식사로 주로 늦게 일어나 아침식사 시간을 놓치거나 아침을 먹지 않는 사람들을 위한 식사이다. 현대 도시인들이 일요일이나 휴일에 많이 이용하는 식사형태로 특별히 정해진 형식은 없으나, 조식보다는 푸짐하고 디너보다는 가볍게 제공된다. 메뉴계획을 할 경우 음료 또는 기호식품을 함께 넣어주면 좋다.

(3) 점심 메뉴lunch: 런치 또는 luncheon: 런천

점심식사는 미국에서는 런치, 유럽에서는 런천으로 불리며 보통 정오인 12시 전후에 하는 식사로 디너보다 가볍고 저렴한 가격으로 식사할 수 있으며 3~4코스로 구성된다. 최근에는 바쁜 직장인을 위해 셰프 샐러드chef's salad, 샌드위치sandwich 등 간편한 것이 제공되기도 한다.

(4) 애프터눈 티afternoon tea

애프터눈 티는 점심시간이 지난 오후 2~3시경에 간단히 배고픔을 달랠 수 있는 샌드위치나 케이크, 과일 등을 홍차와 함께 마시는 것으로 유럽의 상류층에서 즐기기 시작한 것이다. 간식의 형태로 음식이 제공되며 사교의 목적으로 활용된다.

(5) 하이 티high tea

하이 티는 보통 집으로 귀가하기 전 오후 4~5시경에 고된 노동으로 인한 고갈된 에너지를 채우고 목을 적시기 위해 차와 팬케이크 등을 먹었던 메뉴 형태로 유럽에서 금광 개발 붐이 일어나던 시절 광부들에 의해 형성되었다.

(6) 저녁 메뉴dinner: 디너

저녁식사는 하루 식사 중 비중이 가장 크고 형식을 갖추어 제공하는 식사로 메뉴가 다양하고 가격이 비싼 것이 특징이며, 주류가 제공되어 수익 증대에 기여할 수 있다. 일반적으로 디너는 애피타이저, 생선, 육류, 디저트 순서로 와인과 함께 제공된다. 최근에는 일품요리 메뉴와 정식요리 메뉴의 혼합으로 4~5코스에서 5~6코스로 제공되며,

고객의 욕구 충족과 수익확보 차원에서 저녁 메뉴 구성에 노력을 기울여야 한다.

(7) 서퍼supper

서퍼는 본래 공식적인 만찬식을 의미하였으나, 최근에는 늦은 저녁 또는 밤참에 제공하는 식사로 보통 2~3코스로 구성된다. 서퍼는 원래 늦게 끝나는 음악회나 오페라의 중간 쉬는시간에 허기를 채우며 사교를 나누기 위해 가볍게 먹는 식사였으나, 최근에는 밤에 먹는 간식을 의미하기도 한다. 늦은 시간에 제공하는 메뉴로서 수프나 샌드위치, 음료, 소시지 등 소화가 잘 되는 식재료와 조리법을 선택하는 것이 좋다.

3) 메뉴의 변화 빈도와 주기(유지기간)에 의한 분류

(1) 고정메뉴fixed, static, standardized menu

고정메뉴는 한 번 작성되면 일정 기간(6개월~1년) 반복하여 제공되는 메뉴로 '상시메뉴'라고도 하며, 일품요리 및 정식요리 메뉴, 혼합메뉴 등을 모두 포함한 외식기업에서 많이 사용하는 메뉴 형태이다. 일정 기간 계속 사용하기 때문에 메뉴판의 표지 및 종이의 질 등 내구성이 중요하다. 고정메뉴를 사용하면 원가가 절감되고 생산성이 향상되며, 메뉴 관리(식재료)가 쉬워 신속한 생산과 서비스로 객석회전율을 높일 수 있다. 고정메뉴의 장단점은 표 5-5와 같다.

표 5-5 고정메뉴의 장단점

장점	단점
• 같은 메뉴의 제공으로 빠른 서비스 가능 • 대량구매로 인한 원가 절감 • 메뉴(식재료) 관리 용이 • 반복을 통한 생산성 향상(조리원 능률 향상) • 인건비 감소 • 효율적인 통제 가능	• 고객의 니즈와 취향을 반영하기 어려움 • 구매의 경직성 • 메뉴의 단조로움과 권태로움 • 유행의 변화에 유연성 있는 대처 어려움 • 이윤 창출 제한

(2) 순환메뉴cycle menu

순환메뉴는 특별 기간이나 날짜, 요일에 따라 주기적으로 메뉴를 회전시켜 제공하는 형태로 티피컬 사이클 메뉴, 티피컬 브레이크 사이클 메뉴, 랜덤 사이클 메뉴, 스플릿 사이클 메뉴 등 4가지가 있다.

- 티피컬 사이클 메뉴typical cycle menu : 같은 요일, 같은 날짜에 항상 같은 메뉴 제공
- 티피컬 브레이크 사이클 메뉴typical-break cycle menu : 단조로움을 보완하고자 7일 주기보다 5일 또는 10일 주기로 메뉴 제공
- 랜덤 사이클 메뉴random cycle menu : 정해진 규칙없이 무작위로 아이템을 배치하는 방법
- 스플릿 사이클 메뉴split cycle menu : 메뉴상에 제공되는 개별 아이템에 각각의 주기를 부여하여 메뉴의 다양성을 높이는 방법으로 선호도가 높은 메뉴제공 빈도를 고려

순환메뉴의 장담점은 표 5-6과 같다.

표 5-6 순환메뉴의 장단점

장점	단점
• 메뉴 생산 예측 가능 • 잔여음식의 효과적 사용 • 조리원 교육 및 노동력 감소	• 메뉴에 대한 여전한 권태감 • 인쇄 및 잡비용 증가 • 재고가 될 가능성을 내포한 많은 메뉴

(3) 시장(단기)메뉴market menu, short-term menu

시장메뉴는 '오늘의 메뉴' 처럼 당일 특별 메뉴 또는 주간 메뉴처럼 매일 또는 주간별로 메뉴를 교체하여 제공하는 메뉴 형태이다. 시장메뉴는 계절에 따라 신선한 식재료를 활용하므로 원가관리와 품질관리에 유리하며, 계절감으로 고객의 변화하는 욕구에 활력을 줄 수 있고 그 시기에만 형성되는 합리적인 가격으로 메뉴를 경험할 수 있다. 최근에 시장메뉴는 환경에 관심이 많은 소비자들이 마케팅 도구로 이용하고 있는데, 시장메뉴는 그 시기에 그 지역에서 생산되는 로컬 재료로 만든 요리로 이동거리가 짧고 재배를 위한

에너지가 절약되어 환경에 이롭다.

시장메뉴의 장담점은 표 5-7과 같다.

표 5-7 시장(단기)메뉴의 장단점

장점	단점
• 원가 절감 • 메뉴의 단기간 변화 • 신메뉴 시장에 대한 유연한 대처 가능 • 참신한 메뉴 제공 • 합리적인 가격	• 숙련된 인력 요구 • 인건비 상승 • 재고 증가 • 제한된 이용 가능성 • 통제력 결여

3. 메뉴의 계획

1) 메뉴계획의 정의

메뉴계획
음식점의 이익을 극대화할 수 있도록 목표 고객에게 제공할 메뉴를 종합적으로 검토하는 과정

메뉴계획menu plan이란 다양한 고객층의 요구를 반영하여 제품으로 만들 메뉴의 이모저모를 미리 생각하여 결정하는 행위와 내용을 의미하는 것으로 업종 및 업태별 특성과 영업방법에 따라 이윤 창출을 위한 원가관리 및 새로운 메뉴 개발과 적정가격을 결정하고 조직의 목표를 달성할 수 있도록 준비하는 기획과정이다.

메뉴계획은 마케팅의 출발점이며 음식점의 성공적인 운영을 위한 가장 중요한 과정의 하나로 판매량, 수익률, 연령층 등의 자료를 지속적으로 기록·관리하여 이를 신규 메뉴 계획에 반영하고 창의적인 메뉴가 끊임없이 개발되어 고객에게 제공할 수 있도록 해야 한다.

음식점의 성공적인 메뉴계획을 위해서 타 경쟁업체와 차별되고 창의적인 메뉴와 품질이 좋으면서 타 업체보다 낮은 원가를 실현한 메뉴, 계절적인 식재료와 국내·외에서 생산되는 재료를 적절히 활용한 트렌드에 적합한 메뉴를 제공하여 음식점의 품격과 고객층의 욕구를 만족시키기 위한 전략도 병행되어야 한다. 결과적으로 **성공적인 메뉴계획은 내·외부 고객과 경영자를 만족시키면서 차별화되고 창의적인 아이템으로 가격우위를 달성하고 트렌드를 반영한 메뉴를 만들어 내는 것이다**그림 5-5.

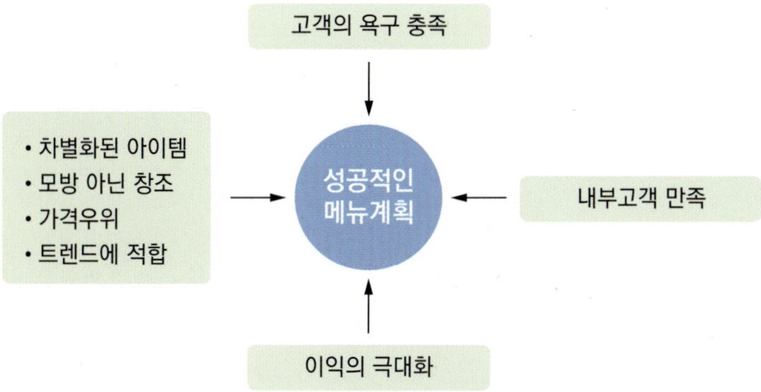

그림 5-5 성공적인 메뉴계획

2) 메뉴계획의 방법

메뉴계획의 방법에는 기존메뉴를 수정하는 방법과 신메뉴를 개발하는 두 가지 방법이 있다. 첫 번째로 기존 메뉴를 수정하는 방법은 메뉴분석 방법을 바탕으로 메뉴 외 요소들을 새롭게 수정·보완하여 만든다. 기존 메뉴를 수정하는 방법은 신메뉴 개발로 품목 수가 늘어나는 비효율을 방지하기 위해 이루어진다. 두 번째 신메뉴를 개발하는 방법은 새로운 식재료의 출현과 창작 중심의 관련자료, 영감을 주는 대상을 바탕으로 이루어진다. 신메뉴 개발은 치열한 경쟁환경 속에서 지속적인 경쟁우위를 확보하고 고객 욕구 변화에 따른 메뉴 수명주기의 단축에 유연하게 대처하기 위하여 실시한다.

3) 메뉴계획 시 고려사항

메뉴계획은 제공하고자 하는 여러 가지 메뉴를 미리 결정하여 적정한 가격을 유지하면서 다양한 음식을 마련하는 과정으로 음식점의 경영 전반에 영향을 미치므로 각 영업장의 입지조건과 표적시장 고객의 동향을 철저히 분석한 후 경영관리 측면과 고객관리 측면, 메뉴판 디자인 측면으로 나누어 살펴볼 필요가 있으며, 메뉴계획 시 고려사항은 표 5-8과 같다.

표 5-8 메뉴계획 시 고려사항

경영관리 측면	고객관리 측면	메뉴판 디자인 측면
• 경쟁업체 • 매출과 원가관리 • 메뉴계획 전략 • 새로운 대체 품목의 개발 • 설비 및 시설의 설계 • 식재료 수급 상황 • 예산 • 위생 • 조리인력의 역량 • 조직의 목적 및 목표 • 테마 및 분위기	• 메뉴의 다양성 • 방문목적 • 수용 가능 가격 • 식습관 및 선호도 • 영양적 조화 • 인구통계학적 특성	• 공간 활용 • 메뉴 설명 • 메뉴북의 재질 • 메뉴북의 크기 • 메뉴북의 표지 • 영업장 정보기재 • 위치 선정 • 정확도

경영관리 측면에서는 조직의 목적 및 목표, 테마 및 분위기, 경쟁업체, 식재료의 수급 상황, 조리인력의 역량, 경쟁업체 등을 고려할 수 있다.

고객관리 측면에서는 인구통계학적 특성, 식습관 및 기호도, 영양적 조화, 수용가능 가격, 방문목적 등을 고려할 수 있다.

메뉴 디자인 측면에서는 내적 마케팅 도구로서 공간활용, 메뉴북의 크기, 메뉴북의 재질, 메뉴설명의 정확도, 위치선정 등을 고려할 수 있다.

4) 메뉴계획의 모형

메뉴계획을 할 때 경영자는 외식기업에서 전달하고자 하는 의미를 메뉴를 통하여 전달하고 외식기업이 전달하고자 하는 메시지를 메뉴를 통하여 고객에게 전달하므로 메뉴는 고객만족이라는 측면과 이윤 추구라는 측면을 동시에 반영해야 한다. 따라서 이 두 가지 측면을 중심으로 발표된 메뉴계획 모형 중 가장 적합한 모형이라고 평가된 칸, 나인메이어, 크렉, 쉐징의 모형을 중심으로 알아보고자 한다.

(1) 마흐무드 칸의 모형

마흐무드 칸Mahmood A. Khan의 모형에서는 메뉴계획 시 고객 측면과 관리자(경영자)

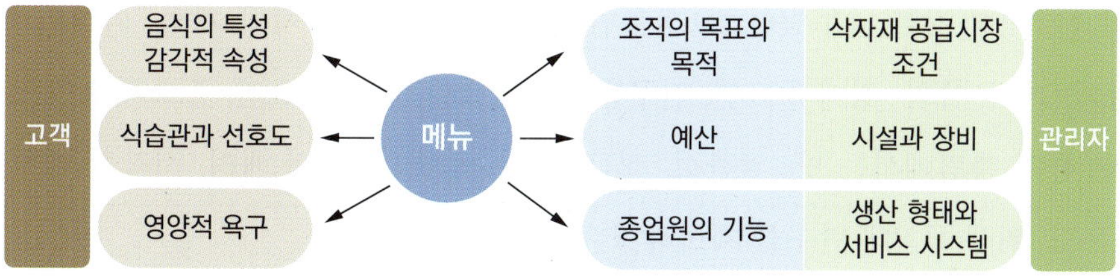

그림 5-6 마흐무드 칸의 메뉴계획 모형

측면을 동시에 고려하여 메뉴의 양면성을 균형있게 적용해야 한다고 하였다 그림 5-6. 고객 측면에서는 음식특성과 감각적 속성, 식습관과 선호, 영양적 요구 등 3개 변수를 모형에 제시하였고, 관리자 측면에서는 조직의 목적과 목표, 식자재의 공급시장 조건, 예산, 시설과 장비, 종업원의 숙련도, 생산 형식과 시스템을 제시하였다.

(2) 나인메이어의 모형

나인메이어Ninemeier의 모형은 칸의 모형보다 마케팅 측면을 구체화한 것으로 외식 기업의 메뉴계획을 위하여 많이 활용하고 있으며, 고객 측면과 메뉴의 품질 측면으로 나누어 메뉴 영향요소 모형을 제시하였다 그림 5-7. 메뉴계획자가 우선 고려해야 할 사항으로 고객, 메뉴의 품질, 원가, 식재료의 구입 가능성, 최대 생산과 운영관계, 레이아웃,

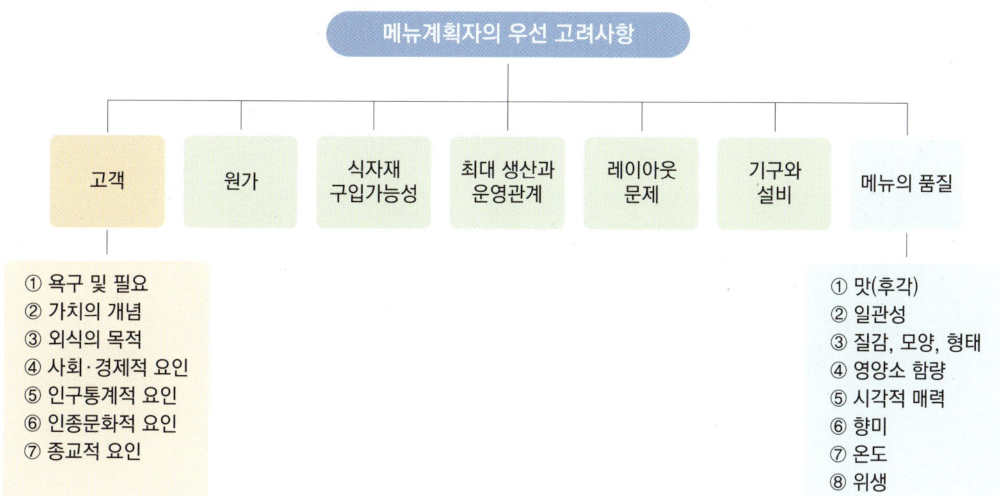

그림 5-7 나인메이어의 메뉴계획 모형

기구와 설비 8가지로 나누었다. 고객측면은 욕구와 필요, 가치의 개념, 외식의 목적과 구매동기, 가격, 사회·경제적 요인, 인구통계학적 요인, 인종적 요인, 종교적 요인으로 8개 변수를, 품질 측면에서는 맛, 일관성, 질감·모형·형태, 영양적 배려, 시각적 매력, 향기 매력, 온도, 위생 등 8개 변수를 제시하였다.

나인메이어의 메뉴계획 모형은 마케팅 측면을 구체화한 것으로 평가받고 있으며, 외식기업의 메뉴계획이 성공하기 위해서 메뉴의 품질과 경영자의 능력도 중요하지만 소비자의 욕구를 충족시키기 위한 다양한 조사와 분석이 계속적으로 이루어져야 함을 강조하고 있다.

(3) 크렉의 모형

크렉Kreck의 모형은 투입, 과정, 산출의 3개 부분으로 구성하였다 그림 5-8. 크렉의 모형에서 투입요소는 식음료부분의 운영에 요구되는 시스템 모형으로 얻어지는 정보에 의해 성공적인 메뉴계획을 할 수 있다. 성공적인 메뉴는 고객 만족과 조직의 목표를 동시에 달성할 수 있도록 계획된 메뉴를 말한다. 투입요소인 노동력과 식재료, 설비와 기기, 운영자원은 외식기업에서 상품으로 변환되어 성공적인 메뉴와 상품, 서비스에 의한 고객만족, 조직의 목표를 달성하는 산출물로 나타낼 수 있다. 크렉의 모형은 산출결과를 분석하고, 분석한 결과를 설정된 기준과 비교·평가하여 개선내용을 다음 계획(투입)에 반영하는 완전한 메뉴 모형을 제시하였다.

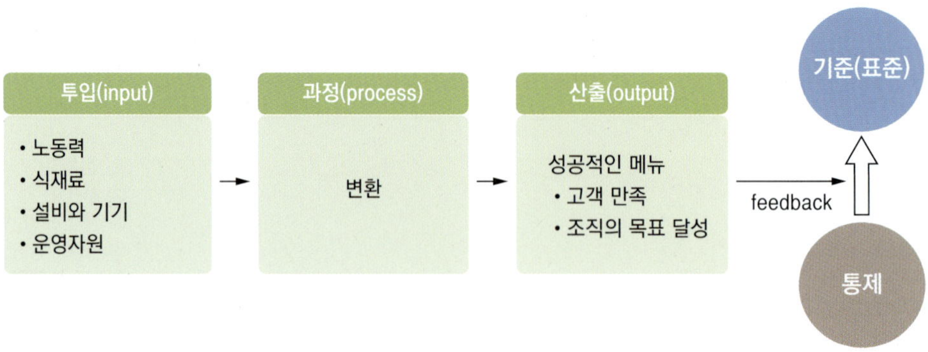

그림 5-8 크렉의 완전한 메뉴계획 모형

자료 : Lothar A., 1984 재구성

(4) 쉐징의 모형

쉐징Schaetzing의 모형은 메뉴의 영향요소를 크게 식당과 서비스로 나누고, 주방의 크기와 시설물, 저장고의 크기, 식기의 종류와 수, 서비스 관련 품목, 인원수와 인건비, 식재료의 질, 재료 투입비용, 고객 수, 좌석 수, 각 음식의 이윤, 식당 분위기, 잠정고객 수, 좌석 배열, 가격 수준, 종사자의 교육 수준, 식당 결산 과정 등이 제시되었다 그림 5-9.

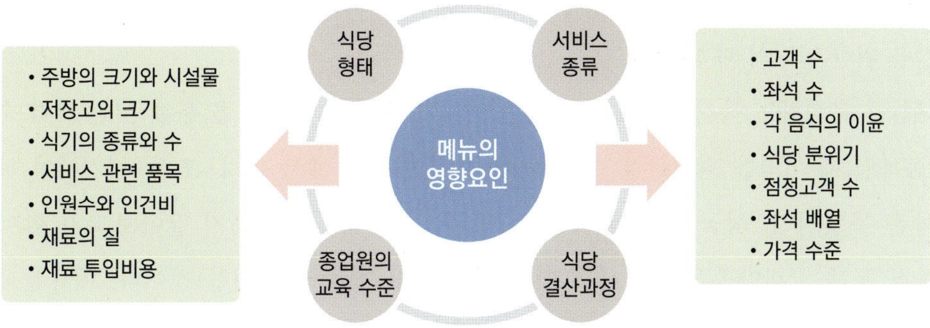

그림 5-9 쉐징의 메뉴계획 모형

자료 : Schaetzing. E.F. 1992 재구성

(5) 메뉴계획의 모형별 특징

칸, 나인메이어, 크렉, 쉐징의 모형별 특징은 표 5-9와 같다.

표 5-9 메뉴 모형별 특징

모형	내용
마흐무드 칸	• 고객과 외식기업의 측면을 동시에 수행 • 고객의 관점 구체화
나인메이어	• 고객과 내부적인 내용 강조 • 메뉴계획자의 고려사항 세분화 • 마케팅 측면의 구체화
크렉	• 투입, 과정, 산출로 구성 • 투입요소(식음부분 운영요소)의 정보에 의해 성공적인 메뉴계획 결정 • 완전한 메뉴계획 모형 제시: 메뉴 개선을 위한 평가단계 추가
쉐징	• 메뉴와 관계 있는 요인을 항목으로 제시 • 식당과 서비스로 나누어 제시

자료 : 박금순 외, 2017 재구성

4. 메뉴의 분석과 평가

1) 메뉴분석의 개념 및 목적

메뉴분석은 고객의 욕구가 끊임없이 변화하고 다양해짐에 따라 현재 메뉴의 효율성을 평가하고 미래의 메뉴를 효율적으로 설계하기 위한 전략적 단계로 메뉴의 구성, 수익성과 선호도(인기도) 등의 측면에서 적정성을 평가·판단하고 궁극적으로 외식기업의 목표 달성을 위한 일련의 과정이다.

메뉴를 분석하는 목적은 메뉴의 적정한 가격과 식자재 원가 등을 통해 어떤 가격 수준과 품목일 때 이익을 최대화할 수 있는지, 현재 메뉴 중에서 유지·조정·제거해야 하는 품목은 무엇인지, 성공적인 메뉴계획(개발)은 어떻게 평가하는지 알아보고자 함이며 메뉴를 통해 고객만족을 실현하고 더 많은 이익을 창출하기 위한 것이다. 메뉴분석은 메뉴계획, 메뉴디자인, 메뉴운영(제작, 판매), 메뉴평가를 통하여 다시 메뉴계획으로 피드백하는 단계를 반복한다 그림 5-10.

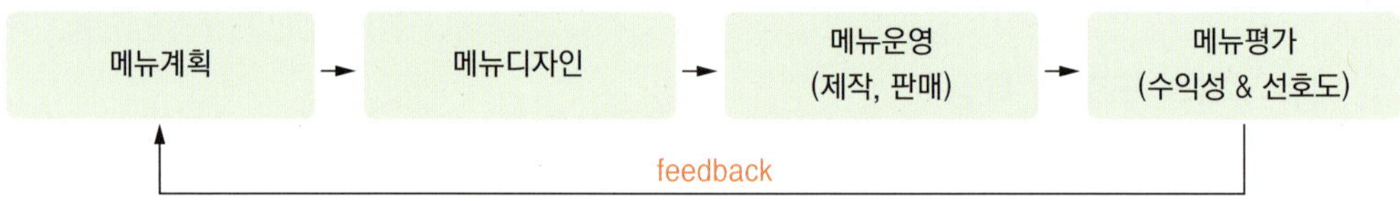

그림 5-10 메뉴분석의 목적

2) 메뉴분석의 기법

메뉴분석은 총수익과 판매량, 선호도(인기도)의 세 가지 요소를 바탕을 한다. 총수익은 메뉴와 음식 가격과의 상관관계를 고려하여 결정된 메뉴에 대한 총수익이고, 판매량은 메뉴에 대한 고객들의 선호도(인기도)를 반영한, 즉 음식을 제공받는 고객수를 의미한다.

메뉴분석에 포트폴리오 방법을 처음 도입한 사람은 1980년 밀러였으며, 메뉴분석의 대표적인 방법은 밀러법, 카사나바와 스미스법, 파베식 분석법, 헤이즈와 허프만 분석법, ABC 분석법, 허스트 분석법, SWOT 분석법 등이 있다.

(1) 밀러법: 원가와 판매량(인기도) 중심 분석방법

밀러Miller는 일정 기간 메뉴의 식재료원가 비율과 판매량(인기도)의 상관관계를 계산하는 방법이다. 식재료원가 비율이 가장 낮고 판매량(인기도)가 높은 품목이 가장 좋은 메뉴(승리자winner)이며, 식재료원가 비율이 가장 높고 판매량이 낮은 품목은 최하의 메뉴(패배자losers)가 된다. 식재료원가 비율과 인기도가 모두 높거나 모두 낮은 품목은 유지그룹 I, II(marginals I, II) 네 그룹으로 분류한다.

밀러법은 가장 낮은 식재료원가 비율의 메뉴와 가장 높은 판매량을 가진 메뉴들을 제시할 수 있었으나, 매출액이나 공헌이익을 나타내지 못했다는 한계점이 있다. 밀러의 방법은 경영자가 식재료원가 비율로 메뉴를 결정하는 데 도움은 되지만, 식재료 원가율이 낮은 메뉴는 판매가격도 낮아 수익이 낮은 품목이 되고, 수익성을 위해 판매가격을 높이면 고객의 선택이 적어져 매출이 줄어들게 되는 단점이 있다. 밀러법은 전채, 샐러드, 주메뉴, 후식 등과 같이 파트별 메뉴를 구성하고 있는 패밀리 레스토랑의 메뉴분석에 적합하고 그림 5-11과 같다.

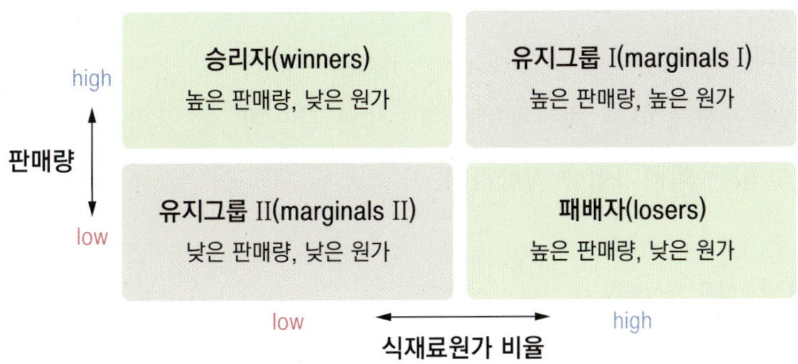

그림 5-11 밀러법

(2) 카사바나와 스미스법: 수익성(공헌이익)과 판매량(선호도) 중심 분석방법

카사바나Michael Kasavana와 스미스Donald smith법은 1982년 개발된 메뉴분석 프로그램으로 총수익과 판매량(선호도)의 상관관계를 파악하는 **'메뉴엔지니어링 기법'** 이다. 각 메뉴품목의 공헌이익과 판매량, 전체 판매량에서 각 품목이 치지하는 비menu mix를 기준으

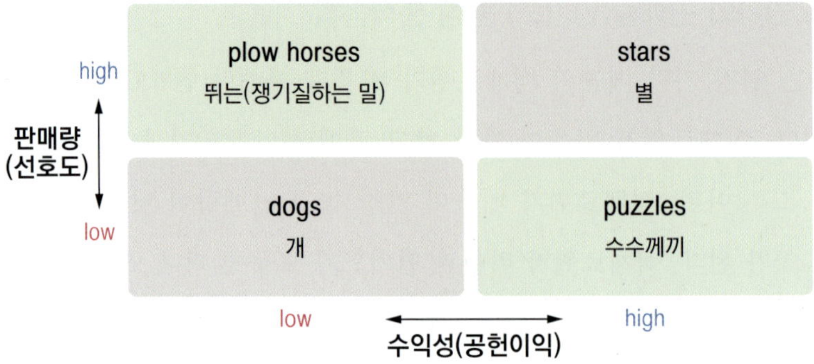

그림 5-12 카사바나와 스미스법

로 선호도와 수익성을 분석하여 stars, plowhorses, puzzles, dogs의 4가지 범주로 분류한다 그림 5-12.

카사나바와 스미스법의 장점은 사용자 측면에서 분석 프로그램을 쉽게 사용할 수 있도록 개발되었다는 것이고, 단점은 식재료비 원가를 제외한 다른 비용은 고려하지 않았고, 분석대상의 메뉴품목이 많을수록 의미있는 분석이 가능하다는 점이다. 또한 메뉴품목의 가격결정 전략이나 판매촉진, 업셀링 등과 같은 외적인 변수를 고려하지 않은 점도 단점이라 할 수 있다.

네 가지 메뉴판정에 따른 개선방법은 표 5-10과 같으며, 이 방법은 경쟁력 있는 일품메뉴를 가지고 있는 외식기업에 적합하다.

표 5-10 메뉴판정에 따른 개선방법

판정	개선방법
stars	수익성과 선호도(판매량, 인기)가 모두 좋은 메뉴 • 음식점의 대표메뉴로 질과 양을 현재처럼 유지 • 가격의 변화에 고객이 민감하게 반응하지 않으므로 가격인상 시도 • 눈에 띄게 최상의 위치에 배열
plowhorses	수익성 낮고 선호도가 좋은 메뉴 • 메뉴의 원가를 낮춰 공헌이익을 증가 • 포션을 줄이고 동반식품 줄임 • 가격이 저렴한 재료로 대체 • 경쟁업체가 없는 메뉴의 경우 가격 인상 시도 • 메뉴 외관을 고급스럽게 바꾸고 가격 인상

판정	개선방법
puzzles	수익성 높고 선호도가 낮은 메뉴 • 메뉴의 이름을 변경하거나 메뉴판의 최상의 위치에 배열 • 종사자를 통한 제안적 판매, 판매 인센티브, 테이블 텐트, 메뉴 보드를 이용하여 판매량 높임 • 판매촉진 행사를 통하여 가격인하를 함
dogs	수익성 낮고 선호도가 낮은 메뉴 • 재료원가를 낮추거나 판매가격을 인상 • 대체메뉴를 개발하고 프로모션 • 가격이 저렴한 재료와 혼합 • 모두 실패하면 메뉴품목에서 삭제

(3) 파베식법CMA법, 원가/공헌이익 중심 분석법

파베식법은 밀러법과 카사바나와 스미스법의 단점을 보완하여 개발한 메뉴분석 방법으로 'CMACost/Margin Analysis법, 원가/공헌이익 중심 분석법'이라고도 한다. 밀러, 카사바나와 스미스는 원가가 낮고 선호도가 높은 아이템이 최고의 메뉴라고 하였으나, 파베식은 원가율이 낮으면 판매가격이 낮아 수익성이 떨어지고, 수익성을 높이기 위하여 판매가격을 높이면 판매량도 줄어드는 것을 확인하여 식음료 원가율과 선호도를 고려한 공헌이익 혼합방법을 제안하였다.

파베식의 장점은 모든 메뉴아이템의 원가, 공헌이익, 고객선호도와의 관계를 종합적으로 분석할 수 있다는 것이고, 단점은 카사바나와 스미스법과 비슷하게 가중 공헌이익을 적용하였으나 선호도, 수익성, 식재료 원가율의 계산에 평균개념이 도입되어 정확한 계산에 의한 메뉴의 구분이 이루어지지 않았다는 것이다.

파베식법은 설렁탕, 돈가스, 우동과 같은 단품메뉴를 취급하는 전문점의 메뉴분석에 적합하며 그림 5-13과 같다.

- primes : 식재료 원가율이 낮고, 가중된 공헌이익CM이 높은 아이템
- standards : 식재료 원가율과 가중된 공헌이익CM이 높은 아이템
- sleepers : 식재료 원가율과 가중된 공헌이익CM이 낮은 아이템
- problems : 식재료 원가율은 높고, 가중된 공헌이익CM은 낮은 아이템

그림 5-13 파베식법

(4) 헤이즈와 허프만법 순이익 중심 분석법

헤이즈와 허프만은 선호도와 수익성만으로 메뉴를 분석한 카사바나와 스미스법의 단점을 보완한 새로운 방법으로 '순이익 중심 분석법'이라고도 한다. 이 방법은 식재료 원가 뿐만아니라 각 메뉴품목의 고정비와 변동비를 고려하여 순이익을 기준으로 메뉴에 대한 수익성을 평가하였고, 이것을 기준으로 손익계산서를 만들고 순이익이 높은 순위대로 서열을 정한 후 목표이익과 비교하는 방법이다.

헤이즈와 허프만법의 장점은 새로운 변수인 고정비와 변동비를 분석에 포함한 것이고, 단점은 식재료를 제외한 메뉴품목의 고정비와 변동비를 어떻게 계산하여 각 메뉴에 분배했는지 언급이 없는 점이다.

헤이즈와 허프만 분석법은 뷔페 레스토랑의 메뉴분석에 적합하다.

(5) ABC 분석법

ABC 분석법은 메뉴품목의 20%가 전체 매출의 80%를 차지한다는 20:80법칙을 적용한 분석방법으로 '**파레토분석**'이라고도 하며, 이 분석은 최소의 노력으로 최대의 효과를 올리기 위한 방법이다.

ABC 분석법의 절차는 그림 5-14와 같으며, 국내 패스트푸드점에서 가장 많이 사용하는 메뉴분석 방법이다. 이 방법은 고객이 선호하는 메뉴를 찾아내어 계속해서 인기를 유지하며 보다 많은 판매량을 올릴 수 있도록 하는 방법이다.

일정기간(주로 1개월) 판매된 메뉴의 수와 매출액 계산

↓

매출이 많이 발생한 순서대로 모든 메뉴 나열

↓

매출 총액 합산

↓

각각의 메뉴 매출금을 총합계로 나누어 전체에서 차지하는 비율(%) 계산

↓

비율(%)의 누계 계산

↓

나열된 메뉴의 순서별 누계치의 75~80%를 A
나열된 메뉴의 순서별 누계치의 85~90%를 B
나열된 메뉴의 순서별 누계치의 100%까지를 C

그림 5-14 ABC 분석법

자료 : 정경 외, 2010 재구성

ABC 분석법의 장점은 인기 있는 메뉴와 선호도를 알수 있어 제공시간 및 신상품 론칭과 홍보가 쉬우며, 단점은 인건비가 산정되지 않은 것이다.

(6) 허스트법메뉴스코어링 방법

허스트법은 플로리다 국제대학의 교수이며 미국레스토랑협회 회장인 마이클 허스트가 개발한 메뉴분석법으로 원가, 가격 변화, 공헌이익, 선호도 등이 판매에 미치는 영향을 계산한 것이다. 메뉴의 추가 또는 삭제, 가격 조정 등의 메뉴 변화를 확인하기 위해 개발되었으며, 메뉴스코어링 방법이라고 한다.

허스트법에서는 메뉴스코어가 높으면 수익성이 높다는 것을 의미하나 스코어 자체만으로는 의미가 없다. 따라서 원가, 판매량, 가격 변화, 메뉴 변화 등의 요소들과 상호작용을 잘 파악하고 평가기간을 달리하여 산정한 스코어들을 비교하는 작업이 필요하다.

허스트법은 모든 메뉴 품목을 추적하지 않기 때문에 결과를 빨리 얻을 수 있다는 장점이 있으며, 분석방법은 그림 5-15와 같다.

평가 기간 설정

↓

총매출액에 공헌도가 높은 아이템(A)을 평가대상으로 선정

↓

각 아이템의 판매량(B) 기입

↓

각 아이템의 판매가격(C) 기입

↓

각 아이템의 식재료원가(D) 기입

↓

아이템별 판매가격으로 식재료원가율(E) 기입

↓

단계별 점수 계산

↓

1단계 : 총판매가(F)=B×C
2단계 : 총원가(G)=B×D
3단계 : 판매량의 합(TB), 총판매가의 합(TF), 총원가의 합(TG)
4단계 : 전체 식재료원가율(TE)=TG/TF
5단계 : 평균객단가(H)=TF/TB
6단계 : 총이익(총매출액-총식자재원가) 계산
- 총매출액 대비 총이익(총이익/총매출액) 계산
- 평균수익률(I) 계산
7단계 : 각 아이템의 평균수익(J)=평균객단가(H)×평균수익률(I)
8단계 : 아이템별 판매율(K)=총판매수/업장 전체품목 판매수
9단계 : 메뉴 스코어(L)=아이템의 평균수익(J)×선별품목 판매율(K)

그림 5-15 허스트법

표 5-11 메뉴스코어링 분석표(Menu Scoring)

품목(A)	판매수량(B)	판매가격(C)	식재료 원가(D)	식재료 원가율(E)	총판매가(F)	총원가(G)
Total	총판매량(TB)			총식재료 원가율(TE)	총판매액 합(TF)	총원가 합(TG)

(7) SWOT법

SWOTStrengths: 강점, Weaknesses: 약점, Opportunities: 기회, Threats: 위협법은 카이저가 메뉴 품목의 강점과 기회를 살리면서 위험요소들을 최소화하여 경영전략을 수립하기 위하여 고안하였다 그림 5-16. SWOT법은 시각적 효과가 좋아 마케팅이나 경영학에서 환경분석을 위해 많이 사용하는 방법으로, 내부환경을 통해 강점과 약점을 분석하고 외부환경을 통해 기회와 위협 요인을 발견하여 강점과 기회 요인을 최대화하고 약점과 위협요인을 최소화하는 마케팅 전략으로 기업이 목표를 달성하고자 할 때 수행한다.

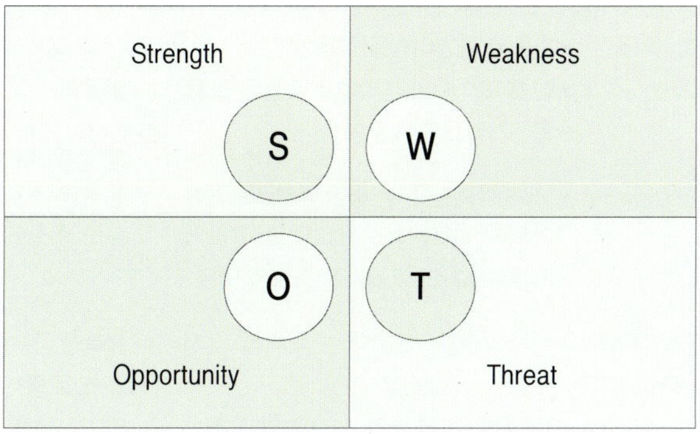

그림 5-16 SWOT법

(8) 메뉴분석의 활용방안

7가지 메뉴분석에 대한 활용방안은 표 5-12와 같다. 메뉴분석 방법에 따라 실행한 결과가 달라질 수 있으므로 어떤 방법이 좋다고 단정짓기 어렵다. 따라서 두 가지 이상의 방법을 병행한다면 더 좋은 메뉴분석 결과를 얻을 수 있다.

표 5-12 메뉴분석의 활용방안

구분	장점	한계점	활용방안
밀러법	• 낮은 원가의 메뉴와 높은 매출량의 메뉴를 제시할 수 있음	• 매출액과 공헌이익을 나타내지 않음. • 수익성이 높은 메뉴를 만들기 위해 원가율이 낮은 메뉴의 가격을 올리면 고객 감소를 초래함	• 코스별로 구성되어 있는 패밀리 레스토랑에 적합함
카사바나와 스미스법	• 선호도와 공헌마진을 중심으로 메뉴를 분석하여 쉽게 적용할 수 있음	• 인건비 등을 고려하지 않음 • 판매량이 평균 이하인 메뉴가 공헌이익을 긍정적으로 창출할 수 있는 단점이 있음	• 전체 매출액에 대한 메뉴들의 상대적 비중을 나타내므로 전문 레스토랑, 단품 메뉴로 구성되어 있는 레스토랑, 패밀리 레스토랑, 호텔 레스토랑 등에서 광범위하게 활용할 수 있음
파베식법	• 낮은 식재료 원가율과 높은 공헌이익을 나타내는 메뉴를 제시할 수 있음	• 가중된 공헌이익을 적용함 • 선호도, 수익성, 식재료원가율을 평균개념으로 계산함	• 단품 메뉴를 판매하는 음식점에서 활용함
헤이스와 허프만법	• 순이익 높은 메뉴를 제시할 수 있음	• 고정비와 변동비를 어떤 방법으로 계산하는지, 메뉴상의 아이템을 어떻게 배분하는지의 문제가 언급되지 않음	• 뷔페 레스토랑, 출장 외식기업, 샐러드바 중심의 레스토랑에서 활용함
허스트법	• 가격의 변화, 인기도, 원가, 공헌이익 등이 판매에 미치는 영향을 측정할 수 있음	• 하나의 메뉴 스코어는 의미를 갖지 못함 • 판매량이 가격 변화, 식재료 원가, 메뉴 교체 등과 어떤 상호작용을 했는지만 보여줄 뿐임	• 불특정 다수를 고객으로 하는 역세권의 레스토랑, 최고상권이 레스토랑, 커피전문점, 푸드코트 등에서 활용함
ABC 분석법	• 잘 팔리는 메뉴를 파악하여 메뉴 제공 시간을 단축할 수 있음	• 인건비 분석이 빠져 정확한 자료를 얻기 어려움	• 패스트푸드점에서 활용함
SWOT법	• 메뉴 아이템의 강점과 기회를 살리고 위험요소를 최소화할 수 있음	• 시장환경을 분석할 수 있는 안목이 요구됨	• 기업형 레스토랑이나 패스트푸드점에서 활용함

실습 외식기업 메뉴 평가하기

자료

- 외식기업의 메뉴 및 가격
- 외식기업의 신메뉴
- 외식 프랜차이즈 업체 홈페이지
- 외식관련 잡지 및 홍보물

기기(장비 · 공구)

- 컴퓨터, 프린터, 스캐너, 빔 프로젝터
- 엑셀 및 프레젠테이션 프로그램
- 문서 작성 프로그램
- 스마트폰

안전 · 유의사항

- 인터넷에서 조사한 자료는 출처를 반드시 기록하도록 한다.
- 팀원들은 외식기업 방문 시 허락을 얻은 후에 자료 조사 및 사진을 촬영한다.
- 자료 수집은 구성원 전체가 적극적으로 참여하고, 자료 수집방법 등은 팀원들의 의견을 수렴한다.

수행 순서

1. 외식기업의 메뉴는 종류별로 구분한 후, 팀원들이 분담하여 자료를 수집한다.
2. 팀원들은 업체별로 조사한 메뉴를 종류별로 구분하여 비교, 분석한다.
3. 메뉴의 인기도와 수익성을 근거로 메뉴를 판정하도록 한다.
4. 작성한 자료는 정리하여 보고서를 작성한다.
5. 팀별로 5~10분 정도 프레젠테이션을 준비하고 발표를 통해 팀원들이 서로 공유한다.

수행 tip

- 외식기업의 메뉴는 판매비율과 공헌마진 등을 고려하여 팀별로 조사한다.
- 팀별로 메뉴의 종류 및 단가별로 구분하여 자료를 수집한다.

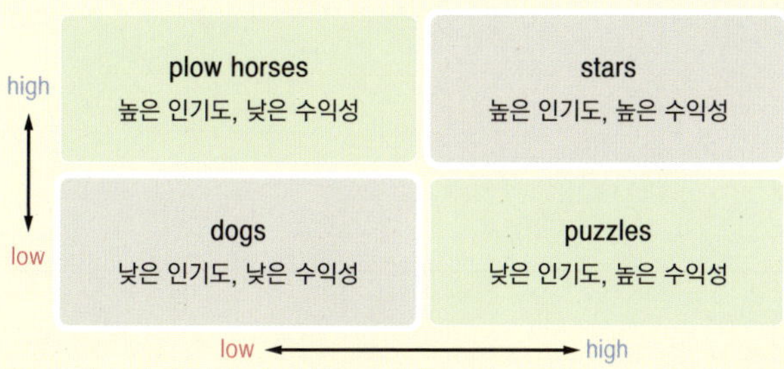

메뉴 엔지니어링

외식기업 메뉴평가 보고서 작성

<table>
<tr><th colspan="2">외식기업 메뉴평가</th></tr>
<tr><td>날짜 :</td><td>작성자 :</td></tr>
<tr><td colspan="2">외식기업명 :</td></tr>
<tr><td colspan="2">외식기업의 전체 메뉴 :</td></tr>
<tr><th colspan="2">메뉴 엔지니어링</th></tr>
<tr><th>Stars(메뉴명)</th><th>Plowhores(메뉴명)</th></tr>
<tr><td></td><td></td></tr>
<tr><th>Puzzies(메뉴명)</th><th>Dogs(메뉴명)</th></tr>
<tr><td></td><td></td></tr>
<tr><td colspan="2">Q&A : 외식기업의 메뉴 평가 후, 수익성을 높일 수 있는 아이디어를 제시하시오.</td></tr>
</table>

CHAPTER

6

외식서비스

1. 외식서비스의 개념
2. 외식서비스의 특징
3. 외식서비스의 유형
4. 외식서비스관리
5. 외식서비스 품질관리

학습목표

1. 외식서비스의 개념을 이해한다.
2. 외식서비스의 특징과 유형을 이해한다.
3. 외식서비스 관리 및 절차를 이해한다.
4. 외식서비스 품질관리를 이해한다.

1. 외식서비스의 개념

서비스는 판매 목적으로 제공되거나 상품의 판매와 관련하여 제공되는 무형의 활동으로 일반적으로 저장되거나 운반될 수 없는 특징을 갖는 상품으로 정의한다.

외식서비스는 음식이 고객에게 제공되는 모든 과정을 포함하고 있으며, 고객의 요구에 최대한 부응하여 그 결과로 상품과 서비스의 재구입이 이루어지고 고객의 신뢰감이 연속적으로 이어지는 상태를 말한다.

고객이 평가할 수 있는 서비스는 크게 인적 서비스와 물적 서비스로 나눌 수 있다.

인적 서비스는 고객을 응대하는 종사자의 자세, 마인드, 태도 등이고, 물적 서비스는 눈에 보이는 일련의 가격, 양, 시간 등으로 구성되며 대부분의 기업들은 물적인 면을 강조하고 서비스 정책 및 개선을 위해 투자하고 있다.

서비스 종사자인 서비스맨은 응대하는 '고객'을 귀하게 생각하는 마음가짐에서 시작해야 하며, 어떤 것부터 집중적으로 서비스해야 할 것인가를 진단하고 필요한 것들을 준비해야 한다.

1) 서비스맨의 의미

(1) 서비스맨은 바로 서비스 그 자체이다

고객과의 접점 종사자는 단독으로 전체 서비스를 제공하므로 서비스맨이 상품이 된다. 제품을 만드는 것은 기업이지만 그 제품을 사는 것은 고객이다. 고객은 제품 구매 시 본인과 주변 사람들에게 자신들이 구매하였을 당시 사용했던 경험, 기업과 제품의 이미지 등을 고려하여 제품을 선택하게 된다.

서비스맨이 업무 중에 만나는 모든 사람은 회사의 고객이거나 고객에게 영향을 미치는 사람들이다. 따라서 서비스맨 한 사람 한 사람의 언어, 행동, 예의범절은 향후 고객이 제품을 구매할 때 회사의 총체적 이미지가 되어 중요한 결정요인으로 반영된다.

(2) 고객의 눈에는 서비스맨이 서비스 기업 그 자체로 보인다

많은 서비스맨이 중요하게 생각하지 못하는 것 중 하나는 고객을 대할 때 회사의 대표 역할을 하지 못하고 자신과 회사를 분리하는 경우가 많다.

특히, 회사의 규정상 "해드리지 못한다"라고 하는 경우가 많은데, 이것은 고객에게 변명으로 들리게 된다. 무엇인가 잘못되었다면 자신의 행동이나 말에 책임을 지고 즉각 문제를 해결하는 것이 바람직하다.

(3) 서비스맨은 마케터의 의미이기도 하다

서비스맨은 고객 만족에 직접적으로 영향을 미칠 수 있기 때문에 마케터의 역할을 수행하고 있다. 따라서 서비스맨은 걸어다니는 광고이며 또한 어떤 직원은 직접 판매를 하기도 한다.

가장 대표적인 예로 텔레마케터를 들 수 있는데, 서비스 종사자들이 컴퓨터와 전화를 통해 고객의 구매를 촉진시키고 서비스 마케팅과 판매활동을 지원한다.

고객은 회사 입장에서 볼 때 오랜 세월을 통해 이익을 내는 가장 중요한 요인이 된다. 그리고 서비스 제공자로서 서비스맨은 직접 고객을 대하기 때문에 회사의 결정적인 성공에 영향을 미치는 중요한 집단 구성원이라고 할 수 있다.

최근 한 기업의 광고를 보면 '아름다운 기업'이라는 문구를 사용하고 있다. 그 기업을 경험해 보았거나 서비스를 제공받은 경험이 없음에도 불구하고, 그 기업에서 일하는 임직원들은 아름다울 것이라는 생각이 들 수도 있을 것이다. 따라서 아름다운 기업은 내가 만들 수 있고, 내가 곧 아름다운 기업이 될 수 있는 것이다.

2) 서비스맨의 기본요건

외식기업의 이미지는 고객을 직접 서비스하는 직원의 용모와 태도에 의해 고객의 마음에 깊이 각인된다.

서비스맨은 깨끗하고 단정한 용모와 예의바른 서비스, 상황을 슬기롭게 대처하는 능력, 고객의 마음을 편하게 하는 행동 등 서비스의 질적 향상을 위해 항상 노력해야 한다.

마녀주방: (주)바이포엠에프엔티(BY4MFNT) 종사자의 서비스 4대 원칙

1. 용모 및 복장

마녀주방에는 규정하는 직원의 유니폼과 복장 관련 표준 매뉴얼이 준비되어 있다.

2. 친절한 응대

마녀주방의 직원들은 불친절한 응대로 인한 고객의 안 좋은 인식이 생기지 않도록 각자의 접점, 지나가다 마주치는 접점 등 어떠한 접점에서도 친절한 응대를 할 수 있도록 훈련되고 있다.

3. 미소

미소는 언제 어디에서도 고객을 응대하는 서비스 직원에게는 필수적인 요소로써, 항상 밝은 얼굴로 서비스를 제공하도록 한다. 마녀주방에서는 고객과 접점 시 그리고 접점 상황 이외에도 항상 미소 띤 표정을 볼 수 있도록 한다.

4. 세심한 배려

서비스의 마지막 단계는 고객에게 여러 가지로 세심하게 마음을 쓰는 일이다. 마녀주방의 직원들은 바쁘고 힘들다는 이유로 고객이 먼저 요청하기 전까지 기다리지 않으며 관심을 갖고 바라보면서 세심한 배려를 하고 있다.

고객의 needs sign 읽기

needs sign	고객의 속마음	세심한 배려 서비스
주변을 두리번거린다.	음식이 왜 안 나오지?	고객님~ 필요하신 것 있으세요? 제가 도와드릴까요? 바로 확인해 드릴게요. 5분 정도 뒤에 메뉴 나올 예정입니다. 메뉴 나오면 바로 준비해 드리겠습니다.
식사를 하던 중 주변을 서성인다.	화장실은 어디 있지?	고객님~ 혹시 화장실 찾으시나요? 화장실은 ○○○ 쪽에 있습니다.
계산서를 들고 주변을 서성인다.	계산은 어디서 하지?	고객님~ 혹시 계산하시려고 하시나요? 계산은 ○○○ 쪽에서 도와드리겠습니다.
테이블 위의 메뉴판을 들고 직원을 찾아 두리번거린다.	주문하고 싶은데…	고객님~ 필요한 것 있으세요? 제가 주문 도와드리겠습니다.
접시를 한쪽으로 쌓아놨을 때	식사하는데 걸리적거리는데…	고객님~ 테이블 정리 좀 도와드릴까요?

(1) 깨끗한 용모와 복장

용모는 단지 외면적인 느낌만을 전하는 것이 아니라, 개인의 내면적 성향 및 소양의 표현이다.

서비스맨의 깨끗한 용모와 복장은 직원 개개인의 일에 대한 성의를 나타내며 고객에 대한 최소한의 기본 예의이다.

중저가의 외식기업에서도 종사자의 용모와 복장관리는 눈에 즉각적으로 보여지는 것이므로 소홀함이 없어야 한다.

(2) 업무에 임하는 자세

사람이 자신의 직업에 대해 천직의식과 소명의식을 갖는 것은 매우 중요하다. 자신이 하고 있는 일을 '마땅히 해야 할 본분'이라고 생각하고 그 일에 대한 자부심과 긍지를 가지는 것이 필요하다.

2. 외식서비스의 특징

1) 무형성

실체를 보거나 만질 수 없다는 객관적 의미와 보거나 만질 수 없기 때문에 그 서비스가 어떤 것인가를 상상하기 어렵다는 주관적 의미를 포함한다. 고객의 입장에서는 유형의 외식업장에서 종사자의 용모, 청결 및 복장 상태로 서비스를 짐작할 수 있다.

2) 비분리성

외식서비스는 종사자에 의해 제공되는 것과 동시에 고객에 의해 소비되는 성격을 지닌다.

서비스는 유형의 제품과 달리 구입 전에 시험할 수가 없으며, 사전에 품질을 통제하기가 어렵다.

외식기업에서는 서비스 제공자와 고객이 함께 있으므로 종사자와 고객도 서비스의 일부가 된다.

3) 이질성

외식서비스는 제공하는 사람의 역량과 서비스를 제공받는 고객, 시간, 장소 등에 따라 달라진다.

서비스는 균일화가 어렵기 때문에 기은 서비스를 일정 수준 이상으로 유지 또는 표준화 시키는 것이 어렵다.

외식기업에서는 고객의 특성을 고려한 다양한 서비스를 제공하여 고객 만족을 추구해야 한다.

4) 소멸성

외식기업에서 판매되지 않은 제품은 재고로 보관할 수 있으나 제공되지 않은 무형의 서비스는 사라지고 만다. 또한 제공된 서비스라 하더라도 1회로서 소멸하며 그와 동시에 서비스의 편익benefit도 사라진다.

5) 가변성

외식서비스는 매우 가변적이며 누가 제공하는지 또는 언제, 어디서 제공하느냐에 따라서 달라진다.

6) 노동집약성

외식산업은 사람에 의존하는 부분이 많으며 상품 생산적 요소가 강하므로 인건비의 비중이 높다.

3. 외식서비스의 유형

1) 식당 명칭에 의한 분류

(1) 레스토랑restaurant

일반적인 식당의 의미하며, 식탁이 마련되어 있고 고객의 주문에 따라 서비스 직원에 의해 음식이 제공되는 고급의 시설을 갖춘 식당이다.

(2) 다이닝 룸dining room

식당 이용시간이 대체로 제한되어 있어 아침을 제외한 점심과 저녁식사를 정해진 시간에 제공하는 식당으로 주로 타블 도트table d'hote를 판매한다.

(3) 그릴grill

알 라 카트a la carte: 일품요리나 데일리 스페셜 메뉴daily special menu를 제공하는 식당으로 아침, 점심, 저녁 식사가 제공된다.

(4) 카페테리아cafeteria

카운터 테이블에서 직접 요금을 지불하고 손님이 먹고 싶은 것을 스스로 가져다 먹는 셀프서비스 형식의 간이식당을 말한다.

(5) 런치 카운터lunch counter

음식의 조리과정을 직접 볼 수 있도록 카운터 테이블을 마련하여 놓고 고객이 이곳에 앉아 음식을 직접 제공받는 식당을 말한다. 예로, 스시 카운터sushi counter가 있다.

(6) 리프레시먼트 스탠드refreshment stand

시간이 바쁜 고객들이 간단히 이용할 수 있도록 간이 음식을 만들어 쇼케이스show case에 미리 진열해 놓고 고객이 요구하는 것을 판매하는 식당이다.

(7) 커피숍coffee shop

고객의 왕래가 많은 곳에서 많은 종류의 메뉴를 준비하여 판매하며, 커피 및 음료수도 판매하는 식당이다. 특히 호텔 식음료 업장은 매출과 고객 수도 많은 중요한 식당이다. 매월 또는 계절별로 프로모션promotion을 실시하여 각국의 다양한 음식을 접할 수 있도록 하며, 건강식을 비롯해 어린이를 위한 음식, 다이어트 푸드 등도 판매한다.

(8) 드라이브 인drive in

교통이 편리한 도로변에서 여행객을 상대로 음식물을 판매하는 식당으로, 미국 하워드 존슨Howards Johnson사가 유명하다.

(9) 다이닝 카dining car

철도를 이용하는 사람들을 대상으로 식당차를 여객차와 연결하여 그 곳에서 음식을 판매하는 식당을 말하며, 우리나라 무궁화호 이상의 열차에서 경험할 수 있다.

(10) 스낵바snack bar

서서 음식을 먹는 간이식당으로 가벼운 식사가 판매된다.

(11) 인더스트리얼 레스토랑industrial restaurant

회사나 공장 같은 곳의 구내식당으로 비영리 목적의 급식식당을 말한다. 흔히 학교, 병원, 군대의 구내식당이 포함된다.

(12) 디파트먼트스토어 레스토랑department store restaurant

백화점을 이용하는 고객들이 쇼핑 도중 식사를 할 수 있는 식당을 말한다. 이곳에서는 대개 셀프서비스 형식을 취하며 신속한 요리가 제공된다.

(13) 델리카트슨delicatessen

간단한 샌드위치나 샐러드, 브레드 등을 준비하여 판매하는 곳을 말한다. 최근에는 각종 케이크와 햄, 소시지, 초콜릿 등도 판매하여 이익 증진에 노력하고 있다.

2) 서비스 형식에 의한 분류

(1) 카운터 서비스counter service

주방을 개방하여 고객이 일련의 조리과정을 직접 볼 수 있도록 카운터counter를 테이블로 하여 음식을 제공하는 형식의 식당을 말한다. 이러한 식당은 직원의 서비스가 많이 필요하지 않으며 고객이 보는 앞에서 요리를 만들어 제공하므로 서비스가 빠르고 위생적이다.

(2) 테이블 서비스table service

외식점포에서 흔히 볼 수 있으며 고객의 주문에 의해 서비스를 제공하는 식당이다. 호텔 내 거의 모든 식당은 테이블 서비스 형식을 취하고 있다.

(3) 벤딩머신 서비스vending machine service

인건비의 상승으로 인하여 선진국에서 인기 있는 자동판매기로 스낵류snacks, 캔류can, 우유milk, 아이스크림ice cream, 패스트리류pastries 등을 판매한다.

우리나라에도 많은 종류의 자동판매기가 있으나 식당으로 분류하기에는 무리가 따르는 일종의 판매산업이다.

(4) 셀프서비스 레스토랑self service restaurant

고객 자신이 기호에 맞는 음식을 직접 운반하여 식사하는 형식의 식당이다.

신속한 식사를 할 수 있고 기호에 맞는 음식을 자유로이 선택할 수 있으므로 고객의 불평이 적다. 또한 식사요금이 대체로 저렴하여 직원에 대한 인건비 부담이 적다.

(5) 피딩feeding

셀프서비스 형식의 식당으로 산업체 급식, 학교 기숙사, 병원, 군대 급식 등을 들 수 있다.

일정한 장소에서 많은 인원을 수용하여 식사를 제공할 수 있으며, 반드시 정해진 메뉴만을 선택해야 하기 때문에 자신의 기호에 맞는 식사를 할 수 없는 단점이 있다.

(6) 오토 레스토랑auto restaurant

버스형 자동차나 트레일러trailer에 간단한 음식을 싣고 다니면서 판매하는 이동식 식당으로 공원 등과 같이 사람들의 왕래가 많은 곳에서 이루어지는 형태의 식당이다.

3) 판매품목에 의한 분류

(1) 웨스턴 스타일 레스토랑Western style restaurant

① 이탈리안 레스토랑Italian restaurant

이탈리아 음식은 14세기 초, 탐험가 마르코 폴로가 중국 원나라에서 배워 온 면류요리가 고유한 스파게티와 마카로니로 정착하여 이탈리아 요리의 원조가 되었다. 이탈리아에서는 이 면류요리를 총칭하여 파스타라 하고, 수프를 대신하여 메인코스main course 전에 먹는다.

이탈리아 음식은 지중해 연안의 풍부한 해산물과 올리브 오일을 많이 사용하며 스파게티, 라자냐, 라비오리, 피자 등이 유명하다.

② 스페니시 레스토랑Spanish restaurant

스페인Spain 음식은 올리브 오일olive oil과 와인wine 등을 많이 사용하고 생선요리가 특히 유명하며 새우, 가재cigala, 새끼 돼지고기 등이 있다. 스페니시 레스토랑에서는 토르티야tortililla, 세고비아나segoviana, 안다루시용andalusion, 가스파초gaspacho, 꼬시도 마드릴레노cocido madrileno 요리 등이 널리 애용되고 있다.

③ 프렌치 레스토랑French restaurant

오늘날의 프랑스 음식은 이탈리아에서 유래되어 16세기 앙리4세 때부터 그 역사가 시작되었다. 프렌치 레스토랑은 가장 화려하고 품위 있는 요리와 서비스 형식을 취하는 최고급 식당이다.

④ 아메리칸 레스토랑American restaurant

미국인들은 빵과 곡물, 고기와 계란, 낙농식품, 과일 및 야채 등을 많이 이용하고 있으며, 아메리칸 레스토랑은 격식을 따지지 않고 간소한 메뉴와 경제적인 재료 및 영양 위주의 실질적인 식사를 제공한다.

(2) 코리안 스타일 레스토랑Korean style restaurant

한국 음식은 지방마다 특색 있는 향토음식이 발전되어 왔다.

1988 올림픽의 개최와 2002 한일 월드컵대회 및 K-POP을 통한 한류문화의 물결 속에서 한국음식은 널리 알려지고 있으며 훌륭한 특색을 지닌 세계의 요리로 발전하고 있다.

(3) 차이니스 스타일 레스토랑Chinese style restaurant

중국 음식은 중국에서 발달한 요리를 총칭한다. 각 지방의 기후, 풍토, 산물 등 각기 다른 특색이 있으며 그에 따라 경제, 지리, 사회, 문화 등 다양한 요소가 작용하여 4대 요리를 형성한다.

중국 음식은 지역적인 특징에 따라 베이징, 상하이, 쓰촨, 광둥 요리로 구분하며 풍부한 재료, 다양한 조리법, 갖가지 향신료를 이용한 요리를 발전시키고 있다.

(4) 재패니스 스타일 레스토랑Japanese style restaurant

일본 음식은 관동요리와 관서요리로 구분된다. 사방이 바다로 둘러싸인 섬나라의 자연조건으로 신선한 해산물을 응용하는 조리 기술이 발달하였으며, 식재료 본래의 맛과 색을 살리고 그릇과의 조화를 통해 시각적으로 아름다운 일본 요리가 발달하였다 최근에는 철판구이, 노바다야끼, 우동 전문점 등 수많은 일본계 음식점들이 자리잡으며 일반 대중의 외식문화로 뿌리를 내리고 있다.

4. 외식서비스관리

1) 고객 서비스와 기업 경쟁력

(1) 고객과 외식서비스

외식기업에서 우수한 유형의 제품에 훌륭한 무형의 서비스가 더해질 때 비로소 그 제품은 가치 있는 상품으로 태어나며 한 차원 높은 수준의 서비스를 제공할 때 고객은 감동한다.

싱가폴항공, 오리엔탈호텔, 샹그릴라호텔, 신라호텔, 스칸디나비아항공SAS에서는 고객에게 진정한 서비스를 제공할 때 고객은 감동하는 것이며, 그 고객은 누가 시키지 않아도 스스로 그 호텔, 항공사의 판촉사원이 되어 매일매일 주변사람들에게 자랑함으로써 최고의 홍보가 이루어진다고 믿는다. 이러한 훌륭한 서비스는 고객 확보와 함께 회사의 발전으로 이어지고 있다.

(2) 외식서비스와 기업 경쟁력

많은 사람들은 일상생활에서 고객의 입장이 되어 수많은 서비스를 접하며 살아간다. 외식 종사자들이 보여주는 환하고 밝은 미소, 친절한 자세, 호감가는 말씨, 단정한 용모와 복장, 정감있는 인사 및 작은 미소가 고객들에게 전이되어 밝은 사회를 만든다. 또한 헌신적인 친절과 서비스는 매출 상승과 함께 종사자의 자부심 및 기업 경쟁력을 높일 수 있다.

호텔신라의 사례

호텔신라의 구성원들은 '우리는 최고의 서비스를 제공한다'라는 최고의 정신, 즉 삼성그룹의 기업문화를 바탕으로 최고의 서비스를 제공할 수 있는 전문인력의 확보, 인적자원관리 및 서비스 실천을 통해 기업 경쟁력을 높이고 있다.

Vision

PREMIUM LIFESTYLE LEADING COMPANY

최고의 품격과 신뢰를 바탕으로 고객이 꿈꾸는 라이프스타일을 제공하는 글로벌 선도기업

Mission

우리는 최고의 라이프스타일 전문가로서 더 많은 인류에게 품격과 자부심을 경험케 한다.

신라인으로서 미션	우리는 Premium Lifestyle을 선도하는 신라인으로서 각각의 분야에서 최고의 전문가로 성장한다.
고객에 대한 미션	우리는.더 많은 고객이 다양한 생활영역에서 신라만의 품격과 자부심을 경험케 한다.
사회에 대한 미션	우리는 지속적인 혁신과 성장을 통해 인류가 더 나은 삶을 누릴 수 있도록 기여한다.

Core Value PRIDE OF THE SHILLA

- 모든 사업에 최고를 지향합니다.
- 모든 고객에게 정성을 다합니다.
- 모든 업무에서 혁신을 추구합니다.
- 모든 신라인은 서로를 존중합니다

자료 : 호텔신라 인터넷 홈페이지
(https://www.hotelshilla.net/navigate.do?HPPageId=AVCSlBqYAAICZlqB&HPPreview=&HPSiteCd=H)

2) 외식서비스 절차

외식기업 종사자는 사회의 다양한 변화와 고객의 욕구변화에 따라 담당 업무에 대한 지식을 갖춰야 하며 보다 빠르고 정확한, 그리고 보다 친절한 서비스의 제공을 위해 외식서비스의 흐름을 파악해야 한다.

(1) 외식서비스의 흐름

표 6-1 식당에서의 서비스 흐름

절차	서비스 직무
cleaning	영업장을 항상 깨끗하고 청결한 상태로 유지하기 위한 준비작업으로, 전체적으로는 영업이 끝난 후에 house keeping 부서 직원이나 용역회사에서 대행한다. 그러나 해당 영업장의 직원들은 구석구석 시시때때로 청결상태를 확인하고 유지하여야 한다.
preparation for operation	table ware의 준비, table setting, service station의 완벽한 준비, back-side의 준비 및 정리정돈, 기타 miss-en-place의 철저한 준비만이 그날의 영업을 책임질 수 있으므로 준비조는 책임감을 가지고 완벽하게 실행하여야 한다.
briefing(meeting)	영업시간, 개시 30분 전, 모든 직원은 개인의 완벽한 용모 및 근무 준비를 마치고 영업장에 도착하여 그날의 예약상황을 비롯한 제반 정보를 교환하고 미비된 점을 확인하여 보완한다.
stand by	영업개시 10분 전, 모든 직원은 정해진 위치에 정자세로 고객을 맞이할 준비를 마친 상태에서 stand by 해야 한다.
welcome service	고객이 도착하면 지배인이나 receptionist는 예약 여부를 확인하여 지정된 좌석으로 안내하고, 고객의 착석을 돕는 chair service를 필히 해드린다. 경우에 따라 메뉴를 제공하기도 한다.
F&B service	담당 직원은 고객께 인사하고 착석을 도와드린 후, 메뉴를 드리고 음료 주문을 받아 service하는 것을 시작으로 식사 후 계산 시까지의 제반 service를 책임지고, 식사가 끝난 후에도 고객의 계산을 도와드리고 인사 후 마무리한다.
farewell service	식사가 끝나고 계산을 하시는 과정은 그 고객에게 확고한 인상을 심어주는 과정이므로 계산상의 착오나 실수가 없도록 철저히 서비스하여야 한다. 또한 그날의 식사는 어떠하셨는지 고객의 만족도를 확인하는 것을 잊지말아야 한다. 그런 다음 고객을 출구까지 안내하고 즐거운 마음으로 재방문을 부탁드리며 배웅한다.
closing	그날의 영업이 모두 끝나면 서비스를 비롯한 영업상의 문제는 없었는지 확인하고 daily report(log book)를 작성한다. 각종 시건장치를 확인하고 특히 화재예방을 위한 전기 및 가스 점검 상태를 확인한 후 이상이 없으면 closing meeting을 실시한 후 귀가한다.

3) 고객 접점 서비스관리

(1) 진실의 순간(결정적 순간MOT)

MOTmoments of truth는 고객이 직원과 접촉하여 서비스(품질)에 대한 인식에 영향을 미치는 15초 내 결정적인 순간을 말한다.

MOT라는 용어는 투우용어에서 유래되었다. 여러 개의 창을 투우에 꽂아 잔뜩 약을 올린 후 혼신의 힘을 다해 덤벼드는 소에게 최후의 일격을 가하는 절대 절명의 순간을 말하며 스페인말로는 'Moment De La Verdad'라고 한다.

결정적 순간은 고객과 종사자의 접촉 순간만이 아니라 고객이 광고를 볼 때, 그 기업의 건물을 볼 때, 주차장에 차를 세울 때, 입구에 들어섰을 때, 우편으로 받은 청구서나 문서를 접할 때에도 나타난다.

(2) MOT의 3요소

① 휴먼웨어human ware

휴먼웨어 접점은 직원의 고객지향적인 정신과 고객이 만나는 접점인 인적 요소로 직원의 판단과 행동양식이 고객의 만족도에 직접 영향을 주게 된다.

② 소프트웨어soft ware

소프트웨어 접점은 서비스와 일이 처리되는 속도와 정확성 등 무형요소에 대한 고객의 인상과 평가를 말한다.

③ 하드웨어hard ware

하드웨어 접점은 고객이 직접 보고 접촉하는 건물, 사무실, 주차장 등 각종 시설과 설비 등 유형요소에 대한 체험을 말한다.

표 6-2 MOT 체크리스트

MOT 요소	세부사항	평가요소	질문사항
휴먼웨어	응대	친절성	직원이 친절하다(인사, 미소, 생기 있는 모습).
		호감도	직원의 용모가 단정하고 깔끔해 보인다. 직원은 유니폼을 착용하고 있다.
		서비스 기준 이행	고객이 매장에서 나가는 것을 인지하고 감사인사 또는 재방문 인사를 한다.
	상품지식	상품, 업무관련 지식	직원이 상품, 업무에 관한 질문에 자세한 설명을 해준다.
		고객가치에 대한 지식	고객이 상품이 필요한 이유를 묻고 이에 대한 상세한 설명과 함께 해결책을 제시한다.
소프트웨어	프로세스	업무처리 절차	주문 처리절차가 간단하여 고객이 쉽게 따라 할 수 있다.
		처리속도	고객의 요구나 불만에 신속히 반응한다.
		고객중심과정	기본 메뉴 이외에 고객의 취향에 따른 맞춤 서비스를 제공한다.
	제도	업무처리 현장권한	고객 접점에 있는 점원이 바로 일을 처리해 준다.
		업무처리 구비서류	업무처리 서류(고객소리함 등) 등이 비치되어 있다.
하드웨어	시설	쾌적성	청결하다(바닥, 카운터, 화장실).
		편리성	출입문이 편리하게 개방되어 있어 들어가기가 쉽다.
		안정성	집기의 배치가 잘 정돈되어 있다.
		점포 분위기	이동 동선이 충분히 확보되어 있다.
		위치	POP나 가격표 등을 보기가 쉽다.
	상품	신제품 개발	신제품을 지속적으로 개발하여 고객에게 소개한다.
		품질	품질(음식의 맛, 제품의 기능 등)이 훌륭하다.
		다양한 상품 구색	다양한 상품이 구비되어 있어 선택의 폭이 넓다.
		다양한 상품 진열	다양한 상품이 진열되어 있다(제품 진열, 사진, 모형 등).

스칸디나비아항공의 사례

1982년 9월 20일 아침. 그날은 스웨덴 사회민주당이 6년 만에 재집권한 다음날이었다.

코펜하겐행 비행기에서 안내방송을 위해 마이크를 잡은 기장의 첫 멘트.

"안녕하십니까? 동무들!"

순간 기내는 '까르르' 소내 내어 웃는 승객들의 웃음소리로 가득했고 덕분에 기분 좋은 이륙과 함께 비행이 시작된다. 항공사 안내방송 규정에 사회민주당이 집권하면 이렇게 안내방송을 하라는 것은 없다. 매일 똑같은 형식적인 원고를 읽는 틀에 박힌 안내방송 대신 그날, 그날의 기내 컨디션에 맞는 대화체로 방송하라는 책임과 재량권을 부여 받았으므로 기장의 위트 있는 정치풍자 멘트가 가능했다는 것이다. 승객들이 사회민주당만 생각하면 피식 웃으며 떠올릴 진실의 순간, 즉 스칸디나비아항공사만의 고객 MOT를 만들어낼 수 있었던 것이다.

4) 외식서비스의 표준

(1) 서비스 표준의 개념

외식기업에서는 외식 콘셉트와 상황에 맞도록 서비스 매뉴얼을 개발하여 서비스 절차 및 표준화를 제시하고 있다. 따라서 종사자들은 서비스 매뉴얼을 숙지하고 실제 서비스에 응용함으로써 개인의 목표 달성과 조직 발전에 도움이 될 수 있다.

최근 많은 고객들은 형식에 얽매인 서비스 절차보다는 오히려 고객과 직원이라는 벽을 허물고 다가서는 friendly service를 선호하고 있다.

(2) 식음료산업의 분류

식음료산업은 한국표준산업분류와 「식품위생법」의 식품접객업 분류 및 NCS 음식서비스로 분류한다 표 6-3.

NCSNational Competency Standards는 산업 현장에서 직무를 수행하기 위해 요구되는 지식·기술·태도 등의 내용을 국가가 체계화한 것으로 NCS 분류에서 음식 서비스는 대분류로 식음료·조리 서비스, 소분류는 식음료 서비스로 구분하였다.

표 6-3 식음료산업과 음식서비스 분류

한국표준산업 분류표(1984년, 경제기획원)					
소분류	세분류	세세분류	항목명	구분수	비고
63	음식 및 숙박업				
631			음식점업		
	6311	63111 63112 63113 63114 63115	식당업 한식업 중국음식점 일본음식점 서양음식점		
	6312	 63121 63122 63124 63129	달리 분류되지 않은 식당업 주점업 일반유흥주점 무도유흥주점 외국인전용주점		
	6313	 63131 63132 63139	달리 분류되지 않은 주점업 다과점업 다방업 달리 분류되지 않은 다과점업		

NCS 분류표			
대분류	중분류	소분류	소분류(직무)
13. 음식 서비스	01. 식음료·조리 서비스	02. 식음료 서비스	01. 식음료접객 02. 소믈리에 03. 커피관리 04. 바텐더 05. 식공간연출

(3) 포지션별 서비스 표준화

서비스 표준화는 고객이 예약부터 식사를 끝마치고 떠날 때까지의 흐름을 바탕으로 각 상황의 절차에 대한 서비스를 체계화한 것이다.

① 예약

- 전화는 3번 울리기 전에 받으며 항상 메모지를 준비한다.

- 전화예약 접수는 영업시간과 상관없이 고객의 일상에 맞춰 아침 9시부터 저녁 10시까지로 한다.
- 예약 북reservation book을 항시 비치하여 빠짐없이 접수해야 하며, 접수 후에는 반드시 복창하여 확인한다.
- 특별한 요구사항이나 중요한 사항은 누구나 알 수 있듯이 비고란에 정확히 기입한다.
- 예약을 받는 동안에도 직원은 항상 업셀링up selling을 염두에 두어야 한다.

② 고객 도착

- 영업시간에는 매니저, 슈퍼바이저 또는 그리츄리스greetress가 항시 입구에 스탠바이stand by 하여야 한다.
- 고객 도착 후 30초 이내에 영접하거나 인식해야 하며, 그리츄리스가 자리에 없을 때에는 다른 직원이 대행한다.
- 신속하고, 친절하고, 상냥하게 안내해야 하며, 특히 고객의 자존심을 고취시킨다.
- 예약 여부 및 금연석 선호 여부를 확인한다.
- 고객을 잘 정돈된 테이블로 안내하고, 착석을 도와드린다.
- 안내자는 서비스 담당자를 소개하고 "즐거운 식사시간이 되십시오."라고 말한 다음 원위치한다.
- 서비스 담당자는 1분 이내에 테이블로 가서 정중히 인사한 후, 메뉴를 드린다.

③ 음료 서비스

- 음료와 에퍼리티프aperitif는 주문 후 3분 이내에 신속하게 제공한다.
- 아침식사 때는 착석 후 30초 이내에 coffee 또는 tea를 제공한다.
- 리필커피refill coffee는 2분 이내에 보충해 드린다.
- 화이트와인이나 로제와인의 경우 냅킨, 와인버켓과 스탠드stand를 함께 서브한다.
- 고객이 주문한 와인이 맞는지 프레젠테이션을 한다. 맞다면 호스트에게 테이스팅tasting 하도록 한 후 서비스 순서대로 따른다.

④ **주문**

- 고객 착석 후 5분 이내에 주문을 받는다.
- 모든 주문은 반복하여 고객에게 신뢰감을 주고, 후에 착오가 없도록 한다.
- 주문 시는 항상 메모지나 식음료 주문표captains order pad를 사용하여 고객에게 다른 고객의 음식이 서브되는 것을 방지한다.

⑤ **음식 서비스**

- 브레드와 버터는 모든 고객에게 자동으로 제공한다.
- 주문받은 후 첫 번째 코스는 10분 이내에, 메인코스main course를 주문했을 경우에 첫 번째 코스는 15분 이내에 서브되어야 한다.
- 첫 번째 주문 음식을 치우고 두 번째가 나가기까지 5분이 초과해서는 안 된다.
- 물잔이나 커피컵은 빈 채로 2분 이상 두어서는 안 된다.
- 서빙하지 않을 때는 고객이 잘 볼 수 있는 곳에서 대기한다.
- 매니저는 주빈host과 정중한 인사를 나눈다.
- 브레드, 빵접시, 버터는 메인코스가 끝날 때 치운다.
- 담당 직원은 디저트, 커피, 디저트 음료를 서둘지 말고 제공한다. 이는 고객으로 하여금 빨리 좌석을 비워달라는 의도로 보일 수 있기 때문이다.

⑥ **서비스 마무리 및 계산서 처리**

- 비용청구서의 청구내용이 정확한지 품목별로 점검한다.
- 비용청구서는 깨끗한 폴더folder에 펜과 함께 제공한다.
- 지불관계는 3분 이내에 처리하여야 하며, 잔돈은 정확하고 신속하게 고객에게 제시한다.
- 담당직원은 고객이 식사를 마친 후 만족스러웠는지 확인하고, 감사의 인사를 드린다. 특히 고객의 만족satisfaction 여부는 서비스 도중에도 코스course가 바뀔 때마다 실행함으로써 고객의 만족 상태를 확인하고, 고객에게 신뢰감을 주는 것이므로 반드시 실행해야 한다.

⑦ 환송 서비스

- 담당 직원은 입구까지 고객을 안내한 후 감사의 인사를 다시 한 번 드리고 제자리로 돌아간다.
- 매니저와 리셉셔니스트Receptionist는 고객의 만족 여부를 반드시 확인한 후, 정중히 감사의 인사를 드린다.
- 리셉셔니스트는 고객이 맡기신 물건이나 옷은 없는지 확인하여 미리미리 챙겨 놓아야 한다.
- 매니저와 리셉셔니스트는 입구 밖까지 안내하여 한 번 더 감사의 인사를 드린 후, 가까운 시일 내에 재방문하여 주실 것을 요청하고 작별의 인사를 한다.

⑧ 기타 준비 및 시설 점검

- 깨끗하고 명확한 사이니지signage를 유지한다.
- 입구에는 깨끗한 메뉴를 스탠드stand에 보기 좋게 펼쳐놓아 오가는 고객이 편리하게 볼 수 있도록 한다.
- 영업장의 온도는 겨울 20±1℃, 여름 23±1℃를 유지한다.
- 영업시간 중에는 B.G.Mback ground music을 항상 유지한다.
- 주방으로부터의 소음, 냄새에 각별히 주의하여 차단하도록 한다.
- 카펫, 가구, 소파, 테이블, 의자 및 린넨류 등은 깨끗하게 관리한다.
- 조명기구와 비상구는 작동 상태를 확인하고 유지하도록 한다.
- 각종 플랜트plants 및 꽃들은 싱싱하며 깨끗한지 확인한다.
- 화장실은 식당에서 2분 이내의 거리에 위치해야 한다.
- 아기 의자Baby chair, high chair는 준비하고, 장애자가 출입하는 데 지장이 없도록 한다.

5) 외식서비스와 고객만족

고객만족은 고객의 기대와 요구에 부응하여 그 결과로 상품, 서비스의 재구매가 이루어지고 매장에 대한 고객의 신뢰감이 연속되는 상태를 말한다.

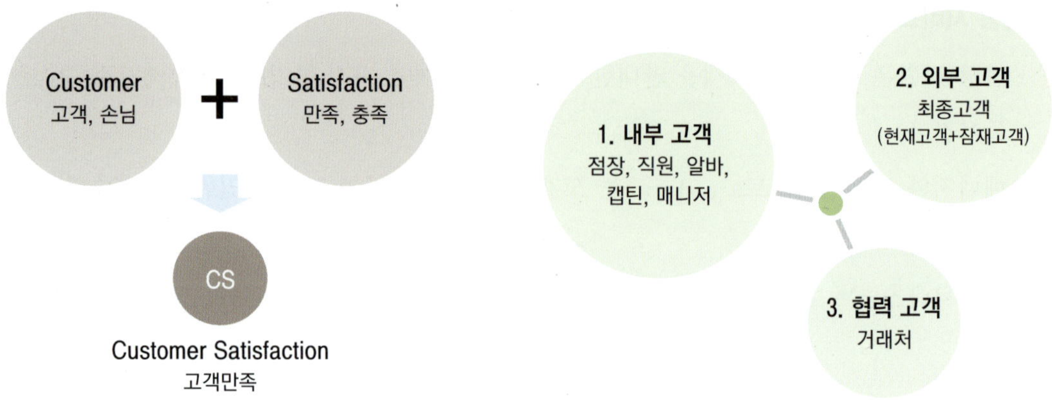

그림 6-1 외식서비스와 고객만족

고객만족의 중요성

- 불만사항을 매장에 말하는 고객 ▶ 4%
- 불만을 말하지 않고 다시는 재방문하지 않는 고객 ▶ 96%
- 어떤 문제점을 느꼈을 때 그 내용을 몇 명에게 전달하는가? ▶ 9명~24명
- 매우 만족한 고객이 다시 재방문하는 경우 ▶ 100%
- 조금 만족한 고객이 다시 재방문하는 경우 ▶ 10~20%

= 현재의 한 고객을 지키는 것에 비해 새로운 한 고객을 새로 확보하고자 할 때 몇 배의 비용이 드는가? ▶ 5배

(1) 고객만족 커뮤니케이션

고객만족 커뮤니케이션은 고객과 서비스 종사자의 대화 이외에 응대하는 태도, 정신 등의 전반적인 사항을 종합하여 평가한다.

① 고객만족 커뮤니케이션의 구성요소

커뮤니케이션을 구성하는 요소는 크게 세 가지로 구분하며 상대를 평가하는 요소의 기준이 되기도 한다.

비언어적 요소

비언어적 요소는 커뮤니케이션 구성요소에서 가장 큰 비중을 차지하는 부분으로 즉각적으로 눈에 보이는 면이 대화를 통해 전달되는 느낌보다 훨씬 더 그 사람을 평가하는 데 크게 작용한다.

비언어적 요소에는 서비스 종사자의 용모와 복장, 미소, 눈맞춤, 동작 등이 있다.

음성적 요소

음성적 요소는 대화를 통해 전달되는 음성의 높고 낮음이나 목소리의 크고 작음, 말의 속도 등을 말한다. 서비스 종사자의 이상적인 응대 목소리는 밝고 경쾌함을 느낄 수 있는 '솔'톤으로 약간 높은 톤을 권장하는데 톤이 낮으면 지루하고 경직된 분위기를 느끼게 하기 때문이다

음성적 요소에는 말의 억양과 크기 및 속도가 있으며, 멘트를 매번 반복해야 하는 경우에는 감정없이 빠르게 말하는 성의없는 응대는 하지 않도록 주의해야 한다.

언어적 요소

외식기업 종사자가 고객 접점 시 사용하는 단어나 멘트, 대화법은 외식기업의 이미지와 그 사람의 가치를 나타내므로 고객응대 화법은 매우 중요하다.

- 쿠션 화법 : 쿠션 화법은 직설적인 표현보다는 미안한 마음의 단어를 먼저 꺼내고 거절의 단어를 말하는 것으로 기분이 상하지 않고 수긍할 수 있다. 쿠션 용어에는 '죄송합니다만, 괜찮으시다면, 번거로우시겠지만, 수고스러우시겠지만, 유감스럽게도, 안타깝게도' 등이 있다 표 6-4.

표 6-4 쿠션 용어의 활용 예시

상황	Good	Not Good
외부 음식 가져와서 먹으면 안 될까요?	**고객님~ 죄송합니다만** 저희 레스토랑은 외부 음식은 반입이 어렵습니다.	아뇨.. 안 됩니다.
소주 마시고 싶은데 사와서 마시면 안돼요?	**고객님 죄송하지만** 저희 레스토랑은 소주와 같은 주류는 판매가 어렵습니다.	규정상 그렇게는 안 되는데요?

- 레어드 화법 : 명령조의 말을 의뢰형이나 질문형식으로 바꿔 말하는 것을 말한다 표 6-5.

표 6-5 레어드 화법의 활용 예시

기다리세요 ▶ 기다려 주시겠습니까? 서명하세요 ▶ 서명해 주시겠습니까? / 서명 부탁 드려도 될까요? 이쪽으로 오세요 ▶ 이쪽으로 와 주시겠습니까?

② 경청 스킬

대화에서 가장 중요한 것은 말하기보다 듣기이다. 외식기업 종사자는 고객의 말을 귀로만 듣는 것이 아니라 눈으로도 상대의 얼굴에 나타난 감정을 들을 수 있어야 한다.

경청의 자세

- eye contact 하기 : 상대의 얼굴을 보지 않고 말한다는 것은 상대로 하여금 무시당한다는 느낌을 받을 수 있고 제대로 된 내용도 전달하기 어렵다.
- 상체를 5° 정도 살짝 기울일 것 : 상체를 앞으로 기울여 고객의 말을 들으면 적극적으로 듣고 있다는 생각이 든다. 상체를 기울이는 것만으로도 고객에게서 많은 이야기를 끌어낼 수 있다.
- 고개 끄덕이기 : 고개를 끄덕이는 것은 고객의 말에 집중하고 공감하며 듣고 있다는 표시로 상대가 말을 하면서 신뢰하게 된다.
- 눈썹의 움직임 : 가장 적극적으로 듣고 있다는 반응을 보일 수 있는 방법 중 하나가 눈썹의 움직임이다. 눈썹으로 많은 감정을 표현할 수 있는데, 놀란 표정, 너무나 반가운 표정, 아주 즐거운 표정, 슬픈 표정, 죄송한 표정, 안타까운 표정 등은 어떠한 말보다도 공감하고 있음의 좋은 표현이라 할 수 있다.
- 상대방이 말하지 않은 마음 속 내용까지 들을 것 : 고객의 표정과 제스처를 보면 상대가 진짜 하고자 하는 말과 현재 표현하고 있는 말의 내용이 일치하지 않는 경우가 있다. 고객의 성향에 따라 자신이 진짜 하고자 하는 말을 잘 표현하지 못하는 경우, 상대의 말소리만 듣는 것이 아니라 상대의 진정한 속뜻까지도 알아 들어야 한다.

5. 외식서비스 품질관리

1) 서비스 품질의 개요

서비스 품질은 외식기업을 이용하는 고객의 기대 또는 욕구로 정의되며, 상품 품질과 더불어 고객 평가의 대상이 된다.

파라슈라만(Parasuraman, 1988)은 서비스 품질을 서비스 기업이 제공해야 한다고 느끼는 고객들의 기대와 서비스를 제공한 기업의 성과에 대한 고객들의 인식을 비교하는 데서 나오는 것이라고 정의하였다.

고객들은 기업의 이미지, 경험, 가격 등을 바탕으로 서비스에 대한 고객의 기대와 서비스에 대한 인식의 차이를 비교하여 서비스의 품질을 평가한다. 따라서 외식기업에서는 서비스에 대한 고객의 기대도와 인식도 간의 차이gap를 측정하고 이를 해소하기 위하여 품질을 관리해야 한다.

(1) 외식서비스 품질의 구성 요소

① 신뢰성

약속된 서비스를 정확하게 수행하는 능력을 말한다. 성능의 일관성, 정확한 청구, 기록record의 올바른 유지 관리, 지정된 시간에 정해진 서비스를 수행하는 능력 등이 포함된다.

신뢰성이란 고객과의 약속을 지키는 것을 뜻하며 서비스를 계약 행위에 기초하는 거래라고 볼 때 신뢰성에 관한 고객의 기대는 가장 기본적인 사항이다.

② 대응성

서비스 제공자의 준비성, 서비스의 적시성, 거래착오의 즉각적 통지, 빠른 응답, 신속한 서비스 제공 등을 의미한다. 이러한 대응성에 관한 고객의 기대와 요구는 서비스 종사자가 자신에게 도움이 될 것이라는 고객의 일반적인 사고로부터 기인한다. 따라서 서비스 종사자는 고객이 요구하는 사항에 관심을 갖고 최대한 배려함은 물론 기본적으로 어떤 도움을 주겠다는 자세를 갖추어야 한다. 이러한 자세 중에서 가장 주를 이루는 것은 고객을 주목하고eye contact, 선의를 나타내는 것smile이다.

③ 숙련성

서비스를 수행하는 데 요구되는 숙련과 지식의 소유, 접촉자의 지식과 숙련, 조직의 연구능력 등을 의미한다.

숙련되지 못한 서비스 제공은 때때로 고객에게 피해를 줄 수도 있으므로 외식기업 종사자의 숙련도는 매우 중요하다.

④ 접근성

편리한 입지, 접근의 용이함, 전화로 쉽게 연락 가능, 전화 대기시간, 편리한 영업시간 등을 의미한다.

한참 동안 신호가 울려도 응답이 없는 전화, 좁고 붐비는 주차장, 담당자를 찾지 못하고 우물쭈물하는 모습 등 고객이 원하는 서비스에 즉시 대응하지 못하는 불편함은 업체를 찾지 않게 하는 요인이 된다.

⑤ 예절

예절은 외모나 태도, 말씨 등 외부에 나타나는 것에서 시작되며, 고객 접점에서의 정중함, 경의, 헤아림, 친절, 배려, 접촉자의 청결하고 산뜻한 외모를 의미한다.

비정상 상황이나 긴박한 상황 속에서 숙련된 솜씨로 일을 처리하며 침착한 자세와 고객에 대한 성실한 서비스의 제공은 가장 가치있는 예절의 형태라고 할 수 있다.

⑥ 커뮤니케이션

광고, 홍보의 진실성, 서비스 내용에 대한 쉬운 이해와 설명, 고객이 쉽게 이해할 수 있는 어휘 및 언어 사용을 의미한다.

'커뮤니케이션'은 단순히 '대화'와 관련된 의미만을 생각할수 있지만 서비스 제공자의 태도, 용모, 복장 및 경청하는 자세 등도 커뮤니케이션의 도구이다.

⑦ 신용

믿음, 정직, 신뢰, 회사명, 회사의 명성, 접촉자의 개성, 서비스 제공자의 진실성, 정직성 등을 의미한다.

서비스 제공자는 자신이 소속된 회사를 대표하고 있으며, 이들 한 사람 한 사람에게 고객은 일정한 선입관을 갖고 있다.

⑧ 안전성

위험, 리스크, 의심으로부터의 자유, 육체적·금전적 안전, 비밀 보장 등을 의미한다.

실제 서비스 현장에서 고객이 느끼는 안전성은 시설물이나 기재의 성능보다는 자신 주변의 사소한 장치들이 얼마나 깨끗하게 정돈되어 있으며 제대로 작동하고 있는가에 민감하게 반응한다.

⑨ 고객에 대한 이해와 인지

고객 욕구의 이해 노력, 고객의 특정한 요구에 대한 이해, 개별적인 주목, 정규 고객의 인지 등을 의미한다.

외식기업에서는 고객이 해당 회사에 대한 만족도와 재구매할 계획 및 남에게도 권유할 의향이 있는 고객층이 얼마나 되는지 인지하는 것이 매우 중요하다.

⑩ 유형성

유형성이란 서비스의 물리적 증거, 물리적 설비, 외모, 서비스 제공에 사용되는 도구 또는 장비, 서비스의 물리적 표현, 서비스 시설 내 다른 고객들을 의미한다.

유형성은 고객의 손으로 만져지는 것들에 대한 기대를 뜻하며 서비스 시설 내 다른 고객들에 대한 관심은 중요하다.

2) 서비스 품질표준

서비스의 품질표준은 고객 서비스 사이클의 각 단계에서 고객의 피드백을 충분히 반영해야 한다. 고객 서비스 사이클의 단계별로 품질표준을 적용하는 목적은 품질의 일관성과 우수한 성과를 촉진하려는 것이다. 품질표준이 명백하게 커뮤니케이션 되고 종사자들의 성과 측정 및 보상과 연결되면 종사자들에 대해 방향성과 동기를 부여할 수 있다.

(1) 서비스 차원별 품질표준

① 신뢰성reliability : 정확하고 믿음직함

② 보장성assurance : 종사자들의 지식과 예의바름

③ 유형성tangibles : 실체적 시설, 설비, 인력의 외관

④ 공감성empathy : 개인적 이해와 고객지원 제공

⑤ 감응성responsiveness : 신속한 서비스 제공

3) 서비스 품질 측정

서비스 품질 평가에 대한 연구는 PZBParasuraman, Zeithaml, and Berry, 램버트와 루이스(Lambert, Lewis, 1990) 등 많은 학자에 의해 활발히 진행되었다.

품질경영 인증: 국제 품질인증

ISO 국제품질표준

스위스 제네바에 본부를 두고 현재 91개의 국가로 구성된 국제 표준화International Organization for Standardization기구가 조직되었다.

① ISO 9000 시리즈

품질 문제의 원인을 조사하여 이를 사전에 예방하고 고객의 요구에 부합하는 올바른 제품의 생산과 서비스를 제공할 수 있는 통일된 품질경영 체계를 만드는 제도이다.

② ISO 14000 시리즈

ISO 9000 시리즈가 품질보증제도인데 반해 ISO 14000 시리즈는 환경경영보증제도이다.

국가마다 다르게 운영되어 오던 환경관리에 대한 방법 및 체계를 통합하기 위해 제정된 국제적인 환경 규격이다. 궁극적인 목적은 환경오염물질의 방출을 최소화하기 위한 환경보호에 있다.

③ ISO 22000 시리즈

ISO 22000은 ISO 9001 품질경영시스템의 일환으로 식품이 소비시점에서 안전하다는 것을 보장하기 위해 식품안전 위해요소를 관리하는 능력을 실증하는 데 필요로 하는 식품안전경영시스템이다. ISO 22000은 ISO 9001(품질경영시스템 요구사항)을 기본으로 하고 있으며 제품설계 대신 HACCP을 모두 포함한 안전한 제품의 기획 및 실현에 대한 요구사항을 규정하고 있다.

말콤 발드리지 품질대상

1987년에 미국 말콤 발드리지의 이름을 딴 상으로 품질의 중요성에 대한 인식을 고취시키고 성공한 품질전략과 기법을 미국 내 다른 기업에 전파하여 품질 향상에 대한 기준을 설정하기 위해 제정되었다.

데밍상

경영원칙과 산업 유형, 사업범위 및 사업환경을 반영하여 명확한 경영 리더십하에 높은 수준의 고객지향적인 경영 목표와 전략 그리고 이를 달성하기 위한 전사적 품질경영의 적절한 시행 및 경영 목표와 전략에 대한 업적 달성 등을 심사한다.

PZB는 기존 연구를 확장하여 서비스 품질에 대한 소비자의 지각을 평가하기 위하여 5개 차원(22개 항목)의 서비스 질 결정요인 항목을 개발하였다.

첫째, 유형성은 물리적 시설, 장비, 인적 존재 여부와 같은 실제 보이는 사물, 자원을 말한다. 둘째, 신뢰성은 약속된 서비스를 정확하게 수행할 능력이 있는지의 여부를 말한다. 셋째, 반응성으로 고객을 도우려는 의지와 신속한 서비스를 제공할 의지, 즉 자발적으로

품질경영 인증: 국내 품질인증

한국서비스품질우수기업 인증제도

산업통상자원부 주관으로 2001년부터 시행하고 있으며 서비스 품질 인증을 신청한 기업(사업장)에 대해 서비스 품질 수준을 진단하고 개선방향을 제시한다. 제고 및 소비자의 질 향상을 도모하고자 하는 제도이다.

국가품질상

품질경영우수기업의 선정을 실시하는 것으로 국가품질대상은 국가품질경영상 수상 후, 전사적 품질경영 활동을 지속적으로 추진하여 품질 혁신 및 생산성 향상에 매우 탁월한 성과를 거둔 기업 및 단체이며, 국가품질혁신상은 전사적 품질경영 활동을 추진하여 품질 혁신 및 생산성 향상에 성과를 거둔 기업 및 단체이다.

한국서비스대상

한국표준협회에서 우리나라 서비스산업의 경쟁력 강화를 위해 고객중심의 서비스 품질경영 시스템을 구축하고 경영 전반에 서비스 품질혁신 활동을 전개하여 서비스 품질 수준이 탁월한 기업 및 기관, 단체, 개인을 발굴, 포상하기 위해 운영하고 있다.

한국서비스품질지수

국내 최초로 서비스 산업의 품질 평가를 위해 개발된 서비스 품질 평가지수이다.

국민 행복을 위한 고품질 서비스 요구 증가에 부응하고 급속한 세계화에 따른 선진 서비스 접촉 기회가 증대되면서 한국 실정에 맞는 서비스 품질 측정방안의 도입 필요성 제기, 한국표준협회 주관으로 개발되어 2000년부터 사용되고 있다.

국가고객만족지수

개별기업, 산업 · 경제 부문, 국가차원의 품질경쟁력을 향상시키기 위해 한국생산성본부가 미시건대학 국가품질연구소와 공동으로 개발한 지수이다.

거시경제 측면에서 국가 품질 경쟁력을 측정할 수 있는 지표 개발과 기업적 측면에서 기업의 정확한 고객만족도 측정과 활용 등의 목적을 지닌다.

고객에게 직접 다가가 서비스를 제공하는 것을 말한다. 넷째, 보장성으로 종업원의 지식과 예절 그리고 신뢰성과 믿음을 부여하려는 능력을 말하며, 다섯째, 감정이입으로 고객들에게 주는 개인적 관심과 애정, 즉 고객의 생일과 같은 기념일에 관심을 갖는 것을 말한다.

서브퀄SERVQUAL 모형은 파라슈만이 개발한 사용자중심의 서비스 품질 모형이다. 갭gap 모델에 근거한 대표적인 서비스 품질 측정도구이며 신뢰성, 대응성, 확신성, 공감성, 유형성 등 다섯 가지의 품질차원으로 고객의 기대도와 인지도를 조사하여 그 갭을 근거로 서비스 품질을 평가하는 것이다. 고객이 기대한 서비스가 경험한 서비스와 일치하면 만족한 서비스 품질이 되고, 경험한 서비스가 기대 서비스에 미치지 못하면 수용 불가능한 것이 되는 것이다.

실습 외식기업의 고객 서비스관리 사례 조사하기

자료

- 외식기업의 서비스 매뉴얼
- 외식서비스 관리 체크리스트
- 외식기업의 대기관리

기기(장비 · 공구)

- 컴퓨터, 프린터, 스캐너, 빔 프로젝터
- 프레젠테이션 프로그램
- 스마트폰
- 문서작성 프로그램

안전 · 유의사항

- 외식기업 방문 시에는 담당자의 허락을 얻은 후 서비스관리 관련 자료 및 실제 사례를 조사한다.
- 외식기업은 업종(한식, 양식, 중식, 일식, 에스닉 푸드 등)과 업태(패스트푸드, 패스트 캐주얼, 패밀리 레스토랑, 캐주얼 다이닝, 파인 다이닝 등)로 구분하여 조사한다.
- 외식기업의 대기관리는 팀원들이 직접 체험해 본 사례를 중심으로 조사한다.

수행 순서

1. 외식기업에서 사용되고 있는 외식서비스는 유형별로 자료를 수집한다.
   (1) 외식서비스의 유형은 테이블 서비스, 카운터 서비스, 셀프서비스, 트레이 서비스, 포장판매 서비스, 배달판매 서비스 등으로 구분하여 자료를 조사한다.
   (2) 외식기업의 홍보자료, 유튜브 동영상 및 SNS를 활용하여 다양한 정보를 수집한다.
2. 수집한 자료는 외식서비스의 방법을 구분한 후, 도표를 작성한다.
3. 외식기업에서 활용하는 대기관리의 기본원칙을 조사하고 최신 정보를 수집한다.
4. 수집한 자료는 팀별로 요약, 정리한 후, 보고서를 작성한다.
5. 최종 보고서는 5분 정도 프레젠테이션을 하고 팀원 간에 서로 공유한다.

수행 tip

- 팀원들이 가장 좋아하는 외식기업 또는 관심 있는 곳을 선택한 후, 방문 조사한다.
- 최근의 외식 트렌드를 반영하여 인기있는 업체를 조사한다.
- 팀원들은 외식기업을 방문하여 실제로 대기관리를 경험해 본 후, 느낀 점을 함께 공유하도록 한다.

외식기업의 서비스관리 조사 보고서 작성

<table>
<tr><th colspan="2">외식기업의 고객 서비스관리 사례 조사하기</th></tr>
<tr><td>날짜 :</td><td>작성자 :</td></tr>
<tr><th>구분</th><th>내용</th></tr>
<tr><td>외식기업명</td><td>방문 조사한 외식기업</td></tr>
<tr><td>외식 업종</td><td>한식, 양식, 중식, 일식, 에스닉 푸드 등</td></tr>
<tr><td>외식 업태</td><td>패스트푸드, 패스트 캐주얼, 패밀리 레스토랑, 캐주얼 다이닝, 파인 다이닝 등</td></tr>
<tr><td>외식서비스의 유형</td><td>테이블 서비스, 카운터 서비스, 셀프서비스, 트레이 서비스, 포장판매 서비스, 배달판매 서비스 등</td></tr>
<tr><td>대기관리 사례</td><td>조사한 외식기업의 대기관리에 관한 사례 예시</td></tr>
<tr><td>외식서비스의 특징</td><td>조사한 외식기업의 서비스관리 및 특·장점</td></tr>
<tr><td>외식서비스 아이디어 도출</td><td>외식기업의 서비스 관리를 위한 새로운 아이디어 제시</td></tr>
<tr><td>참조 자료</td><td>자료 및 출처</td></tr>
<tr><td>discussion</td><td>느낀 점</td></tr>
</table>

CHAPTER

7

외식마케팅 관리

1. 외식마케팅의 개념
2. 외식마케팅의 요소
3. 외식마케팅 믹스
4. 외식마케팅의 관리 시스템
5. 외식기업의 마케팅 전략

학습목표

1. 외식마케팅의 개념 및 요소를 이해한다.
2. 외식마케팅 믹스를 이해한다.
3. 외식마케팅의 관리 시스템을 이해한다.
4. 외식기업의 마케팅 전략을 이해한다.

1. 외식마케팅의 개념

외식마케팅foodservice marketing이란 외식기업의 목표를 달성하기 위해 제품 및 서비스, 아이디어를 사용하여 상품화, 가격 결정, 유통 및 촉진을 계획·실시하는 전략적인 조직 활동이다.

외식마케팅을 수행하기 위해서는 전략 설정이 필요한데, 일반적으로 전략은 조직의 목표를 세우고, 기업 활동의 제약조건이 되는 환경을 분석하며, 환경에 대해 조직이 대응(행위)해 나가는 과정을 의미한다.

마케팅 전략은 경영층이 외식기업 전체의 주된 업종과 효율적인 경쟁방법에 관한 의사결정이 이루어진 후 마케팅 부문의 목적을 수립하고, 시장, 경쟁 등에 관한 분석을 행하며, 자사 내의 마케팅 자원을 효율적으로 활용하는 방안에 관한 결정을 하게 된다.

마케팅의 임무는 기업으로 하여금 고객을 끌 수 있는 제품만을 내놓도록 지도하는 데 있다. 즉, 바른 제품을 바른 가격으로 바른 유통경로를 통하여 바른 시장에 내어놓고 그 제품의 장점을 바르게 알리도록 하는 데 있다.

1) 외식마케팅의 개념 변화

외식기업에서 마케팅 활동은 시대적 상황에 따라 생산지향적, 제품지향적, 판매지향적, 마케팅지향적, 사회지향적 마케팅 관리 등 5단계로 변화되어 왔다.

외식마케팅 관리는 외식기업이 처한 시장 상황에 대한 평가 후, 단계에 맞는 마케팅 방법을 활용하는 것이 바람직하다.

(1) 생산지향적 마케팅 관리

수요가 공급을 초과하던 시대의 대부분 기업들이 수용했던 가장 오래된 것으로, 공급이 부족한 제품 시장에서 경쟁을 하는 기업들이 관심을 보이는 마케팅관리 개념이다.

(2) 제품지향적 마케팅 관리

고객들이 우수한 품질의 제품을 선호한다는 개념이다. 외식기업은 품질관리에 역점을 두며 좋은 제품을 생산하고 지속적인 제품의 질 개선 및 유지하는 데 노력을 기울인다.

(3) 판매지향적 마케팅 관리

고객이 제품을 많이 구입할 수 있도록 기업에서 적극적인 정보 제공 및 촉진활동을 실행해야 판매 목적을 달성할 수 있다는 개념이다. 외식기업에서는 적극적인 홍보를 통해 제품을 판매하는 데 노력을 기울인다.

(4) 마케팅지향적 콘셉트 관리

판매지향적 마케팅의 문제점, 즉 제품이 생산된 후에 적극적인 판매 노력은 하고 있지만 판매 전에 이루어지는 소비자 욕구 조사나 제품 기획과 같은 판매 전 활동을 해결하기 위한 마케팅이다.

제품을 생산하기 전에 소비자 조사를 통해 고객이 원하는 제품, 고객이 만족할 수 있는 제품 개발부터 고객의 입장과 관점에서 생각하는 마케팅 활동이다.

(5) 사회지향적 마케팅 관리

소비를 통해 만족을 추구하는 소비자 관점에서 소비와 더불어 쾌적한 환경 속에서 삶의 질을 추구하는 생활자의 개념이 강조된 마케팅 활동이다.

사회지향적 마케팅은 생태 및 자연 환경, 사회·문화적 환경을 포함하고 생활의 질적 향상에 도움이 될 수 있도록 소비자의 욕구를 충족시켜야 한다(예: 유한킴벌리).

2. 외식마케팅의 요소

외식마케팅 활동은 소비자의 충족되지 못한 욕구needs와 욕망wants을 발견하고 이를 충족시켜줄 수 있는 상품을 찾는 것이라고 할 수 있다.

(1) 필요, 요구 및 수요

필요needs는 기본적인 인간의 욕구를 말하며, 요구wants는 인간의 원초적 욕구가 좀 더

체계화되어 나타나는 구체화된 이차적 욕구를 말한다. 요구는 필요와는 달리 개인의 성향과 가치관 그리고 환경 등에 따라 다르게 나타나는 특징이 있다.

수요는 특별한 제품에 대해 지불할 수 있는 능력이 되는 사람의 많고 적음을 의미한다.

(2) 제품

제품이란 소비자의 욕구를 충족시켜 수요를 발생시키는 유·무형의 제공물이라고 할 수 있다. 외식기업에서 제품은 고객에게 제공되는 음식 및 서비스를 말한다.

(3) 고객의 가치

음식 및 서비스의 소유나 사용에서 고객이 얻을 수 있는 효용(품질)과 지불한 비용 간의 차이를 말한다.

외식기업의 경영자와 종사자들은 고객 만족도를 높이고 불평 해소 등을 통해 더 높은 고객 가치를 추구할 수 있도록 노력을 기울여야 한다.

(4) 교환

교환은 상대방에게 대가를 제공하고 원하는 것을 서로 바꾸는 행위를 말하며 경제 순환의 한 과정이라 할 수 있다.

교환이 이루어지기 위해서는 두 사람의 당사자가 있어야 하며, 각 당사자는 가치 있는 것을 가지고 상대방과 의사소통을 통해 거래를 할 수 있다.

(5) 관계마케팅

관계마케팅은 고객과의 확고한 관계를 구축, 유지하고 강화하는 것으로 상호 간의 이익을 극대화할 수 있는 다양한 마케팅 활동을 의미한다.

기존의 마케팅이 제품의 질에 관심을 둔 마케팅이었다면 관계마케팅은 기업과 고객 간 인간적인 관계에 중점을 두고 있다.

(6) 시장

시장은 수요자와 공급자 사이에 재화와 서비스의 거래가 이루어지는 일정한 장소이며 제품, 서비스 등을 둘러싸고 성장한다.

인적·물적·시간적·공간적 요소들이 한데 모인 시장은 생산물을 한 곳으로 집중시키고 그것을 다시 적절하게 배분하는 기능을 갖는다.

3. 외식마케팅 믹스

마케팅 믹스는 표적시장에서 마케팅 목표를 추구하기 위한 전략을 의미하며 마케팅 활동에 관련된 여러 수단이나 제도를 효과적인 형태로 조직화한 것이다.

외식마케팅의 4P는 제품product, 가격price, 장소place, 촉진promotion으로 구성된다.

1) 4P

(1) 제품product

제품은 고객의 필요를 충족시킬 수 있는 제공물이며 단순히 제품이나 서비스를 생산하는 것 이외에 디자인, 브랜드, 상징, 이미지 등을 포함한다.

① 제품 전략product strategy

- 물리적 차별화 : 제품의 종류, 디자인, 기능, 성능, 품질, 내구성, 포장, 크기나 규격 등에서 차별화된 요소이다.
- 서비스 차별화 : 품질보증 서비스, 고객 상담, 고객 관리, a/s, 주문의 용이성 등의 측면에서 차별화를 시도한다.

② 제품의 수명주기

제품개발 단계

외식기업이 신제품 아이디어를 모색하고 개발하는 시기이다. 개발중에는 매출은 없고 기업의 투자 금액은 늘어난다.

또는 도입기introduction

신제품을 소개함으로써 매출이 서서히 증가하는 시기이다. 도입기에는 외식기업들의

본죽: 베이비본죽, 여의도 메리어트 호텔 '본죽 패밀리 밀 키트 패키지' 론칭 기념 이벤트 실시

맞춤형 유동식 생산 전문 기업 순수본㈜의 프리미엄 영유아식 브랜드 '베이비본죽'이 총 30일간 '베이비본죽 상품 구매왕' 이벤트를 진행한다. 특히, 본죽 파우치죽 4종은 전복을 듬뿍 넣은 스테디셀러 '전복죽', 쇠고기의 깊은 풍미를 느낄 수 있는 '쇠고기죽', 닭고기를 푹 고아 낸 '보양 삼계죽', 해장에 적합한 '화끈짬뽕죽'으로, 파우치 그대로 전자레인지에 1분 30초만 데우면 손쉽게 섭취할 수 있다. 여기에 달콤 짭조름한 맛으로 죽에 곁들이기 좋은 본 쇠고기장조림과 아이들을 위한 영양 간식 본 유기농 쌀과자 스틱 쌀눈 브로콜리가 더해져 아이부터 어른까지 다양한 연령층이 식사와 간식 대용으로 간편하게 즐기기 좋다.

자료 : 본죽 홈페이지(https://www.bonif.co.kr/board/report/view?pageNo=1&bdCmIdx=1043)

제품 도입에 소요되는 비용이 증가하여 이익이 발생하지 않으며 제품에 대한 인지도를 높이기 위한 광고를 만든다.

성장기growth

소비자는 제품에 대한 인지도가 높아지면서 매출이 빠르게 올라가고 경쟁사들이 하나 둘씩 진입하기 시작한다. 성장기에는 외식기업들이 재투자를 통해 시장을 확대시키면서 잠재적인 경쟁자들의 진입을 막는다. 또한, 수요가 급증하면서 대량생산으로 인한 가격 경쟁이 가능해지며 매출과 이익이 지속적으로 상승한다.

성숙기maturity

시장에 수많은 경쟁자들이 존재하며 경쟁 제품들 간의 판매량과 소비자 인지도가 결정되어 있는 시기이다. 매출 성장률이 둔화되며 경쟁에 대응하기 위하여 마케팅 비용은 높아지고 이익이 감소하기 시작한다.

외식기업은 차세대 제품 개발에 주력하고 성숙기가 장기간 지속될 수 있도록 다양한 방안을 모색한다.

쇠퇴기decline

소비자들이 줄어들고 매출액이 급격히 하락하여 이익이 감소하는 시기이다. 외식기업

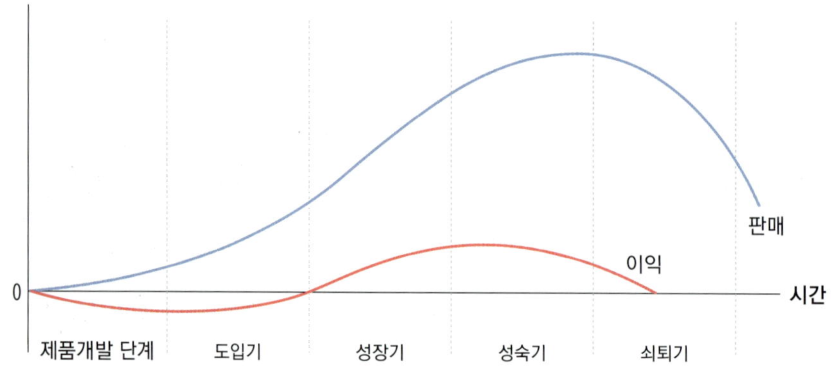

그림 7-1 제품의 수명주기

들은 기존 제품에 새로운 용도나 가치를 발견하기 위해 노력하고 광고는 더 이상 하지 않는다.

표 7-1 제품의 수명주기별 특징

구분	도입기	성장기	성숙기	쇠퇴기
판매량(매출액)	저성장	고성장	저성장	쇠퇴
이익	없음(또는 적자)	접점	위축	낮음
원가(생산원가)	높음	낮음	낮음	낮음
경쟁	없음	소수	다수	소수
소비자 특성	혁신층	조기수용층	중간다수층	최종수용충
고객당 촉진	높음	평균	낮음	낮음
마케팅 목표	제품 고지	점유율 확대	점유율 유지	비용절감 투자회수
전략의 초점	시장 확대	시장 침투	점유율 유지	생산성
제품	미비점 개선	약간 다양화	다양화/세분화	제품믹스 합리화
가격	고가격	고가격	저가격	최저가격
유통	선택적 유통	집중적 유통	집중적 유통	선택적 유통
광고	제품인지 광고	제품특성 광고	차별성 광고	최소유지 광고
촉진	강력한 촉진	보통의 촉진	상표충성도 유지 촉진	촉진활동 최소
위험원천	수요 예측	수요 예측	경쟁 압력	고객 기호 변화

(2) 가격price

제품이 가진 효용에 부여된 가치를 객관적인 수치로 나타내는 것이다.

외식기업에서는 목표 가격, 고객 수요, 원가 및 경쟁사 제품가격 등을 분석한 후 가격을 책정한다.

① 가격 전략pricing strategy

- 가격 걷어내기pricing skimming : 신메뉴가 출시되면 가격을 높게 설정하여 이익을 극대화한 이후 점차적으로 가격을 낮추는 것이다(예: 햄버거 브랜드 신메뉴).
- 침투가격penetrating pricing : 초기에 가격을 낮게 책정하여 판매량을 극대화하거나 시장점유율을 유지하기 위한 전략이다(예: 버거킹 4달러).

메가커피

국내 커피 프랜차이즈 중 두 번째자 최단기간 기록으로 5년 8개월만에 매장 수 1,500개를 넘어섰다. 한때 매장 수 기준 업계 1위였던 이디야커피가 창립 14년만인 2015년 1,577곳과 비교해도 빠른 속도이다. 메가커피는 이번 1,500호점 가맹점 개점의 인기 비결 키워드로 'V.I.C.'를 꼽는다. 인증샷을 부르는 화려한 비주얼visual, 테이크아웃에 용이한 인테리어interior, 그리고 가성비cost-effectiveness의 영문 첫 글자를 조합한 단어로 메가커피의 핵심 성장 원동력을 나타낸다. 소비자 A씨는 "메가커피에서 음료를 시키면 프랜차이즈 아메리카노 가격보다 저렴한데, 크기도 크고 먹음직스럽다"며 "메가커피 매장에 놓여 있는 모형 음료와 실제 음료의 차이가 없고 맛도 있어 즐겨 찾는다"고 말했다. 투샷 아메리카노를 1,500원에 판매함으로써 커피를 좋아하는 매니아층을 만들어 냄과 동시에 매장을 재방문하는 고객을 타깃으로 가격이 다소 높은 에이드류와 라테류를 마시게 함으로써 수익률을 극대화시켰다. 이는 커피가 가지고 있는 준거가격을 낮게 책정하고 반대로 에이드류와 라테류에는 고가격의 가치를 인식시킨 사례이다.

자료 : 메가커피 홈페이지(https://www.mega-mgccoffee.com/about/brand/);
주주경제신문(http://s-econ.kr/View.aspx?No=2070781)

- 품위/명성 가격prestige pricing : 가격을 높게 설정하여 고객의 마음속에 브랜드 품질 또는 타 브랜드와의 배타성을 각인시킨다(예: 쉑쉑버거).
- 낚시가격bait and hook pricing : 초기에 가격을 낮게 설정하여 고객의 구매를 유도하고 제품에 필요한 추가 구매품, 부품, 소모품에 높은 가격을 책정한다(예: 캡슐커피).
- 가격 프로모션price promotion : 1+1이벤트, 사은품, 쿠폰을 제공하는 방법으로 신제품 출시 또는 경쟁사를 끌어오는 경우나 재고를 처리하기 위해 기업이 많이 사용하는 방법이다(예: 던킨 도너츠 1+1이벤트).

(3) 장소place

단순히 물건을 파는 장소만을 뜻하는 것이 아닌 상품이 생산되어 소비되는 과정과 관련된 생산자, 도매상, 소매상 및 소비자까지 포함된 조직이나 개인의 활동을 의미한다. 외식기업에서는 유통경로를 종합적으로 관리하여 제품의 흐름 및 수요를 자극하고 정보를 전달하는 유통활동을 포함한다.

① 유통 전략placement strategy

- 개방적 유통경로 : 자사제품의 판매처를 한정하지 않고 누구나 취급할 수 있도록

SPC

SPC그룹은 포켓몬빵의 열풍을 이어가기 위해 서울 한남동에 포켓몬을 테마로 한 한시 매장을 운영하였다. 6층 규모의 '포켓몬 위드 하이브 시티'를 운영하였고 베스킨라빈스, 던킨, 삼립이 함께 입점하여 다양한 포켓몬 제품을 동시에 판매하였다. 베스킨라빈스는 아이스크림과 음료에 포켓몬 캐릭터들을 접목한 제품을 소개하고 디저트 또한 포켓몬의 형상으로 만들어졌다. 소장욕구를 자극하는 굿즈들도 판매하였고, 포켓몬빵 자동판매기를 설치하여 아이들이 1일 1개를 구매하게 함으로써 포켓몬빵의 열풍을 계속 이어 나갔다. 선착순으로 159종의 띠부씰 중 희귀종을 줌으로써 매일 문전성시를 이루고 있다. 이는 배타적 유통경로와 선택적 유통경로를 동시에 구사한 유통전략이다.

자료 : SPC 홈페이지; 한경닷컴(https://www.hankyung.com/economy/article/20220504348)

개방하는 것(예: 일용품, 편의용품)

- 배타적 유통경로 : 판매처를 한정하여 자사제품만을 판매하도록 하는 것으로 자동차, 고급의류 등의 제품이 이같은 유통방식을 택함(예: 직영점)
- 선택적 유통경로 : 개방적 유통경로와 배타적 유통경로의 중간 형태로 일정 기준의 자격조건을 갖춘 판매처에서 자사 제품을 판매하도록 하는 방법

(4) 판매촉진promotion

제품에 대한 정보를 다양한 방법으로 고객에게 알리고 제품의 구매 및 인식을 높이기 위한 일련의 활동이다. 판매를 촉진시키기 위한 방법에는 광고, 홍보PR, 이벤트, 할인 행사, 인적판매, SNS 홍보, 전단지, 온라인 광고 등이 있다 표 7-2.

그 외에 전시회나 웹과 모바일 사용 환경에 기반한 판매촉진 전략 등이 사용되고 있다.

표 7-2 판매촉진 전략 및 특징

구분	장점	단점	특징
광고 advertising	• 메시지를 신속히 전달할 수 있다. • 메시지를 통제할 수 있다. • 반복에 의한 침투가 가능하다. • 감각적으로 접근할 수 있다.	• 일방적 커뮤니케이션이다. • 전달할 수 있는 정보의 양이 제한적이다. • 고객별로 전달정보의 차별화가 어렵다. • 효과를 측정하기 어렵다.	• 일반 대중을 대상으로 한다. • 1인당 비용이 낮다.
홍보 public relations	• 신뢰도가 높다. • 촉진 효과가 크다.	• 통제가 어렵다.	• 일반 대중을 대상으로 한다. • 비용이 들지 않는다.
판매촉진 sales promotion	• 직접적인 대중을 대상으로 한다. • 1인당 비용이 낮다.	• 경쟁사가 모방하기 쉽다.	• 일반 대중을 대상으로 한다. • 1인당 비용이 낮다.
인적/직접 판매 personal/direct selling	• 구매유도에 가장 효과적이다. • 정보전달을 정확히 할 수 있다. • 피드백이 가능하다.	• 판매원의 수가 제한적이다. • 촉진의 속도가 느리다.	• 개별 고객을 대상으로 한다. • 1인당 비용이 높다.

bhc

언제나 새로운 시도를 멈추지 않는 BHC그룹은 과감하고 혁신적인 마케팅 활동을 통해 bhc치킨 브랜드를 최단 시간 정상으로 끌어올린 저력을 가지고 있다.

TV광고부터 디지털, 판촉, 프로모션, PR에 이르기까지 다양한 영역을 아우르는 IMC 전략을 통해 항상 고객과 소통하고 공감하는 마케팅으로 브랜드 파워를 확고히 다져가며 bhc치킨 외 다양한 브랜드들을 빠르고 안정적으로 성장시키고 있다. 배우 전지현을 전속 모델로 2014년부터 지금까지 재계약함으로써 브랜드 가치를 일관되게 전달하고 광고의 효과를 극대화시키고 있다.

자료 : bhc 홈페이지(http://bhcgroup.co.kr/Home/sub4_1)

2) 확장된 외식마케팅 믹스

확장된 마케팅 믹스는 마케팅의 4P(제품, 가격, 장소, 촉진)에 물리적 증거physical evidence, 사람people, 과정process 등 3P를 포함하며 마케팅 전략을 좀 더 세밀하게 수립할 수 있다.

(1) 확장된 마케팅 믹스 3P

① 물리적 증거 Physical evidence

서비스 성과나 커뮤니케이션을 용이하게 해주는 유형적 요소로 본질적인 것은 외부적 이미지로 전달하고 사람의 성과를 돕는 역할을 의미한다. 시설, 디자인, 간판, 유니폼, 제품의 패키지 등이 있다.

② 사람 People

서비스 결과에 영향을 주는 모든 인적요소로 직원, 고객, 서비스 환경 내 모든 사람을 포함한다.

③ 과정 Process

서비스를 제공하는 과정에서 개별화 및 표준화 정도를 정하는 것으로 그 예로는 외식기업에서 매장의 대기시간 관리가 있다.

표 7-3 맥도날드의 마케팅 믹스 7P

외식마케팅 믹스 7P				
마케팅 4P			마케팅 3P	
제품product	가격price	+	물리적 증거physical evidence	
• 다양한 메뉴 • 셀프서비스 • 현지 메뉴 개발	• 서비스 단축에 의한 가격인하 • 세트화를 통한 가격 증대 • 국가별 가격 선정		• 어린이 놀이터 • 드라이브 레스토랑	
장소place	판매촉진promotion		사람people	과정process
• 드라이브 스루 장소 • 유동인구가 많은 곳 • 해외시장 개척	• 캐릭터를 활용한 광고 • 아이들 장난감 개발 • 지속적인 프로모션		• 혁신적인 승신 모델 • 지역 일자리 제공	• 크루 교육시스템 • 지역과의 협업

(2) 마케팅 믹스 4P+4C

고객 측면을 강조한 새로운 마케팅 전략이다. 소비자 중심으로 변화한 4C는 고객가치customer value, 고객이 지불하는 비용cost, 접근, 활용 등의 편의성convenience, 의사소통communications으로 정의된다 표 7-4.

표 7-4 마케팅 믹스 4P+4C

마케팅 믹스 4P + 4C				
마케팅 4P			마케팅 4C	
제품product	가격price	+	고객가치customer value	비용cost
장소place	판매촉진promotion		편의convenience	의사소통communication

① 고객가치customer value

고객이 가지고 있는 가치(가치관)을 바탕으로 한 필요needs와 선호wants를 의미하기도 하고 다르게 표현하면 브랜드와 고객이 시장에서 상호 교환하고자 하는 대상이다.

② **비용**cost

실제로 고객이 상품, 서비스를 구입하는 데 지불해야 하는 유·무형의 총 비용을 의미한다.

③ **편의**convenience

유통과는 조금 다른 범주로 가치교환의 편의성을 의미한다. 예를 들면 고가의 상품 구매 시 무이자 할부 서비스 제공 및 상품 사용설명서의 동영상 제공 등과 같이 소비자의 입장에서 구매 시 장벽을 낮춰주고 사용상의 편의성을 높여주는 것이다.

④ **의사소통**communication

의사소통은 마케팅의 시작과 끝을 의미한다. 마케팅 계획 전에 진행되는 시장조사와 소비자 요구도 분석부터 마케팅 활동의 마지막 단계인 고객평가까지 지속적인 의사소통이 필요하다. 의사소통이 들어간 이유는 과거 4P의 promotion과 매우 배치되는 개념이기 때문이다. 마케팅에서 의사소통은 과거의 판매를 위한 의사전달에서 현재는 상호작용을 위한 의사소통으로 변하고 있다.

(3) 마케팅 믹스 4P+4E

마케팅은 4P+4C 단계를 거쳐 새롭게 등장한 마케팅 믹스 4P+4E는 경험experience, 관련성engagement, 전도사evangelist, 열정enthusiasm 등 감성마케팅으로 발전하고 있다 표 7-5.

표 7-5 마케팅 믹스 4P+4E

마케팅 믹스 4P + 4E				
마케팅 4P		+	마케팅 4E	
제품product	장소place		경험experience	관련성engagement
가격price	판매촉진promotion		전도사evangelist	열정enthusiasm

① **경험**experience

브랜드에 대한 고객의 다양하고 인상적인 경험을 만들어 주는 것을 말한다. 블로그, 트위터, 페이스북 등 SNS를 통해 브랜드에 대한 긍정적 체험을 할 수 있도록 만들어 주는 것이 좋은 방법이다.

② **관련성**engagement

브랜드에 대한 고객의 개인적 관련성을 만들어 주는 것이다. 고객과 관련성이 높은 메시지를 전달함으로써 브랜드 연상을 높이고, 소비자 스스로 브랜드 경험을 늘려갈 수 있도록 해주는 것이다.

③ **전도사**evangelist

브랜드에 대한 호감도, 충성도를 가진 고객을 '브랜드 전도사'로 활용하는 것이다. 의도적으로 역할을 부여하는 것이 아니라 고객이 자발적으로 참여하고 활동할 수 있는 장場을 만들어 주는 것이다.

④ **열정**enthusiasm

마케터의 열정을 말한다. 디지털 마케팅 및 미디어 플랫폼이 다양해지고 새로운 소셜 미디어가 많아지면서 그 모든 것을 유기적으로 관리하는 마케터의 열정이 무엇보다도 중요한 요인이 되고 있다.

(4) 사이버 마케팅 믹스

온라인, 디지털, 스마트 시대에 다양한 매체를 활용하여 고객과의 연결을 원활하게 할 수 있는 새로운 마케팅 믹스이며 콘텐츠contents, 커뮤니케이션communication, 가치cost of value, 협력collaboration, 플랫폼channel 등 5C로 구성된다.

사이버 마케팅 믹스는 적은비용으로 효과적인 마케팅 활동이 가능하다.

① **콘텐츠**contents

기존의 제품product 개념을 뛰어넘어 인터넷, 모바일, 스마트 기기 등에서 오고 가는 스마트 비즈니스 모델의 핵심 요소이다. 한 주체가 다른 주체에게 전달하는 모든 형태의 가치를 말한다.

② **커뮤니케이션**communication

일대일 또는 다수 대 다수를 통해 이뤄지는 다양한 쌍방향 대화로서 진실성 있는 콘텐츠를 통해 고객과 다양한 소통을 하며 열성 팬을 만드는 것이 중요하다. 기존의 프로모션

promotion에서 확장된 의미이다.

③ **가치**cost of value

가격price이라는 개념에서 확장된 것이며, 콘텐츠를 제공받은 데 대한 반대 급부로 교환하는 가치를 말한다. 최근에는 캐시, 포인트 등 유사화폐부터 해피빈 등 기부하는 수단까지 다양하며 페이스북의 '좋아요'도 가치라고 볼 수 있다.

④ **협력**collaboration

고객은 단순히 판매하는 대상이 아니라 주체성을 가지고 있고, 따라서 함께 협력해야 하는 존재로 고객과의 관계를 관리해야 한다.

⑤ **플랫폼**channel

장소place에서 확장된 의미로 콘텐츠를 주고 받는 경로이다. 온·오프라인, 모바일 등 모든 경로를 포함하며, 현재는 정해진 경로가 없을 정도로 소비자 중심의 미디어가 많다.

EDIYA COFFEE

이디야커피는 국내 커피 프랜차이즈 최초로 메타버스 가상매장을 오픈한다. 네이버제트가 운영하는 제페토ZEPETO는 지난 2018년 8월 출시해 현재 전 세계 2억 명이 넘는 서비스 가입자를 보유하고 있는 증강현실 아바타 서비스 플랫폼이다. 가입자들은 가상현실 속 자신이 원하는 모습의 아바타를 만들어 AR 콘텐츠, 게임, SNS 기능 등을 이용할 수 있다.

가상매장 내부에는 일반 오프라인 매장의 계산대 및 커피기기, 제품 등을 진열해 실제 매장과 동일한 분위기를 느낄 수 있도록 했다. 또한 홈카페 트렌드를 즐기는 고객을 위해 한쪽에는 홈카페 제품을 위한 공간을 마련했으며, 외부에는 겨울 느낌이 물씬 나는 설경과 함께 커피 김이 올라오는 대형 커피 조형물을 배치했다. 아바타가 가상매장 근처로 이동할 경우에는 BGM이 흘러나오게 하여 시각적 · 청각적 재미를 더했다. 이외에도 쇼핑 체험, 포토존에서 셀카 · 인증샷 찍기, 이디야 캐릭터를 통한 라이브 이벤트 참여 등 다양한 콘텐츠를 즐길 수 있다.

자료 : 식품외식경제(https://www.foodbank.co.kr/news/articleView.html?idxno=62120); 이디야 홈페이지

4. 외식마케팅의 관리 시스템

외식마케팅 관리는 고객행동 분석, 마케팅 조사, 시장세분화segmentation, 시장 표적화 targeting, 포지셔닝positioning의 단계로 구분할 수 있다.

고객행동 분석은 마케팅활동에 대한 고객의 반응 및 요구 등을 결정하는 개인적, 사회문화적, 심리적, 상황적 요인을 파악하는 것이다. 마케팅 조사는 외식시장에 대한 다양한 정보를 수집하고 분석하는 것이다. 시장세분화, 시장 표적화, 포지셔닝은 시장을 분석하고 고객의 요구와 경쟁제품을 고려하여 진출할 시장을 세분화하는 것으로 외식기업의 강점을 극대화할 수 있는 표적마케팅 방법(STP 전략)이다.

1) 고객행동 분석

고객의 욕구 발생 단계부터 실제 구매에 이르는 과정까지 외부 환경에 어떻게 영향을 받는지 분석이 필요하며, 분석요소는 정보처리과정, 구매 의사결정 과정, 고객 행동의 영향요인 등이 있다.

- 정보처리과정 : 자극, 노출, 주의, 지각, 해석, 태도, 기억, 정보의 인출
- 구매 의사결정 과정 : 문제 인식, 정보탐색, 대안 평가, 구매 결정 및 구매, 구매 후 행동
- 고객 행동의 영향요인 : 개인적 요인, 사회문화적 요인, 심리적요인, 상황적 요인

2) 마케팅 조사

미국마케팅협회American Marketing Association에서는 마케팅 조사를 "생산자로부터 소비자에게 재화 및 용역을 이전하고 판매하는 데 관련된 문제에 대해 모든 사실을 규명하고 기록하고 분석하는 활동"이라고 정의한다.

마케팅 조사의 목적은 마케팅 기회와 문제를 식별하고 성과를 평가하여 문제 해결과 입증을 도와주는 자료를 제공함으로써 마케팅 활동에 바탕이 되는 의사결정이 합리적으로 이루어지도록 하는 데 있다.

외식기업의 마케팅 조사방법에는 고객만족도 조사, 평가제품, 고객불평관리, 고객패널

조사, 데이터베이스 마케팅, 미스터리쇼퍼 등이 있다 표 7-6.

표 7-6 마케팅 조사방법

조사방법	내용
고객만족도 조사	설문 등을 통하여 고객으로부터 정보를 수집 및 분석하는 조사방법
평가제품	판매 이전 샘플로 제품을 만들어 고객들에게 평가를 받는 방법
고객불평관리	외식기업이 제공한 제품이나 서비스에 대한 고객 불평(불만족)을 말이나 글로 표현하는 것을 관리하는 방법
고객패널 조사	조사대상을 고정시키고, 동일한 조사대상에 대하여 동일 질문을 반복 실시하여 조사하는 방법
데이터베이스 마케팅	고객 정보를 데이터베이스로 구축하여 제품이나 서비스 판매에 활용하는 방법
미스터리쇼퍼	고객으로 가장하고 매장을 방문하여 제품을 구매하면서 직원의 서비스 등을 평가하는 방법
기타	전문가 설문조사, 사례연구, 사전조사, 관찰 등

3) 표적 마케팅(STP 전략)

표적 마케팅은 시장 세분화, 시장 표적화, 포지셔닝의 세 단계로 구성되며 마케팅 활동에서 매우 중요하다.

(1) 시장 세분화

시장 세분화는 제품에 대한 니즈, 인구통계학적, 심리학적, 지리적 등 일정한 변수에 따라 집단으로 구분하여 전체 시장을 나누는 것이다.

동질적 욕구를 지닌 고객을 찾아내어 규모의 경제성을 제고할 수 있는 크기의 집단으로 다시 묶어 차별화된 욕구의 충족과 동시에 마케팅의 경제성을 달성한다.

(2) 시장 표적화

세분화된 각각의 시장 매력도를 고려하여 제품에 맞는 시장을 선정하는 것이다.

시장을 세분화하면 세분시장별로 기회와 위협을 파악하게 되며 세분화된 시장을 놓고 기업이 충족시키고자 하는 목표 시장을 결정하게 되는데, 시장 세분화를 통해 확보된 여러 세분 시장들을 평가하여 어떤 세분시장을 목표로 할 것인가를 정하는 과정이 표적시장 선정이다.

표적시장 선정targeting은 외식기업의 목표, 능력과 자원, 경쟁적 우위 등을 고려해서 선정하여야 한다.

(3) 포지셔닝

마케팅 목표를 효과적으로 달성하기 위하여 기업, 제품, 상표 등의 마케팅 대상이 잠재 고객들에게 긍정적으로 인식되도록 하는 일을 말한다.

포지셔닝은 세분화된 시장을 목표로 설정하여 제품을 어떠한 이미지로 각인시킬 것인가를 결정하는 활동이며 세분화된 각각의 시장의 매력도를 고려하여 제품에 맞는 시장을 선정하는 것이다.

포지셔닝은 소비자의 마음 속에 마케터가 원하는 포지션을 구축하는 과정으로 외식 브랜드가 어떤 포지션에 위치할 것인지 그 핵심을 찾는 것이 중요하다.

표 7-7 포지셔닝의 유형과 사례

포지셔닝 유형	사례
속성에 의한 포지셔닝	• 자일리톨 껌 : 충치 예방 • 볼보 : 안전성 • 직화구이 햄버거 : 수제햄버거
이미지에 의한 포지셔닝	• 에이스 침대 : 과학적인 침대 • 포스코 : 소리없이 세상을 움직이는 기업 • 푸라닭 : 치킨은 요리다
사용 상황에 의한 포지셔닝	• 에버랜드 : 다시 찾고 싶은 곳 • 이마트 : 연중 상시 저가(every day low price) • 게토레이 : 갈증에는 게토레이
제품 사용자에 의한 포지셔닝	• 벤츠 : 초호화 부유층이 선호하는 외제승용차 • 컨디션 : 접대가 많은 비즈니스맨을 위한 드링크
경쟁제품에 의한 포지셔닝	• 하이트 : 100% 천연 암반수로 만든 맥주 • 펩시 : 약사가 발명한 콜라

세분화수준의 결정	전체 시장 또는 특정한 세분화된 시장 또는 몇 개의 세분시장을 설정
세분화기준의 설정	지리적, 인구통계학적, 심리적, 행동분석 등 하나의 변수보다는 여러 개의 변수를 고려하여 적용
세분시장의 평가	측정가능성, 차별화 가능성, 일관성 및 지속성, 내부적 동질성, 외부적 이질성, 충분한 규모의 시장 등을 고려하여 세분화된 시장을 평가
표적시장의 선정	각 세분화된 시장을 평가하고 외식기업에 적합한 표적시장을 선정
포지셔닝(positioning)	표적시장에서 제품을 소비자들이 어떻게 인식하게 할 것인지를 정함

그림 7-2 표적 마케팅(STP 전략) 진행 단계

5. 외식기업의 마케팅 전략

1) 아웃백 스테이크 하우스Outback Steakhouse

미국계 패밀리 레스토랑 아웃백 스테이크 하우스의 한국지사는 다른 나라에 비해 후발주자임에도 불구하고 미국을 제외한 전 세계 매장 가운데 매출액과 매장 수에서 1위를 차지하고 있다.

아웃백은 한국표준협회가 국내 서비스 분야 42개 업종을 대상으로 평가한 서비스품질지수KS-SQI에서 1위를 차지하였으며 다른 패밀리 레스토랑과 차별화된 독특한 매장 운영 방식 및 마케팅 전략을 추구하고 있다.

현재는 BHC 그룹에서 아웃백 스테이크를 인수하여 1세대 패밀리 레스토랑 기업을 넘어 가장 성공적인 브랜드로 육성 중이다. 아웃백의 마케팅 사례는 다음과 같다.

(1) 풀뿌리 마케팅grass-roots marketing

아웃백의 각 매장이 위치한 지역사회에서 주민 밀착형 마케팅으로 큰 호응을 얻고 있다.

① 아웃도어 배달out door delivery

일주일에 3번 정도 매장에서 손님들의 명함을 추첨하여 그 회사나 자택으로 아웃백 음식을 포장해서 배달하는 서비스를 제공한다. 아웃도어 딜리버리는 약 10인 분량의 음식 배달하는데 주로 회사의 높은 직위의 분들을 많이 추천하며, 서비스 후 회사에 회식이 있을 때 아웃백 재방문의 플러스 요인으로 작용하고 있다.

② 새로운 게스트 파티new guest party

아웃백 매장에 방문하여 명함을 주면, 매월 4인을 추첨하여 5~10명의 팀원을 함께 초대하고 고객이 원하는 메뉴를 포함한 다양한 음식을 제공한다.

③ 칵테일 파티cocktail party

아웃백의 칵테일바에 10~12인 정도를 초대하여 칵테일을 무료로 제공하는 서비스를 말한다.

④ 출근길 마케팅

아침에 출근하는 직장인들을 위해 아웃백 매장 근처의 지하철역에서 빵이나 수프, 커피를 제공해 주는 것이다. 출근길에 무료로 제공하는 아침식사에 처음엔 어리둥절했던 지역 주민들이 줄을 서서 기다리게 되었다.

⑤ 키즈 투어 마케팅kid tour marketing

아웃백은 각 매장 근처 유치원의 아이들을 단체로 초대하여 아웃백 매장을 견학시켜 주고 무료로 음식을 제공하는 'kid tour' 등 어린이 대상의 마케팅을 진행하고 있다.

아이들에게 아웃백의 상징 동물인 캥거루와 본고장인 호주를 체험하고 배우며 느낄 수 있는 다양한 마케팅을 하고 있다.

아웃백 매장을 돌아다니며 벽에 전시된 부메랑과 서핑보드 캥거루, 코알라, 호주 지도를 구경하면서 호주에 대한 이야기와 설명을 듣고 주방의 기기들과 대형 냉장고, 그릴 등을 구경하며 음식 만드는 과정을 직접 체험한다. 그리고 "여기가 어디죠?"라고 질문을 하면 아이들이 "아웃백이요!"라고 대답하게 함으로써 아웃백을 각인시키고 있다.

(2) 웨이팅 마케팅waiting marketing

아웃백 매장이 만석일 경우, 차례를 기다리는 고객들을 위한 이색 이벤트를 실시하고 있다. 대표적인 사례는 대기시간 동안 고객의 시장기를 달래주기 위하여 각종 음식과 음료를 제공하는 웨이팅 푸드 서비스가 있다. 스테이크 닭날개 요리, 왕새우 튀김, 바비큐 립, 콜라, 와인 등 다양한 메뉴를 소개한 웨이팅 메뉴판을 별도로 준비하고 있다.

아웃백의 웨이팅 마케팅에는 페이저 서비스도 좋은 반응을 얻고 있다. 고객들은 웨이팅 리스트에 이름을 올려놓고 매장에서 지급한 페이저를 갖고 있으면 매장 밖 사방 1km까지 울리는 호출기를 통해 자신의 순서가 되었음을 알 수 있다. 따라서 매장 내에서 대기하지 않고 주변에서 급한 업무를 처리하거나 쇼핑을 즐기는 등 자유롭고 효율적으로 시간을 보낼 수 있다.

(3) 부시맨 브레드 서비스Bushman bread service

아웃백은 고객이 메뉴를 주문하면 주 메뉴가 나오기 전에 호밀로 만든 '부시맨 브레드'를 무료로 제공한다. 부시맨 브레드는 아웃백의 정통 레시피 그대로 신라명과에서 독점 제공되는 호밀빵이다. 특히 호밀빵은 식이섬유와 비타민이 풍부해 최근의 웰빙 트렌드로 큰 각광을 받고 있으며 고객들 중에는 부시맨 브레드의 맛 때문에 일부러 아웃백을 찾아오는 경우도 적지 않다고 한다. 업계 최초로 시행된 아웃백 부시맨 브레드 무료 제공은 성공적인 마케팅 사례로 평가되어 다른 패밀리 레스토랑들이 앞다투어 벤치마킹하였다.

(4) 퍼피독 서비스puppy dog service

퍼피독 서비스는 'eye contact'라고 하여 주문을 받을 때 손님과 편안하게 대화를 하기 위해 무릎을 꿇고 눈높이를 맞추는 서비스를 말한다. 퍼피독 서비스는 고객들에게 더욱 더 가까이 다가가기 위한 마케팅 전략이다.

(5) No Rules, Just Right

'No Rules, Just Right' 은 "원칙 같은 것은 없다. 고객의 말은 무조건 옳다" 라는 슬로건을 내걸고 앞선 고객 서비스를 제공하고 있다.

'고객이 원하면 불가능할 것은 없다'라는 말이며 고객들이 요청한 것에 있어서는 절대 'No라고 말할 수 없다Never say no'는 것이다. 예를 들어, 쿠폰과 할인 카드는 동시에 혜택을 받지 못하도록 되어 있지만 고객들이 쿠폰과 할인 카드를 동시에 사용하고자 원한다면 기꺼이 그것을 받아들여 주는 것으로 아웃백에서 손님은 '왕'이 되는 것이다. 아웃백 스테이크 하우스가 경쟁이 치열한 외식업계 후발주자로 시작하여 5~6년 만에 독보적인 1위가 된 원동력은 '고객이 원하면 안 되는 것이 없다'는 슬로건을 내세우며 고객을 최우선으로 생각하는 고객 감동의 서비스 결과이다.

그림 7-3 아웃백 스테이크 하우스
자료 : 아웃백 스테이크 하우스 홈페이지(https://www.outback.co.kr)

2) 스타벅스Starbucks

스타벅스는 미국의 세계 최대 커피 체인점으로 한국에는 1999년 진출하였으며, 신세계그룹의 (주)이마트와 미국 스타벅스 본사 간의 합작회사인 (주)스타벅스커피코리아로 사업을 시작하였다. 현재는 미국 스타벅스가 지분을 전부 매각해 이마트가 단독 운영 중이다.

스타벅스는 균일하고 튼튼한 품질과 무난한 가격 경쟁력으로 한국 및 전 세계 카페 시장에서 1등 점유율을 유지하고 있다.

한국의 스타벅스는 2022년 기준 1,600여 개의 매장을 운영하며 커피 프랜차이즈 업계 1위를 차지하고 있다. 명동점은 전 세계 5,500여 개 스타벅스 매장 중에 가장 규모가 크며, 스타벅스가 하나의 문화 공간으로 자리매김하기까지 그들만의 마케팅 전략을 추구하고 있다.

(1) 최고급 커피의 제공

스타벅스 커피 바이어(구매자)는 최고급 커피가 생산되는 지역인 인도네시아, 동아프리카 그리고 라틴 아메리카를 여행하면서 최상급의 원두를 발굴하고 재배 상태를 면밀히 검토하여 커피 생산자와의 유대를 강화한다.

스타벅스의 원산지 커피는 각 생산지에서 재배되는 최상품의 커피로 구성되어 있으며 이러한 각각의 원산지 커피들의 특징을 적절히 혼합하여 새로운 커피를 만들어 낸다.

① 스타벅스의 '로스트'

스타벅스 로스팅 전문가들은 생두를 볶아 커피를 만드는 과정을 원두가 가진 최상의 풍미를 끌어내는 과학적이고 예술적인 방법으로 승화시켰다.

② 커피 원두 테스트

대부분의 커피회사와는 대조적으로 스타벅스는 전문가에 의해 검증되지 않은 커피를 시장에 내놓지 않는다. 커피 전문가들은 한해 10만 번 이상의 원두 테스트를 실시하고 있으며 이러한 테스팅은 최상의 커피 원두를 선택하기 위한 스타벅스만의 방법이다.

(2) 매장의 편안한 분위기

스타벅스 매장에 들어가 보면 갈색톤의 나무 장식과 자연미를 강조한 인테리어 소품들을 만날 수 있다. 그리고 항상 편안하고 안락한 느낌을 줄 수 있는 음악이 흐른다. 그리고 고객들은 책과 신문을 읽으며 자신이 있고 싶을 때까지 얼마든지 매장에서 시간을 보낼 수 있다.

스타벅스는 시대의 흐름을 포착하여 집 또는 직장과 차별화되는 제3의 장소로 매장 환경을 조성하였다.

(3) '스타벅스를 마시는 사람은 특별하다'는 우월감 제공

전 세계에서 스타벅스를 사랑하는 고객들은 자신의 개성을 표출하는 하나의 수단으로서 스타벅스 커피를 소비하고 있다. 스타벅스 커피를 마신다는 것은 자신이 야외 활동을 즐기며, 고급스러운 라이프 스타일을 지향한다는 사실을 함축적으로 나타내고 있다. 그리고 스타벅스에서는 개개인의 취향에 따라 자신의 커피에 여러 가지 향과 저지방

우유, 휘핑 크림 등을 첨가할 수 있다.

(4) 친환경 마케팅

스타벅스가 내건 이미지는 '친환경'이다. 수익의 일부를 환경 보조금 지원에 앞장서고 있으며 컵 보증금 제도를 실시하고 있다. 일회용 컵 보증금 50원을 모아 재활용 실천에 노력을 기울이고 보증금을 모아서 재활용 노트를 만든다. 소비자들은 스타벅스를 마심으로써 자신들도 환경운동에 간접적으로 참여한다는 뿌듯함을 얻는다.

그림 7-4 스타벅스

자료 : 스타벅스 코리아 홈페이지(https://www.starbucks.co.kr/index.do)

최근의 마케팅

구분	내용	
게릴라 마케팅 guerilla marketing	• 선도기업이 진입하지 않은 틈새시장을 공략하거나 상대적으로 적은 비용으로 장소와 시간에 구애 받지 않고 고객에게 파고 들어 치고 빠지는 전략 • 짧은 시간에 대중에게 빠르고 효과적인 마케팅 전략임	예 : 맥도날드 거리 예술 게릴라 마케팅 
노이즈 마케팅 noise marketing	• 상품의 홍보를 위해 고의적으로 각종 이슈를 만들어 소비자들의 이목을 현혹시켜 호기심을 불러 일으키는 마케팅 기법 • 부정적일지라도 사람들 입에 오르내릴 수 있도록 이목을 집중시키는 마케팅	예 : 푸라닭 치킨과 프라다 PURADAK CHICKEN & BEER PURADAK 치킨의 명품 푸라닭
래핑 마케팅 wrapping marketing	• 대중에게 노출되는 건물, 버스, 지하철, 차량, 비행기 등에 활용하여 광고물을 전면에 도색하거나 붙이는 마케팅 전략	예 : 알래스카 항공의 연어 
바이럴 마케팅 viral marketing	• 컴퓨터 바이러스처럼 확산된다는 입소문 마케팅을 의미함 • 꼬리에 꼬리를 물고 입에서 입으로 홍보되는 수단이기도 하며 자발적으로 다른 소비자에게 기업이나 기업의 제품을 직접 커뮤니케이션하도록 유도하는 것으로 주로 인터넷을 이용한 마케팅 방법 • 인터넷 홈페이지, 블로그, 카페, 폴라, UCC, 지식인, 페이스북, 트위터, 카카오스토리, 네이버 포스트, 핀터레스트, 인스타그램 등 다양한 마케팅 채널을 활용하여 브랜드 신뢰도를 향상시키고 충실한 고객을 끌어모을 수 있는 홍보 수단임 • 고객들이 자발적으로 홍보할 수 있도록 유도하는 방법으로 신속하게 퍼지는 마케팅 메시지 및 채널을 이용함	예 : 빙그레 바나나맛 우유 빙그레 
버즈 마케팅 buzz marketing	• 버즈Buzz는 '벌이나 기계가 윙윙대는 소리'를 뜻하며 입소문 마케팅 일환으로 사람들의 흥미를 유발하기 위한 각종 이벤트를 통해 고객들이 직접 구입하고 사용해 본 제품이나 서비스에 대해 이야기를 나누는 모습이 버즈와도 같다고 하여 생겨난 마케팅 방법	예 : 허니버터칩 

구분	내용	
앰부시 마케팅 ambush marketing	• 엠부시는 군대용어로 적의 눈을 피해 유리한 지형에 배복하는 행위를 말하며, 앰부시 마케팅은 공식 스폰서가 아닌 기업들이 교묘하게 규제를 피해 자신의 브랜드나 제품을 연결해서 마케팅 효과를 얻는 것으로 기생 마케팅 또는 매복 마케팅이라고도 함 • 앰부시 마케팅이란 공식 후원사가 아닌 기업이 스포츠 대회를 이용해 광고나 홍보 활동을 하는 것을 말함	예 : 2012년 런던 올림픽 양학선 선수의 농심라면, 월드컵 당시 코카콜라와 펩시 패키지 디자인 
인플루언서 마케팅 influencer marketing	• 인플루언서(영향력 있는 개인)를 이용해서 신제품 광고나 기존 제품의 이미지 제고 등의 목적을 이루는 마케팅 방법 • 인플루언서는 SNS에서 수만 명에서 수십만 명의 팔로워를 보유하고 트렌드를 선도함. 인플루언서 마케팅은 TV 광고와 비교할 때 소비자들의 공감을 이끌어내기 쉬움	예 : 박막례 밀키트 출시 
입소문 마케팅 word of mouth marketing	• 고객 또는 관계자들로부터 입에서 입으로 전달되는 구전 효과를 일으키는 마케팅으로 여론 형성에 주도적인 사람들을 공략하는 마케팅 방법	예 : 스타벅스 
히든 마케팅 hidden marketing	• 히든 마케팅은 수십 년간 유지해 온 회사 이름이 새로 시작하는 사업 이미지와 잘 맞지 않을 경우 주로 활용됨	예 : 한국 대표 음식재료인 간장을 만드는 샘표가 이탈리아 식재료 제조·판매 사업을 시작할 때 이 전략을 썼으며 샘표는 이탈리아 식재료와 간장 사이에 큰 연관성이 없기 때문에 샘표라는 회사 이름을 폰타나 제품에 밝히지 않음.
	• 히든 마케팅은 새 제품에 대한 소비자의 호기심을 높이거나 본사와는 다른 경쟁력을 가진 별도 브랜드로 키우려는 전략으로도 활용됨	예 : 커피전문점 폴바셋을 연 매일유업은 초기에 어느 나라 커피 전문점인지 호기심을 보이는 소비자가 많았지만 운영사 이름을 매장에 공개하지 않았음. 회사의 기본 방침은 '커피나 아이스크림 등 좋은 제품 자체로 평가를 받겠다'는 것임
SNS 마케팅 social network service, social media	• 기업에서 SNS를 이용하여 고객과 직접 소통하며 상품이나 서비스를 홍보하는 것을 뜻함 • 사람들이 참여하고 정보를 공유하며 만들어 나가는 미디어를 통해서 소비자와 대화하는 공간이자 채널 형태로 운영됨	예 : 미국의 식품브랜드 마즈 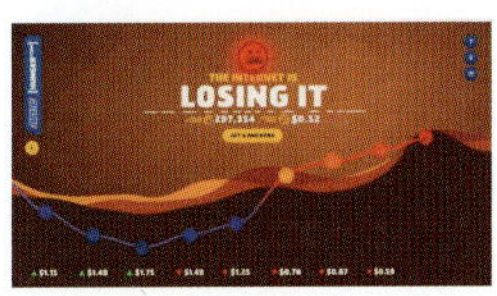

실습 미스터리쇼퍼 체크리스트 작성하기

자료

- 각종 문구류(펜, 컬러펜, A4용지)
- 외식기업의 메뉴판
- 외식기업 팸플릿 및 브로슈어
- 인터넷 자료
- 외식관련 잡지

기기(장비 · 공구)

- 컴퓨터, 프린터, 스캐너, 빔 프로젝터
- 엑셀 및 프레젠테이션 프로그램
- 문서 작성 프로그램
- 사진 편집 프로그램

안전 · 유의사항

- 인터넷에서 조사한 자료는 출처를 반드시 표기하도록 한다.
- 팀원들은 외식기업을 방문하여 메뉴 및 가격 관련 자료를 조사하고 활용 가능한 자료는 스크랩한다.
- 팀원들은 외식기업 방문 시 허락을 득한 후, 자료를 수집하고 사진 등을 촬영한다.

수행 순서

1. 마케팅 조사를 위한 외식기업을 선정한 후 팀원들이 관련 정보를 수집한다.
2. 팀원들은 고객점검 서비스의 강점과 약점을 파악하고 비교, 분석한다.
3. 팀원들은 조사한 자료를 구분하여 요약정리하고 사진 등은 출처를 명확하게 기입한다.
4. 작성한 자료는 정리하여 보고서를 작성한다.
5. 각 팀별로 5~10분 정도 프레젠테이션을 준비하고 발표를 통해 팀원들이 서로 공유한다.

수행 tip

- 팀원들은 방문할 외식기업을 선정한 후 방문 전에 블로그, 인스타그램 등의 정보를 공유한다.
- 외식기업의 홍보 동영상 및 메뉴판 등의 자료를 수집한다.
- 외식기업을 방문할 때에는 예고 없이 방문하여 미스터리쇼퍼 체크리스트를 작성한다.

미스터리쇼퍼 체크리스트 작성

미스터리쇼퍼 체크리스트

체크 시 주의사항

1) 철저히 점포를 이용하는 고객의 입장에서 평가해야 합니다.
2) 체크리스트의 모든 항목을 숙지한 후 점포에 입장하여 평가해야 합니다.
3) 본 체크리스트는 점포 이용 후 작성하기 바랍니다.
4) 반드시 사진 촬영을 실시해야 합니다.

방 문 자 : 　　　　　　　　　　**방문업체 :**

방문일시 : 20　　년　　월　　일 (　　시　　분)

구분	세부내역	점검 결과	
		점수	평가 상세 내용
입점 시	1) 점포의 외관은 잘 관리되고 있는가? (사진 촬영) • 간판, 출입구, 유리, 화단 등의 관리 상태 • 점포 주변 청소 상태	매우 나쁨 / 나쁨 / 보통 / 좋음 / 매우 좋음	
	2) 직원의 인사 및 안내, 고객을 맞이하는 표정 및 자세는 적절한가? • 입구, 홀 등을 지나갈 때의 직원들의 인사와 반응 • 웃는 얼굴과 밝은 미소, 활기찬 목소리의 환대 • 자리를 안내하는 자세	매우 나쁨 / 나쁨 / 보통 / 좋음 / 매우 좋음	
	3) 점포의 전반적인 분위기 및 환경요소 관리 상태 • 전반적인 점포분위기와 환경(조명, 온도, 이취, 소음 정도 등)	매우 나쁨 / 나쁨 / 보통 / 좋음 / 매우 좋음	
	4) 점포 정리정돈 및 관리 상태 • 기물 : 기물 청결 및 관리 상태(수저 및 수저통, 냅킨, 물컵, 트레이, 식기 및 용기 등) • 기타 : 테이블 위 기물 정리, 바닥청결 홍보물 부착 기타 물품(TV, 액자 등)	매우 나쁨 / 나쁨 / 보통 / 좋음 / 매우 좋음 매우 나쁨 / 나쁨 / 보통 / 좋음 / 매우 좋음	
	5) 이동 시 고객에 대한 양보는 이루어지는가? • 고객 이동 시, 서버와 마주칠 때 양보 여부 • 셀프대(있는 경우) 이용 시 불편 여부	매우 나쁨 / 나쁨 / 보통 / 좋음 / 매우 좋음	

구분	세부내역	점검 결과	
		점수	평가 상세 내용
주문 및 식사 시	1) 초기 서비스 제공은 잘 이루어지고 있는가? • 물, 물수건, 메뉴북 제공 신속도	매우 나쁨 / 나쁨 / 보통 / 좋음 / 매우 좋음	
	2) 직원들은 메뉴에 관한 사항을 숙지하고 있으며 고객의 성향 및 요구를 파악하고 그에 따른 적절한 메뉴 추천이 이루어지는가?	매우 나쁨 / 나쁨 / 보통 / 좋음 / 매우 좋음	
	3) 권유판매 및 추가주문은 잘 이루어지는가? • 객단가를 높일 수 있는 추가주문 유도 (음주류의 추가 주문, 식사류 추가 등)	매우 나쁨 / 나쁨 / 보통 / 좋음 / 매우 좋음	
	4) 주문 후 메뉴확인과 감사의 말을 하는가?	매우 나쁨 / 나쁨 / 보통 / 좋음 / 매우 좋음	
	5) 주문 후 메뉴제공 속도와 시간은? • 주문 후 제공 시간(　　분)	매우 나쁨 / 나쁨 / 보통 / 좋음 / 매우 좋음	
	6) 제공된 메뉴의 상태는 적절한가? (사진 촬영) • 주문메뉴와 일치여부 • 메뉴의 제공량, 데코레이션 등 메뉴의 전반적인 상태 • 사이드 메뉴 제공의 적절성(품질, 제공량, 온도 등)	매우 나쁨 / 나쁨 / 보통 / 좋음 / 매우 좋음	
	7) 제공 메뉴의 관능적 평가	별도 메뉴평가서 작성	
	8) 고객의 부름에 대한 응대 및 반응은 어떠한가? • 응대 및 반응의 신속함과 친절함 • 인지 후 대답 여부	매우 나쁨 / 나쁨 / 보통 / 좋음 / 매우 좋음	
	9) 직원들의 음식취급 및 서빙을 하는 태도는 적절한가? • 음식을 다루는 태도(성의없이 던지듯이 서빙, 설명 없이 서빙)	매우 부적절 / 부적절 / 보통 / 적절 / 매우 적절	
	10) 고객 컴플레인에 대한 대처는 적절한가? • 컴플레인 1 : 메뉴의 추가 제공 요구에 대한 대응 • 컴플레인 2 : 위생과 품질상의 문제 제기 • 컴플레인 3 : 음식의 질과 양에 대한 불만	매우 부적절 / 부적절 / 보통 / 적절 / 매우 적절 *불가능할 경우 불가능한 사유에 대한 설명 준비할 수 있는지에 대해 논의해 보겠다는 등의 고객 의견을 적극적으로 수렴하려는 자세를 보이는지, 성의 있는 응대를 하려고 노력하는지 등 평가 필요	

구분	세부내역	점검 결과	
		점수	평가 상세 내용
퇴점 시	1) 카운터의 계산은 신속, 정확, 친절하게 이루어지는가? • 영수증(현금영수증) 제공 여부	매우 나쁨 | 나쁨 | 보통 | 좋음 | 매우 좋음	
	2) 퇴점 시 인사 및 환송은 잘 이루어지는가? • 식사 만족도에 대한 물음과 재방문 유도 등의 멘트 여부	매우 나쁨 | 나쁨 | 보통 | 좋음 | 매우 좋음	
	3) 주차관리는 잘 이루어지는가? • 주차관리요원은 친절하고 안전하게 차량을 인도하는가? • 주차장 관리는 청결히 이루어지고 있는지?	매우 부적절 | 부적절 | 보통 | 적절 | 매우 적절	
근무 자세	1) 직원들은 능동적이고 적극적인 근무를 하는가? • 직원들 간의 정확한 의사소통(홀 및 주방) • 업무 분담 및 상호 협조 • 활기찬 분위기와 적극적으로 문제를 해결하려는 자세	매우 나쁨 | 나쁨 | 보통 | 좋음 | 매우 좋음	
	2) 유니폼 착용 상태 • 규정된 복장 착용 여부 • 복장 청결 상태(앞치마, 양말, 두발, 손 등)	매우 나쁨 | 나쁨 | 보통 | 좋음 | 매우 좋음	
기타	1) 메뉴북의 관리상태는 어떠한가? • 끈적이는 등 청소 상태의 불량함, 훼손된 페이지 유무 • 임시방편으로 적어 놓은 메뉴명과 메뉴가격	매우 나쁨 | 나쁨 | 보통 | 좋음 | 매우 좋음	
	2) 원산지 표기 관리 상태는 적절한가? • 고기 및 쌀, 김치류 원산지 표기 관리 상태 • 원산지 표기에 대한 이해정도 및 설명의 적절성	매우 나쁨 | 나쁨 | 보통 | 좋음 | 매우 좋음	
	3) 화장실의 관리상태는 어떠한가? • 악취 여부 • 청소 상태(거울 및 바닥 물기 등) 및 각종 기물의 비치(화장지, 가글 등) • 뚜껑 있는 휴지통 사용 여부, 청소용구 정리상태 등	매우 나쁨 | 나쁨 | 보통 | 좋음 | 매우 좋음	
	4) 전화 문의 및 예약 시 친절하게 응대하는가? 2회 • 신속한 통화(통화대기 1분 이내) • 정확한 안내멘트 및 적절한 목소리 톤 (감사합니다. ㅇㅇ점 입니다.) • 메뉴 및 위치 문의 등 각종 질문에 대한 친절한 설명	매우 나쁨 | 나쁨 | 보통 | 좋음 | 매우 좋음	

구분	세부내역	점검 결과	
		점수	평가 상세 내용
※ 점포별 특징이 있다면	단독화장실/공용화장실 연령대, 단체고객, 가족고객 등 방문시간대의 업소와 이용 고객의 전반적인 특징 운영 상황 등에 대한 의견 제시		

CHAPTER

8

외식 인적자원관리

1. 인적자원관리의 개념
2. 외식 인적자원의 확보
3. 외식 인적자원의 개발
4. 외식 인적자원의 유지
5. 외식 인적자원의 보상

학습목표

1. 전통적 인사관리와 인적자원관리의 차이를 설명할 수 있다.
2. 직무분석의 용도를 설명할 수 있다.
3. 교육과 훈련을 분류하고 설명할 수 있다.
4. 다양한 인사고과의 방법을 설명할 수 있다.
5. 직무평가의 목적과 용도를 설명할 수 있다.
6. 보상의 종류와 체계를 설명할 수 있다.

1. 인적자원관리의 개념

외식기업의 목표를 효율적으로 달성하기 위해 적절한 인원을 확보하고 개발, 유지, 보상하는 것이 필요하다. 과거에는 인사관리personnel management라 하여 조직의 목표 달성을 위하여 직무 중심으로 관리를 하였으나, 현대에는 개인의 목표와 조직의 목표를 통합하는 데 관심을 두고 경력 개발에 중심을 둔 인적자원관리human resourcement로 변화하였다. 외식산업은 노동집약적 사업으로 개발에 중점을 둔 인적자원관리가 필요하며, 전통적 인사관리와 인적자원관리를 비교한 내용은 표 8-1과 같다.

표 8-1 전통적 인사관리와 인적자원관리의 비교

전통적 인사관리	인적자원관리
직무 중심	경력 개발
조직의 목표 강조	개인과 조직의 목표 통합
X이론을 가진 소극적이고 타율적 인간관	Y이론을 가진 주체적이고 자율적인 인간관
단기적 안목	장기적 안목

인적자원관리는 개인과 조직의 목표를 통합하고 달성할 수 있도록 인적자원을 확보, 개발, 유지, 보상하는 과정이다. 과거의 인사관리에서는 인적자원을 확보하고 유지하는 과정을 독립적으로 여겼으나, 현대의 인적자원관리는 각 과정들이 어떻게 상호 유기적으로 연결되어 있는지를 고려한다. 외식 인적자원 관리의 기능 및 활동은 표 8-2와 같다.

표 8-2 외식 인적자원관리의 기능 및 활동

기능	내용	활동
확보	외식기업의 목표 달성을 위해 직무 수행에 필요한 외식 인적자원의 종류와 인원을 계획 및 선발	인력계획, 직무분석, 모집, 면접, 선발
개발	외식 인적자원이 직무를 수행할 수 있도록 훈련 및 교육을 통하여 기술을 향상시키고 잠재적인 능력 개발	훈련, 교육, 지도
유지	외식 인적자원이 외식기업에 계속적으로 근무할 수 있도록 공헌 정도 파악	인사고과, 인사관리
보상	외식 인적자원이 노동력을 제공한 대가로 제공받는 경제적·비경제적 보상	임금, 복리후생

1) 인적자원관리의 목적

인적자원관리의 목적은 경제적 목적과 사회적 목적으로 구분할 수 있다.

인적자원관리의 경제적 목적은 경제적 효율성economic efficiency을 추구하며, 기업의 경영활동에 필요한 최소의 인원을 투입하고 노동력을 활용하여 효과적·효율적으로 최대 산출, 즉 최고의 성과를 얻고자 하는 것이다.

인적자원관리의 사회적 목적은 사회·심리적 협동시스템으로서 건전한 사회구성원으로 다른 구성원과 바람직한 관계를 유지·발전시키는 데 있다. 첫째, 잠재적 종사자인 국민과의 관계, 국민을 대변하는 국가·정부와의 관계, 일반 사회구성원과의 관계에 초점을 맞추며, 둘째 종사자의 욕구 충족을 통한 내부고객 만족의 극대화를 추구한다. 따라서 직원을 기계와 같은 생산수단으로 인식하는 대신 스스로 충족하거나 회피하고 싶은 욕구를 지닌 존재로 인식하고 이들의 욕구를 충족시킴으로써 직원을 만족employee satisfaction시키는 데 궁극적인 목적이 있다.

2. 외식 인적자원의 확보

외식기업이 지속적으로 경영활동을 수행하기 위해 '일하는 사람'이 필요하다. 인적자원의 확보는 외식기업의 성공적인 경영활동에 필요한 인적자원을 모집하고 기업의 내·외부에서 인적자원을 공급받아 선발하는 과정이다.

인적자원의 확보를 통해 외식기업은 신규 채용 종사자의 새로운 기술과 노하우 등을 유입하여 경쟁력을 제고할 수 있고, 노동력의 안정으로 기업의 안정을 도모할 수 있으며 지속적으로 활기를 불어넣을 수 있다. 사회적 효율성의 관점에서는 고용의 기회를 확대하고, 내부 충원 시 종사자의 성장 욕구를 충족시킬 기회를 제공하며, 국가와 사회의 경제적 기반을 확고히 하는 등의 효과를 누릴 수 있다.

1) 인적자원의 계획

외식기업의 경영활동을 위해 필요한 인적자원을 공급하기 위한 인적자원 확보의 첫 단계는 필요한 인적자원에 관한 계획이며, 인적자원의 계획은 성공적인 경영활동을 위해 요구되는 인적자원의 수요와 기업이 보유하고 있는 인적자원의 공급을 파악하고, 수요와 공급의 차이를 줄이는 방법에 관한 계획이라고 할 수 있다.

인적자원의 계획에서 조직에서 필요한 인력을 사전에 예측하고 확보방법 등을 결정하여 조직 내·외부의 환경분석을 바탕으로 인적자원의 종류, 필요 능력, 인원 등을 예측한다.

(1) 외식기업의 직무

외식기업의 직무는 매장 지원과 매장 서비스 크게 두 가지로 나눌 수 있다. 매장 지원 직종은 사무 및 관리직으로 나뉘고, 외식기업의 운영을 기획·조정하며, 점포개발과 관련된 시장분석, 상권분석, 운영전략 수립 등과 홍보, 마케팅, 연구·개발, 위생·안전 등 사업체 운영에 필요한 직무를 수행한다.

매장 서비스 직종은 생산 및 서비스직 등으로 나뉘고, 매장 총괄·운영관리, 음식 조리 및 고객서비스 등의 직무를 수행한다.

직무분석은 테일러F. Taylor의 『과학적 관리법Scientific management』에서 시작하였으며, 테일러의 '시간 및 동작연구time and motion study'를 통해 직무별로 과업(적정한 하루의 생산량)을 설정하고 이를 달성하기 위해 필요한 작업환경 등이 무엇인지를 밝혀내는, 즉 오늘날의 직무분석에 해당하는 활동을 전개하였다.

직무분석은 직무의 내용 및 특성을 분석하여 직무를 수행하는 종사자에게 요구되는 자격요건과 기술에 대한 정보를 수집하고 다른 직무와의 차이를 밝히는 체계적인 과정이다. 따라서 직무분석을 통하여 종사자가 수행해야 하는 직무의 내용, 난이도, 책임, 인적요건, 소요경비 등을 파악할 수 있다.

직무분석의 결과로 도출된 직무내용에 관한 정보는 직무기술서job description로, 직무 수행자에 관한 인적정보는 직무명세서job specificaiton로 정리하여 직무평가를 위한 기초 자료로 활용한다. 또한 직무분석은 직무개선과 인사고과의 기초자료, 종사자의 교육·훈련의 기초자료, 임금구조(보상관리)의 합리화를 위해 활용할 수 있다 그림 8-1.

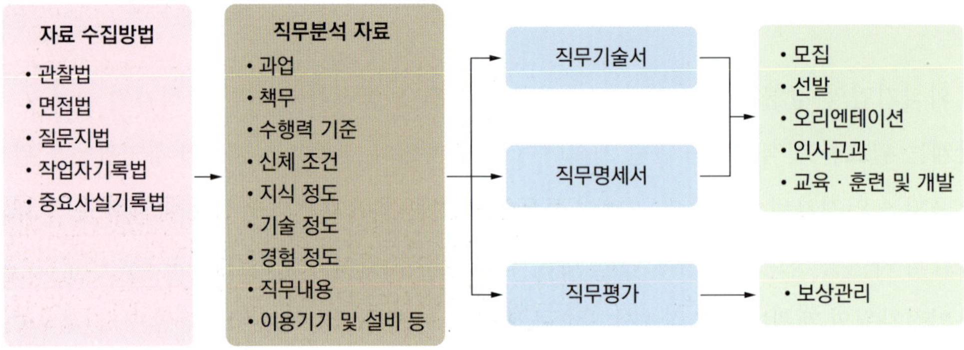

그림 8-1 직무분석 과정

직무정보 수집방법에는 관찰법, 면접법, 질문지법, 작업자기록법, 중요사건기록법 등이 있으며, 내용은 다음과 같다.

직무수집 방법

관찰법

관찰법observation method은 직무분석담당자가 '직무수행자의 직무수행 과정을 관찰하고 관찰된 내용을 기록'함으로써 특정한 직무의 내용과 직무수행자의 자격요건에 관한 정보를 수집하는 방법이다. 이 방법은 조리사의 조리직무와 같이 시작과 종료의 시간적 간격이 짧고 직무가 명확하며 물리적인 활동을 할 때는 가능하지만 정신적인 활동의 경우 직무내용의 수집이 제한되는 단점이 있다.

면접법

면접법interview method은 직무분석담당자가 직무수행자 또는 직무를 잘 아는 다른 종사자와의 면접을 통해 직무에 관한 정보를 수집하는 방법이다. 면접법은 직무분석담당자가 해당 직무를 수행하는 직무수행자를 통한 직접면접direct interview과 직무를 잘 아는 다른 종사자와의 면접을 통한 간접면접indirect interview으로 구분하며, 면접내용의 사전적 구조화 여부에 따라 구조화된 면접structured interview과 비구조화된 면접unstructured interview으로 구분하기도 한다. 또한 면접법은 피면접자의 수에 따라 개인면접과 집단면접으로 구분한다.
직접면접은 담당 직무에 대해 가장 정확하고 많은 정보를 지닌 종사자를 대상으로 이루어지므로 직무에 관한 정확한 정보를 수집할 가능성이 증가하는 반면, 직무담당자의 직무에 대한 평가가 이루어지고 그 결과가 본인의 보상과 지위 등에 영향을 미칠 경우 왜곡된 정보를 제공할 가능성도 있다.

질문지법

질문지법questionaire method은 직무수행자에게 질문지를 나누어 주고 질문에 답하게 함으로써 직무에 관한 정보를 수집하는 방법이다. 질문의 내용에는 직무내용, 직무수행 방법, 직무수행 목적, 직무수행 과정,

직무수행자가 갖추어야 할 자격요건 등을 포함한다. 질문지법은 정보수집을 위한 노력과 시간이 상대적으로 적게 들 수 있으나 정확하게 답변해 주지 않을 경우 신뢰도에 문제가 발생할 수 있다.

작업자기록법

작업자기록법employee recording method은 직무수행자가 작성하는 작업일지나 직무관련 기록을 꼼꼼하게 검토하여 직무에 관한 정보를 수집하는 방법이다. 수집한 정보의 신뢰도는 높지만 원하는 정보를 얻지 못할 수 있다.

예를 들어, 교대근무work shift를 하는 팀은 교대근무자와 의사소통을 원활히 하기 위하여 근무시간에 발생한 중요한 일을 작업일지에 작성하는 데 이것을 활용하는 것이 일반적이다.

중요사실기록법

중요사실기록법critical incident method은 직무의 내용 및 직무수행자의 자격요건에 관한 모든 정보를 수집하는 대신 외식기업의 목적 달성과 관련된 직무수행을 위한 종사자의 행동을 효과적인 행동과 비효과적인 행동으로 구분하여 그 사례를 수집하고, 이 사례로부터 성과에 효과적인 행동 패턴을 추출하여 분류하고 이를 토대로 직무에 관한 정보를 수집하는 방법이다.

(2) 직무기술서

직무기술서job description는 직무분석을 통해 직무를 효율적으로 수행하기 위해 직무명, 직무내용, 의무, 책임, 직무의 목적 등 직무 중심의 정보를 기술한 것이다 그림 8-2. 이렇게 작성한 직무기술서는 적합한 인재의 채용부터 승진, 훈련, 부서 배치, 임금 등의 인적자원관리의 기초자료로 활용한다.

(3) 직무명세서

직무명세서job specificaiton는 직무수행자가 갖추어야 할 자격, 기술, 능력, 신체조건, 교육 정도 등의 인적요건을 기술한 것이다 그림 8-3. 직무기술서와 중복되는 부분이 많아 직무기술서에 포함하기도 하나 신규 종사자의 채용시 필요한 요건을 명확히 하기 위해서 작성한다.

(4) 직무설계

직무설계job design는 '어떻게 직무의 내용과 수행방법을 설계하는 것이 외식기업의 목적 달성에 효과적·효율적일 것인가'의 문제, 즉 외식기업의 직무수행자의 과업을 조직 내

직무기술서

- 직 무 명 : 조리사
- 직무담당자 : 홍길동
- 소속부서 : 조리과
- 직책 : 대리

〈직무개요〉

영업일 당일의 매출을 정산하고 정산의 결과와 관련자료를 확보하여 익일 근무자 및 관련 상위자에게 보고한다.

〈직무내용〉

영업일 당일의 매출을 정산하고 정산의 결과와 관련자료를 확보하여, 익일 근무자 및 관련 상위자에게 보고한다.

〈직무수행 요건〉

- 조리장의 지시에 따라 안전하고 위생적인 조리작업을 수행한다.
- 영업장(주방)에 필요한 식재료관리를 충실히 한다.
- 영업장(주방)의 위생관리 및 청소를 담당한다.
- 냉동, 냉장고의 온도와 상태를 점검한다.
- 주방기기, 원재료인 생선류, 육류류, 채소류, 과일류, 소스류 등을 신선하게 관리한다.

그림 8-2 직무기술서

직무수행 방법과 다른 직무들과의 연결을 통하여 구조화하는 것이다. 과거의 직무설계는 직무를 중심으로 직무에 사람을 맞추는 방법으로 설계하였으나, 현대에는 사람을 중심으로 직무를 맞추는 방향으로 변화하고 있다. 직무수행자가 만족을 느낄 수 있도록 직무의 내용과 방법을 설계하고 조직의 목표 달성을 위해 개인의 동기부여에 관심을 가지며 개인의 욕구를 충족시킬 수 있도록 설계하는 것이 중요하다.

직무설계의 요소는 언제, 어디서, 누가, 무엇을, 어떻게, 왜 수행하는가로 구성하며, 직무설계는 직무수행자의 특성(정신적·육체적)을 파악하고, 직무특성(수행하는 과업, 직무수행 장소와 환경조건, 직무수행 시간, 직무수행 목적, 직무수행 방법)을 고려해야 한다.

대표적인 직무설계 방법으로는 직무단순화, 직무순환, 직무확대, 직무충실화, 직무

직무명세서

- 직 무 명 : 서비스사(영업장 서버)
- 직무담당자 : 홍길동
- 소속부서 : 외식팀(이태리 영업장)
- 직책 : 사원

〈직무수행 요건〉
- 연령: 27세 이상
- 학력: 초대졸 이상
- 전공: 호텔관광, 외식경영계열
- 경력: 조리사 직무경력 4년 이상
- 자격: 호텔서비스사, 바리스타, 와인소믈리에, 조주기능사 등

〈직무특성〉
- 외식기업의 경영목표를 이해하고 영업장 방문고객인 고객접점에서 고객의 니즈에 부합하여 만족을 이끌어낼 수 있어야 한다.
- VIP 고객 및 다양한 고객층에 맞게 응대할 수 있는 전문적인 지식과 서비스 엔진 F&B인 음식, 음료의 테크롤러지 실무능력은 기본으로 장착하고, 서비스 마인드, 서비스 프로의 사명감, 인성, 직원과의 팀워크 등을 갖추어야 한다.

그림 8-3 직무명세서

특성이 있다.

- 직무단순화job simplification : 작업 절차 및 과정을 표준화함으로써 단순화시키고 전문화된 과업을 종사자가 수행하도록 설계하는 것이다.
- 직무순환job rotation : 종사자에게 다양한 경험과 기회를 제공할 수 있도록 직무를 주기적으로 순환하는 것이다. 직무순환을 통하여 타인의 직무를 이해하고 동일한 직무수행으로 인한 불만을 감소시킬 수 있다.
- 직무확대job enlargement : 직무확대는 단일한 직무를 수평적으로 확대하는 것으로 직무를 구성하고 있는 과업의 수를 늘려 직무의 다양성과 책임의 증가를 느끼게 할 수 있으며, 직무수행자의 능력을 최대한 개발하여 성과와 만족도를 높일 수 있다.

- 직무충실화job enrichment : 단순하게 직무에 대한 경험의 수를 늘리는 것뿐만 아니라 수직적으로 직무가 갖는 책임과 권한을 늘려 직무를 변화시키는 것이다. 허즈버그herzberg는 직무를 단순하게 순환하거나 확대함으로써 종사자의 동기유발이 어렵고, 직무에 대한 성과와 만족도를 높이는 것에 한계가 있다고 주장하였다.
- 직무특성job characteristic : 헤크만Hackman이 허즈버그의 직무충실화를 체계적으로 발전시킨 개념으로 직무특성인 기술의 다양성, 과업의 정체성, 과업의 중요성, 자율성, 피드백 등의 다섯 가지 요소를 직무에 포함시키면 직무에 대한 책임감을 느끼고 작업 결과를 인지할 수 있으며, 일의 중요성을 인식하게 되어 종사자의 성장욕구 강도에 따라 결근율이 떨어지고 동기부여가 되어 성과도 향상시킬 수 있다고 주장하였다 표 8-3.

표 8-3 직무특성

요소	정의
기술의 다양성	직무수행에 요구되는 작업자의 다양한 기술과 능력의 정도
과업의 정체성	직무의 시작에서 끝까지 유형적인 결과를 예상하면서 전체적인 업무를 수행하는 정도
과업의 중요성	직무가 다른 사람의 생활에 미치는 중요한 영향을 지각하는 정도
자율성	업무 수행상 필요한 의사결정에 부여되는 자유성, 독립성 및 재량권의 정도
피드백	업무의 효과성에 관하여 업무 자체, 상사 또는 정보체계 등으로부터 직원의 객관적인 정보를 획득할 수 있는 정도

2) 인적자원의 모집

모집recruitment은 조직에서 필요한 수요를 보충하기 위해 지원자를 모으는 과정이다. 모집방법에는 '어디서 지원자를 모집하나'를 기준으로 외부모집과 내부모집으로 구분할 수 있다.

(1) 내부모집

내부모집inside the organization은 기업 내부에서 기존 종사자를 대상으로 지원자를 모집하는 방법이다. 내부모집 방법에는 사내공모제도, 내부승진, 배치전환, 재고용(퇴직자), 재소환 등을 통해서 직원이 채용되므로 내부 직원들의 동기부여, 사기진작에 효과적이며 조직 헌신도를 높일 수 있다. 기업의 입장에서 모집비용이 저렴하고, 기업에 익숙하면서 역량이 검증된 인력을 채용할 수 있는 장점이 있다. 반면에 조직에 익숙한 인력을 채용하기 때문에 새로운 아이디어를 얻기 어려운 단점이 있다 표 8-4.

(2) 외부모집

외부모집outside the organization은 기업 외부에서 적절한 인력을 채용하는 형태로 흔히 기업에서 직원을 채용하는 방법이다. 외부모집 방법에는 연고모집, 광고, 신문, 매스컴을 이용한 광고, 구인·구직 사이트 등을 통한 일반공고모집, 헤드헌터, 교육기관의 추천, 취업박람회 등이 있다. 연고모집은 기업 내 종사자를 통해 채용을 알리고 직원을 채용하는 방식으로 비공식적 모집방법이다. 일반공고모집은 외부에 직원모집에 관한 사항을 공고하고 응시하는 모든 사람에게 공평한 기회를 주는 채용방법이다 표 8-4.

표 8-4 모집방법의 장단점

<table>
<tr><th colspan="3">형태</th><th>장점</th><th>단점</th></tr>
<tr><td colspan="2">내부모집</td><td>• 회사퇴직자, 인턴사원, 시간제 근로자, 휴직자의 재고용</td><td>• 시간과 비용 절감
• 동기부여, 조직 헌신도 향상
• 조직 적응시간 단축
• 검증된 인력 채용</td><td>• 전문기술을 가진 직원 채용 어려움
• 참신한 아이디어 유입 부족
• 신사업 직무의 인력채용에는 부적합</td></tr>
<tr><td rowspan="2">외부 모집</td><td>연고 모집</td><td>• 비공식적
• 재직하고 있는 직원 또는 지인을 통한 모집</td><td>• 채용비용 절감
• 집단 내부의 유대 강화</td><td>• 인간적인 연결로 인한 조직관리 어려움
• 부적합자 또는 미숙련 기술자 채용 가능성 높음</td></tr>
<tr><td>일반 공고 모집</td><td>• 신문과 매스컴을 통한 모집
• 구인 · 구직사이트
• 교육기관
• 채용박람회 등</td><td>• 참신한 인물 발굴
• 공정성 확보</td><td>• 시간과 비용 많이 듦
• 채용과정 및 기간이 길</td></tr>
</table>

3) 인적자원의 선발

인적자원의 선발은 모집된 사람들 중 조직의 목적과 직무수행에 적합한 기술, 지식과 인성을 가지고 있는 인재를 선별하여 뽑는 과정이다. 선발은 지원자 중 조직이 필요로 하는 인적요건에 가장 적합한 사람을 뽑아 특정 직무에 배치하는 적재적소 배치가 목적이다.

선발과정은 일반적으로 서류전형(지원서 제출), 서류심사, 선발시험(필기, 인성·적성검사, 실기시험) 및 면접심사(1차와 2차로 나누어 실시), 신체검사, 신원조회(경력조회), 최종선발 및 배치 순으로 진행된다. 실제 선발과정은 외식기업마다 다르고 동일 기업 내에서도 모집 분야에 따라 다를 수 있다.

(1) 서류 전형 및 심사

서류 전형은 서류심사를 통하여 일차적으로 지원자를 선별하는 과정이다. 서류심사는 지원자가 제출한 지원서를 바탕으로 지원자의 학력·경력·가족사항 등 기본적인 인적 사항을 중심으로 지원자의 객관적인 질을 평가하는 과정이다. 서류심사는 복잡한 인간 행동을 단편적 지식으로 파악하기 어려운 부분이 있으므로 최근에는 능력, 적성 및 인성에 관한 심리검사를 확대하여 실시하고 있다.

(2) 선발시험

선발시험은 서류심사에서 파악할 수 없는 지원자의 자질이나 직무수행능력을 평가하는 과정으로 평가대상자의 자질이나 직무수행능력에 따라 지적능력검사, 성격검사, 취미검사, 성취도검사 등으로 이루어진다. 어떤 선발시험이 바람직한 지원자를 선발하는 데 적절한가 하는 문제는 선발직무의 특성, 요구되는 자격요건, 기업 철학 등 여러 요인에 의해 달라질 수 있다.

(3) 면접심사

면접심사의 경우도 지원자에 관한 정보를 수집할 목적으로 실시된다. 면접심사는 성격, 외모, 지원동기 등 지원서나 선발시험을 통해서는 잘 드러나지 않는 지원자에 관한 정보를 제공하여 불명확한 지원자의 특성을 구체화하는 것은 물론, 지원자에게 기업에 관한 정보를 제공하는 양방향 커뮤니케이션을 통해 우수한 지원자를 유인하는 방법이 되기도 한다.

성공적인 면접을 위해서 면접에 임하는 면접위원들의 기본적인 자세, 세밀한 사전 준비, 과학적인 평가방법에 대한 사전교육이 이루어져야 한다. 외식기업의 특성상 파트타임 직원을 고용할 경우 파트타임 종사자 면접표를 따로 마련하여 질문사항에 따른 평가가 올바르게 진행될 수 있도록 해야 한다.

면접심사 방법에는 구조화 여부에 따라 구조적 면접과 비구조적 면접으로 구분할 수 있다. 구조적 면접은 사전에 준비된 면접내용을 중심으로 이루어지는 면접으로 면접 자체가 비교적 수월하게 진행되는 반면, 면접내용의 준비에 시간과 비용이 많이 든다. 비구조적 면접은 면접내용에 대하여 사전에 준비하지 않고 면접자의 자의적 기준에 따라 이루어지는 면접을 의미한다. 이 방법은 직무에 대한 사전정보가 없는 면접에는 유용

면접기법

- **집단면접** : 복수의 지원자를 동시에 면접하는 방법으로 지원자 간의 상대적 비교가 쉽고, 면접에 소요되는 시간과 비용을 절약할 수 있는 장점이 있다. 그러나 적절한 집단화가 어려워 다른 집단에 비해 상대적으로 우수한 지원자들로 구성된 집단에 속한 평균 수준의 지원자는 손해볼 수 있다.
- **위원회면접** : 다수의 면접자가 한 명의 지원자를 면접하는 형태로 복수의 평가를 통해 면접의 신뢰도를 제고하는 효과가 있으나, 집단면접에 비해 상대적으로 많은 비용과 시간이 요구된다.
- **복수면접** : 동일한 지원자에 대해 여러 번에 걸쳐 면접이 이루어지는 방법으로 반복적인 평가를 통해 면접의 신뢰도를 제고할 수 있으나, 면접에 많은 비용과 시간이 소요된다.
- **일대일면접** : 한 명의 면접자에 의해 평가가 이루어지므로 면접 신뢰도에 한계가 있으며, 많은 시간과 비용이 소요된다. 수차례 반복적인 면접 중 최종면접에만 제한적으로 활용되며, 일반적으로는 활용되지 않는다.
- **스트레스면접** : 지원자의 약점이나 유쾌하지 못한 질문 등 공개적인 비난에 대한 지원자의 반응을 관찰하는 면접이다. 이 면접방법은 자주 사용되지 않지만 특수한 직무를 수행할 지원자를 선발하는 경우에 유용하게 활용할 수 있다.
- **평정센터법** : 다수의 지원자를 일정한 장소에서 최소 며칠간 숙박하게 하면서 지원자의 여러 가지 특성을 다양한 선발도구(시험, 면접, 심층면접, 문제해결 시뮬레이션 등)를 동원하여 평가·선발하는 방법이다. 지원자에 대한 포괄적이고 종합적인 판단이 가능하고 선발의 신뢰성과 타당성을 증대시킬 수 있으나 많은 시간과 비용이 요구되며, 선발에서 탈락한 지원자의 반감 등이 문제점으로 나타날 수 있다.
- **인턴십 제도** : 지원자를 일정 기간 사업장에서 근무하게 하고 근무기간 동안 지원자를 평가하여 선발 여부를 결정하는 방법이다. 다른 선발도구를 통해서 잘 나타나지 않는 다양한 자질과 능력을 보일 기회를 제공하고, 지원자에게 취업의 기회를 탐색하게 하며 지원자와 잠재적 지원자에게 기업을 홍보할 수 있는 기회를 제공한다. 그러나 평가가 체계화되지 않아 선발에서 탈락한 지원자의 반감을 살 개연성이 있고, 자칫 기업의 홍보수단 또는 인건비 절감의 수단으로 악용될 개연성이 있다.

하지만 면접자에 대한 지나친 의존과 면접의 신뢰성이나 타당성이 떨어지는 단점이 있다.

구체적인 선발면접 기법으로는 집단면접, 위원회면접, 복수면접, 일대일면접, 스트레스 면접, 평정센터법, 인턴십 제도 등이 있다.

(4) 신원조회

신원조회reference check는 지원서 및 면접 등을 통해 드러난 지원자에 관한 자료를 중심으로 지원자에 관한 정보를 재확인하고, 필요에 따라 추가적인 자료를 수집하는 과정이다. 예를 들어, 지원서에 대인관계가 원만하다고 기록한 지원자의 전 직장 동료에게 지원자의 대인관계를 질문함으로써 지원자의 대인관계 정보를 확인하거나, 관련 공공기관에 전과기록 등을 조회함으로써 추가적인(지원자의 입장에서는 숨기고 싶은) 정보를 수집하는 활동이다. 신원조회는 서구의 선진기업에서는 물론, 호텔기업에서도 많이 활용되는 선발도구이다.

(5) 신체검사

신체검사는 선발의 마지막 과정으로 직무수행자로서 육체적 능력 및 건강상태를 판단하는 목적과 건강보험 등 기업의 인적자원관리를 위해 실시한다. 육체적인 능력이나 건강상태가 직무성과에 중요한 영향을 미치는 직무(조리사와 같은 직무)와 관리 직무를 구분하여 신체검사의 목적이나 구체적인 측정항목이 달라져야 한다.

(6) 채용 결정

채용 결정은 모든 지원자로 하여금 선발과정을 모두 거친 후 채용 결정이 이루어지느냐 또는 선발단계마다 채용을 결정하여 점차 지원자의 수를 줄여나가느냐에 따라 종합적 판단법과 단계적 제거법으로 구분할 수 있다. 종합적 판단법은 모든 지원자를 앞에서 설명한 선발단계를 통해 종합적으로 판단하여 선발 여부를 결정하는 방법이고, 단계적 제거법은 각 단계마다 당락을 판단하여 해당 단계를 통과한 지원자만을 대상으로 다음 단계를 진행하는 방법이다.

표준근로계약서

근로계약서를 왜 작성해야 하나?

근로계약서는 임금, 근로시간 등 핵심 근로조건을 명확히 정하는 것으로 근로자와 사업자 모두의 권리 보호를 위해 반드시 필요하다.

근로계약서를 작성하지 않으면?

사용자가 근로계약을 서면으로 체결하고 이를 교부하지 않으면 500만 원 이하의 벌금이 부과되며, 만약 기간제 · 단시간 근로자인 경우는 500만 원 이하의 과태료 처분을 받을 수 있다.

근로계약서는 어떻게 작성해야 하나?

근로계약서에는 임금, 근로시간, 휴일, 연차, 유급휴가 등의 내용을 명시해야 하며, 고용노동부에서 배포하는 표준근로계약서를 참고하면 보다 쉽게 작성할 수 있다.

표준근로계약서(기간의 정함이 있는 경우)

_____________(이하 "사업주"라 함)과(와) __________(이하 "근로자"라 함)은 다음과 같이 근로계약을 체결한다.

1. 근로계약기간 : 년 월 일부터 년 월 일까지
2. 근 무 장 소 :
3. 업무의 내용 :
4. 소정근로시간 : ___시___분부터 ___시___분까지 (휴게시간 : 시 분~ 시 분)
5. 근무일/휴일 : 매주 __일(또는 매일단위)근무, 주휴일 매주 __요일
6. 임 금
   - 월(일, 시간)급 : _______________원
   - 상여금 : 있음 ( ) ___________________원, 없음 ( )
   - 기타급여(제수당 등) : 있음 ( ), 없음 ( )
     · _______________원, _______________원
     · _______________원, _______________원
   - 임금지급일 : 매월(매주 또는 매일) _____일(휴일의 경우는 전일 지급)
   - 지급방법 : 근로자에게 직접지급( ), 근로자 명의 예금통장에 입금( )
7. 연차유급휴가
   - 연차유급휴가는 근로기준법에서 정하는 바에 따라 부여함
8. 사회보험 적용여부(해당란에 체크)
   □ 고용보험 □ 산재보험 □ 국민연금 □ 건강보험
9. 근로계약서 교부
   - 사업주는 근로계약을 체결함과 동시에 본 계약서를 사본하여 근로자의 교부요구와 관계없이 근로자에게 교부함(근로기준법 제17조 이행)
10. 근로계약, 취업규칙 등의 성실한 이행의무
   - 사업주와 근로자는 각자가 근로계약, 취업규칙, 단체협약을 지키고 성실하게 이행하여야 함
11. 기 타
   - 이 계약에 정함이 없는 사항은 근로기준법령에 의함

년 월 일

(사업주) 사업체명 : (전화 :)
주 소 :
대 표 자 : (서명)
(근로자) 주 소 :
연 락 처 :
성 명 : (서명)

연소근로자(18세 미만인 자) 표준근로계약서

_____________(이하 "사업주"라 함)과(와) __________(이하 "근로자"라 함)은 다음과 같이 근로계약을 체결한다.

1. 근로개시일 : 년 월 일부터
   ※ 근로계약기간을 정하는 경우에는 " 년 월 일부터 년 월 일까지" 등으로 기재
2. 근 무 장 소 :
3. 업무의 내용 :
4. 소정근로시간 : ___시___분부터 ___시___분까지 (휴게시간 : 시 분~ 시 분)
5. 근무일/휴일 : 매주 __일(또는 매일단위)근무, 주휴일 매주 __요일
6. 임 금
   - 월(일, 시간)급 : _______________원
   - 상여금 : 있음 ( ) ___________________원, 없음 ( )
   - 기타급여(제수당 등) : 있음 ( ), 없음 ( )
     · _______________원, _______________원
     · _______________원, _______________원
   - 임금지급일 : 매월(매주 또는 매일) _____일(휴일의 경우는 전일 지급)
   - 지급방법 : 근로자에게 직접지급( ), 근로자 명의 예금통장에 입금( )
7. 연차유급휴가
   - 연차유급휴가는 근로기준법에서 정하는 바에 따라 부여함
8. 가족관계증명서 및 동의서
   - 가족관계기록사항에 관한 증명서 제출 여부: ________
   - 친권자 또는 후견인의 동의서 구비 여부 : ________
9. 사회보험 적용여부(해당란에 체크)
   □ 고용보험 □ 산재보험 □ 국민연금 □ 건강보험
10. 근로계약서 교부
   - 사업주는 근로계약을 체결함과 동시에 본 계약서를 사본하여 근로자의 교부요구와 관계없이 근로자에게 교부함(근로기준법 제17조, 제67조 이행)
11. 근로계약, 취업규칙 등의 성실한 이행의무
   - 사업주와 근로자는 각자가 근로계약, 취업규칙, 단체협약을 지키고 성실하게 이행하여야 함
12. 기타
   - 13세 이상 15세 미만인 자에 대해서는 고용노동부장관으로부터 취직인허증을 교부받아야 하며, 이 계약에 정함이 없는 사항은 근로기준법령에 의함

년 월 일

(사업주) 사업체명 : (전화 :)
주 소 :
대 표 자 : (서명)
(근로자) 주 소 :
연 락 처 :
성 명 : (서명)

자료 : 고용노동부(https://www.moel.go.kr/mainpop2.do)

CJ푸드빌의 직무소개 및 인사제도

Captain/Trainer

Captain/Trainer란?
점포운영의 오퍼레이션 리더 및 코칭역할 수행(Supervisor 승격 前 직급)

담당 직무	담당 업무	공통 업무
Floor(홀)	고객 응대 및 서비스	오픈 / 마감 업무 신입사원 코칭
Kitchen(주방)	조리 및 품질 · 위생 업무	

채용절차

지원자접수 → 서류전형 → 면접전형 → 점포실습 및 입문교육 → 최종합격

Captain/Trainer 인사제도

시간제 선택 근무가 가능하며, 채용 기회가 부여됩니다.	Floor 또는 Kitchen의 Operation을 수행합니다.	Floor/Kitchen의 Operation을 수행하고 점포 관리 역량을 학습합니다.		
Staff	Trainer	Captain	Supervisor	Store Manager

자료 : CJ 푸드빌 홈페이지(https://www.cjfoodville.co.kr/recruit/intern_manager.asp)

스타벅스 인사제도

스타벅스 인사시스템
H/R SYSTEM

스타벅스는 회사와 파트너가 함께 성장할 수 있는 일하기 좋은 직장을 만들어 갑니다.

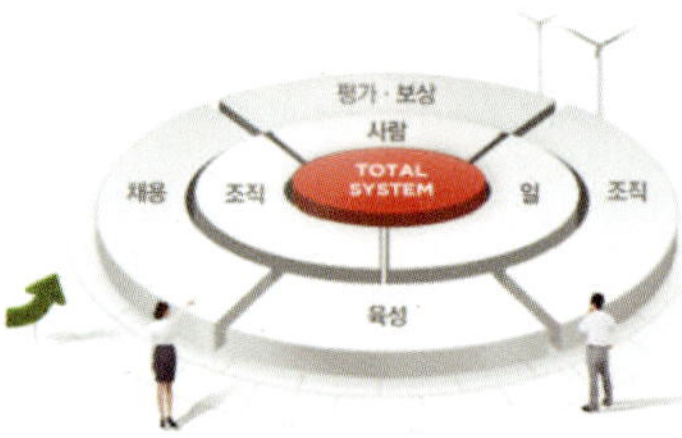

채용/양성

열린 사고로 자신의 일에 대한 열정을 지니고 창의적인 인재를 채용합니다.

파트너 역량을 극대화할 수 있는 스타벅스만의 인재양성 프로그램을 운영합니다.
(직급별 교육, 커피마스터 및 장비 전문 교육, 서비스 및 리더십 프로그램 등)

평가/보상

개인별 업무성과와 역량을 바탕으로 합리적인 평가를 실시하며, 이를 기반으로 보상이 이루어 집니다.

기본급여 이외에 실적에 따른 성과급제도를 운영합니다.
(전 파트너 대상)

조직문화

파트너 존중을 기반으로 유연하고 수평적인 문화를 지향합니다.

파트너의 다양한 개성을 바탕으로 자율적이고 창의적인 문화, 즐거운 일터를 만들어 갑니다.

자료 : 신세계 채용 홈페이지(http://job.shinsegae.com/job_intro/starbucks/starbucks04.jsp)

SPC그룹 채용절차

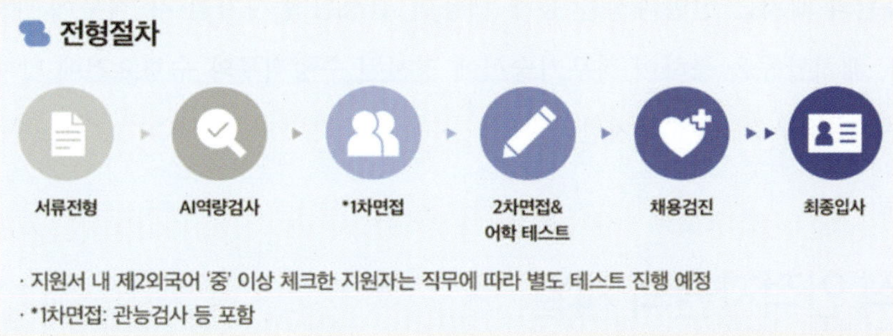

자료 : 2022년 하반기 SPC그룹 신입사원 모집
(https://spc.recruiter.co.kr/app/jobnotice/view?systemKindCode=MRS2&jobnoticeSn=116534)

스타벅스 모집공고

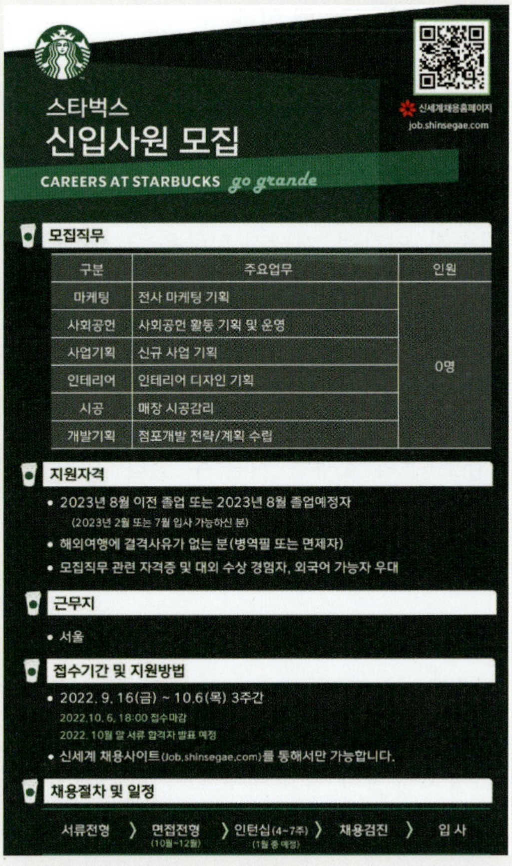

스타벅스
신입사원 모집
CAREERS AT STARBUCKS go grande

신세계채용홈페이지
job.shinsegae.com

모집직무

구분	주요업무	인원
마케팅	전사 마케팅 기획	0명
사회공헌	사회공헌 활동 기획 및 운영	
사업기획	신규 사업 기획	
인테리어	인테리어 디자인 기획	
시공	매장 시공감리	
개발기획	점포개발 전략/계획 수립	

지원자격

- 2023년 8월 이전 졸업 또는 2023년 8월 졸업예정자
  (2023년 2월 또는 7월 입사 가능하신 분)
- 해외여행에 결격사유가 없는 분(병역필 또는 면제자)
- 모집직무 관련 자격증 및 대외 수상 경험자, 외국어 가능자 우대

근무지

- 서울

접수기간 및 지원방법

- 2022. 9. 16(금) ~ 10.6(목) 3주간
  2022.10. 6. 18:00 접수마감
  2022. 10월 말 서류 합격자 발표 예정
- 신세계 채용사이트(Job.shinsegae.com)를 통해서만 가능합니다.

채용절차 및 일정

서류전형 〉 면접전형(10월~12월) 〉 인턴십(4~7주)(1월 중 예정) 〉 채용검진 〉 입 사

자료 : 신세계 채용 홈페이지(http://job.shinsegae.com/recruit_info/notice/notice01_list.jsp)

4) 인적자원의 배치

인적자원의 배치는 선발과정을 통해 채용이 결정된 종사자를 각 직무에 배속시키는 활동이다. 배치활동을 통하여 직무기술서에 명시된 수행직무와 수행요건에 맞게 종사자(적재)를 특정 직무(적소)에 배치한다.

3. 외식 인적자원의 개발

외식기업은 제조업이나 다른 서비스업에 비해 고객과의 접촉이 많고 인적자원에 대한 의존도가 높은 노동집약적 사업이다. 외식기업의 교육훈련은 직원을 확보한 후 외식기업에서 요구하는 직무수행에 필요한 지식, 기술, 능력을 발휘하도록 교육·훈련하여 실제 현장에서 업무성과를 개선하도록 하는 데 있다.

교육의 목적은 지식, 태도 및 기술의 개발과 변화를 목적으로 하며, 직원의 훈련과 개발 영역으로 구분할 수 있다. 훈련training은 종사자의 현재 직무에 중점을 두고 직무수행에 필요한 기술 습득에 초점을 둔 교육이다. 개발development은 성장이나 발전 가능성에 중점을 두고 관리자의 기술적, 인간적, 개념적 역량을 증진시켜 줄 목적으로 고안되었다.

직장에서 교육·훈련을 실시하는 이유는 종사자에게 직무 관련 지식과 기술을 습득하는 시간을 단축하고 향상시킬 뿐만 아니라 정서적인 만족감을 줄 수 있으며, 사고율 감소, 결근과 이직률 감소, 의사소통 개선, 동기부여, 조직에 대한 자부심 향상, 승진 기회 제공, 품질 개선, 불평 감소 등의 효과를 거둘 수 있다. 또한 고객에게 훨씬 상회하는 서비스를 제공하여 고객에게 만족스러운 경험을 제공하며 기업의 이익 및 가치 향상에 기여할 수 있다.

1) 교육·훈련의 분류

교육·훈련은 수행되는 장소에 따라 직장 내 훈련과 직장 외 훈련으로 분류할 수 있으며, 교육·훈련을 받는 대상에 따라 신입사원 교육·훈련과 현직자 교육·훈련으로 나눌 수 있다.

(1) 장소에 따른 분류

① 직장 내 훈련on the job training, OJT

직장 내부에서 수행되는 교육으로 주로 직무와 연관된 지식과 기술을 숙련된 상사에게 직접 습득하는 훈련방법이다. 이 훈련의 장점은 훈련내용이 매우 실제적이므로 직무향상에 큰 효과를 볼 수 있으며, 교육비용이 저렴하다. 또한 교육과정 중 감독자의 지식, 기능, 직무수행 방법을 배우게 되어 상사와 원활한 접촉으로 유대관계를 강화할 수 있는 장점이 있다. 그러나 한 번에 다수의 대상에게는 교육을 수행할 수 없고, 전문적인 지식과 기능을 가르치기에는 한계가 있다.

② 직장 외 훈련off the job training

전문교육기관 또는 연수기관 등 직장 밖 다른 공간에서 전문적인 교육·훈련을 받는 것으로 일정 기간 교육에만 전념할 수 있다. 이 훈련은 직장 내부의 교육에서 제공할 수 없는 새로운 기술 또는 문화 등을 습득하게 할 목적으로 수행되며, 다수의 종사자에게 조직적으로 교육이 이루어지고 훌륭한 전문가의 지도를 받을 수 있는 장점이 있다. 그러나 직장 외부에서 교육이 이루어지므로 직무수행에 지장을 줄 수 있으며, 시간과 비용이 많이 소요되는 단점이 있다.

(2) 교육대상에 따른 분류

① 신입사원 교육·훈련

외식기업에 처음 입사한 종사자를 대상으로 조직의 운영방침, 비전, 직무에 대한 기본적인 요건 및 근무자세 등에 대한 기초직무훈련(오리엔테이션)과 실제적인 업무수행을 위한 실무훈련을 실시한다. 이 교육·훈련을 통하여 회사의 제반사항을 이해하고 조직의 기구 및 동료를 소개함으로써 새로운 종사자들이 조직에 빨리 적응할 수 있도록 도와준다.

② 현직자 교육·훈련

현재 근무하는 종사자나 관리자를 대상으로 직장 내외에서 하는 교육·훈련이다. 조리원 또는 일반 종사자의 경우 새로운 기술이나 지식을 습득할 수 있는 교육·훈련을 실시하고, 상위경영층과 관리자는 의사결정능력 또는 리더십 개발에 주안점을 두고 교육·훈련을 실시한다.

2) 교육·훈련의 방법

종사자나 관리자를 대상으로 하는 교육·훈련 방법은 목적과 대상에 따라 달라져야 한다. 최근에는 종사자나 관리자의 교육방법을 엄격히 구분하여 적용하기보다는 교육 목표 달성에 효과적인 방법인지 여부에 따라 적용된다. 일반적인 교육·훈련 방법으로는 강의법, 세미나법, 프로그램 학습, 사례연구, 역할연기법 등이 있고, 관리자를 대상으로 하는 교육·훈련 방법에는 코칭법, 경영게임, 서류함 기법 등이 있다 표 8-5.

표 8-5 교육·훈련의 방법

대상	방법	내용
종사자	강의법 lecture	• 직무와 관련된 지식, 개념, 기술 등을 설명하는 방식으로 다수의 종사자를 대상으로 교육·훈련하는 방법 • 장점 : 지식 및 개념 훈련에 효과적이고 비용이 저렴함 • 단점 : 일방적인 의사소통으로 진행되므로 전달력이 떨어지고 연습 또는 피드백 제공 기회가 적어 훈련의 전이효과가 적음
	세미나법 seminar	• 훈련자와 피훈련자가 토론을 하면서 교육을 진행하는 방법으로 강의법과 혼용하면 효과가 큼 • 장점 : 양방향 의사소통이 가능하므로 종사자가 적극적으로 훈련에 참여할 수 있어 동기수준을 높일 수 있으며 피드백 제공이 가능함 • 단점 : 교육을 준비하는 데 시간이 많이 소요되고, 전문지식이 없을 경우 교육을 진행하기 어려움
	프로그램 학습 programmed instruction	• 자기학습self-directed learning법이라고도 하며, 강사나 훈련자 없이 교육대상자가 스스로 속도를 조절하면서 자율적으로 학습도구를 활용하는 방식 • 장점 : 학습능력에 따라 학습시간을 조절할 수 있고, 편리한 시간대를 선택하여 학습할 수 있음 • 단점 : 프로그램 개발 비용이 많이 소요되고, 훈련자와 교육대상자 사이에 상호작용이 적음
	사례연구 case study	• 조직 내에서 문제해결이 요구되는 실제 사례를 피훈련자에게 제시하고 해결책을 모색하도록 하는 훈련 방법 • 장점 : 문제해결능력과 의사결정능력을 발전시킬 수 있음 • 단점 : 시간이 많이 소요되고, 이론 또는 원리에 대한 체계적인 학습에 한계가 있음
	역할연기법 role playing	• 직무 중에 발행하는 문제 상황을 피훈련자에게 실제의 행동으로 연기하게 하는 방법 • 장점 : 다른 사람의 역할을 연기함으로써 행동을 모방하거나 모델링하는 효과가 있고, 다른 사람에 대한 이해의 폭이 넓어짐 • 단점 : 다른 교육·훈련과 함께 진행되어야 효과가 있음
관리자	코칭법 coaching	• 하급관리자에게 필요한 기능을 알려주고 계속 점검하며 올바른 방향으로 진행되도록 평가·제안하며 도와주는 훈련방법
	경영게임 business game	• 역할연기가 타인의 입장을 연기하는 데 반해 경영게임은 컴퓨터 시뮬레이션 게임을 통하여 관리자 자신의 입장에서 교육·훈련하는 방법
	서류함기법 in-basket training	• 고위 경영자들을 대상으로 의사결정의 유형을 조사하는 일종의 검사도구로 개발됨 • 실제 상황과 유사한 환경을 만들어 둔 사무실에 여러 가지 매체를 통해 업무자료(15~20개 정도의 서류)를 전달하고 관리자가 그곳에서 일처리하는 방식, 의사결정능력, 유연성, 문제해결능력을 살펴보고 피드백을 제공하는 교육방법

식품업계 최초 사내대학, SPC 식품과학대학

SPC식품과학대학은 국내에서 세 번째, 식품업계에서 최초로 교육부의 인가를 받아 설립된 2년제 전문학사 사내대학이다. 베이커리 업계 No.1 기업인 SPC그룹의 명성에 걸맞게 베이커리 전문 인력을 자체적으로 육성하고, 회사 내에서 핵심 전문 인력으로 성장해 나가는 교육 과정으로 구성되어 있다. 그뿐만 아니라 임직원 개인의 학위 취득에 대한 갈증을 해소하고 베이커리 업무 유관자의 직무 역량 강화 및 개인의 성장을 돕는 역할도 하고 있다.

사내대학의 가장 큰 장점은 회사에서 수업료, 운영비 등을 100% 부담하고, 더 나아가 교육에 참여하는 기간에 급여까지 지원하며 학생들이 학업에 열중할 수 있도록 뒷받침한다는 점인데, 임직원의 성장과 사업의 발전을 위해 적극적인 교육 투자를 아끼지 않으며 창의적 도전을 중시하는 SPC그룹의 경영철학을 알 수 있는 대목이다.

아낌없는 지원을 받으며 성장할 수 있는 기회는 신입생 선발 과정을 통해 얻을 수 있다. 근속 기간 1년 이상, 베이커리 유관 업무 담당자라면 누구나 지원할 수 있는데, 서류전형, 필기시험, 면접 등의 전형을 거쳐 최종적으로 25명 내외의 교육생을 선발한다. 매년 신입생 선발 경쟁률이 3:1에 다다를 만큼 임직원의 관심이 높다. 특히, 제과제빵 유관 직무 대상자들의 반응이 뜨겁다. 현재 1학년 24명, 2학년 23명의 학생이 학업에 임하고 있다.

SPC식품대학의 커리큘럼은 식품업에 종사하는 직원들의 역량 강화를 위해 제과제빵에 대한 전문지식뿐만 아니라 식품(외식) 전반에 대한 이론, 실습 과정도 함께 구성되었다. 또한 현장 맞춤형 인재 육성을 실현하기 위해 SPC그룹 현업 경력 10년 이상의 직무 전문가와 외부 타 대학의 우수 교수님들을 초빙하여 교육을 진행하고 있다. 이를 통해 제과제빵 및 식품(외식) 부분에 대한 균형 잡힌 전문지식과 역량을 함양할 수 있고, 졸업 후에는 현장 업무를 수행하면서 현장 직무 전문가로 성장할 수 있으며, 더 나아가 타 대학이나 대학원 진학 시 학문적 깊이를 강화해 나갈 수 있는 기반을 만들어준다.

자료 : SPC MAGAZINE. 人사이트(https://www.spcmagazine.com/%ea%bf%88%ec%9d%84-%ec%8b%a4%ed%98%84%ed%95%98%eb%8a%94-%eb%8a%a5%eb%a0%a5-%ea%b0%9c%eb%b0%9c%ec%9d%98-%ec%9a%94%eb%9e%8c-spc%ec%8b%9d%ed%92%88%ea%b3%bc%ed%95%99%eb%8c%80%ed%95%99_happy2_210526/)

4. 외식 인적자원의 유지

인적자원의 유지는 유능한 종사자가 계속적으로 일정 수준 이상의 기술, 능력, 지식 등을 유지할 수 있도록 관리하는 과정으로 인사고과와 인사이동이 있다.

1) 인사고과

인사고과performance appraisal는 외식기업 종사자의 잠재능력, 성격, 근무태도, 업무성과 등을 평가하는 제도로 개인이 맡은 과업에 대해 달성 정도를 평가할 경우 수행력 평가라고도 한다. 인사고과는 종사자의 현재 또는 미래의 능력과 업적을 비교·평가하여 인사관리활동에 필요한 정보를 획득·활용하는 체계적인 활동으로 승진, 승급, 징계 등의 상벌 결정, 종사자 적재적소 배치, 인력개발, 수행력에 대한 피드백, 기능재고 목록 개발, 모집 및 선발의 타당성 검토의 목적으로 실시하여 종사자의 동기부여 및 능력개발에 매우 중요한 요소로 작용한다.

과거 인사고과의 방법은 직속상관이 부하직원을 평가하는 방식으로 진행되었으나, 최근에는 360도 다면평가 제도가 도입되어 평가자 자신이 스스로 자기고과를 평가하는 자기평가, 동료에 의한 평가, 부하직원에 의한 평가, 고객으로부터 평가를 반영하여 다각적으로 평가하고 있다.

인사고과 방법

- 자기평가 : 자기 자신을 평가하는 방법으로 자신의 능력이나 요구사항을 적어서 보고함
- 동료평가 : 함께 일하는 동료들이 서로를 평가하는 방법
- 상행평가 : 하급자가 상급자를 평가하는 방법
- 고객평가 : 서비스 업무에 활용되는 평가로 고객이 종사자를 평가하는 방법
- 360도 다면평가 : 상급자, 하급자, 동료, 고객 등 여러 사람이 다양한 각도에서 고과자를 평가하는 방법

인사고과의 진행단계는 목적에 따라 변경될 수 있으나 일반적으로 인사고과 제도의 설계 → 성과 자료의 수집 → 성과 평가 → 고과 면담 → 최종 평가의 순서로 이루어진다 그림 8-4.

인사고과의 방법으로는 피평가자들의 상대적 서열을 정하는 상대적 인사고과 방법과 개인별 우열을 평가하는 절대적 인사고과 방법이 있다 표 8-6. 또한 인사고과를 할 때 체계적인 시스템이 없으면 현혹효과, 중심화 경향, 관대화 경향 등과 같은 평가오류를 범할 수 있다 표 8-7.

단계	내용
인사고과 제도의 설계	인사고과 시기, 고과 빈도, 고과자, 고과방법과 절차 등 인사고과 제도의 설계
성과 자료의 수집	생산성, 결근율, 교육 · 훈련 평가 등 피평가자의 성과를 평가할 수 있는 정보 수집
성과 평가	성과 자료와 고과 시스템을 근거로 평가
고과 면담	고과자는 평가 결과에 대해 피평가자와 면담
최종 평가	최종적인 평가를 공식화

그림 8-4 인사고과의 진행단계

표 8-6 인사고과 방법

인사고과 방법		내용
상대적 인사고과 방법	서열법	• 피고과자의 성과를 평가하여 직무수행력에 따라 1, 2, 3등의 순위를 결정하는 방법
	상호서열법	• 직무수행력이 가장 우수한 사람과 가장 나쁜 사람을 뽑은 후 남은 사람 중 다시 가장 우수한 사람, 가장 나쁜 사람을 뽑아서 서열을 매기는 방법
	짝비교법	• 피고과자들을 각각 두 명씩 짝을 지어 서로 비교하면서 순위를 결정하는 방법
	강제할당법	• 고과자의 엄격함이나 관대함에서 오는 오류를 피하기 위해 정규분포나 상, 중, 하 분포에 따라 강제로 인원을 할당하여 서열을 정하는 방법
절대적 인사고과 방법	도식척도법	• '평정척도법', '평가척도법'이라고도 함 • 피고과자의 성격, 능력, 자질 및 특성 등을 정해진 평가척도에 따라 수행 여부를 평가하는 방법 • 장점 : 평가결과의 계량화 및 점수화 가능 • 단점 : 평가요소의 선정이 어렵고, 주관적인 판단에 의한 오류가 발생할 수 있음
	체크리스트법	• '대조법'이라고도 함 • 정해진 체크리스트에 따라 수행 여부를 평가하는 방법으로 피고과자의 행동을 평가항목에 나열된 내용에 따라 '예', '아니오'로 평가 • 장점 : 평가가 쉽고 현혹효과가 적음 • 단점 : 피고과자의 특성과 공헌 정도를 계량화할 수 없음
	중요사건기술법	• 조직의 목표 달성에 영향을 주는 주요 사건을 기록하여 피고과자의 직무 태도와 업무수행능력을 평가하는 방법 • 장점 : 승진에 중요한 자료를 제공하고 피고과자의 장점과 공헌도를 명확하게 파악할 수 있음 • 단점 : 평가자의 주관에 따라 평가기준을 일방적으로 설정할 수 있음

인사고과 방법		내용
절대적 인사고과 방법	목표관리법	• 평가자와 피평가자가 서로 협의하여 목표를 설정하고 그 성과를 함께 측정 · 평가하는 방법 • 장점 : 피고과자가 고과 설계과정에 참여하므로 인사고과의 결과를 쉽게 수용할 수 있음 • 단점 : 목표 설정 등 과정에서 많은 시간과 노력이 필요함
	자유서술법	• 주어진 평가요소에 따라 피고과자가 자유롭게 서술하는 방법 • 장점 : 피고과자에 관한 솔직하고 자세한 정보를 제공할 수 있음 • 단점 : 피고과자 간의 평가결과를 비교하기 어렵고 객관성이 결여될 수 있음
	자기신고법	• 피고과자 자신의 능력, 업적, 특성 및 희망사항 등을 자유롭게 기술하는 방법. 인적자원관리를 위한 자료로 활용

표 8-7 인사고과 평가오류

평가오류	내용
현혹효과	피고과자의 호의적 또는 비호의적 인상이 다른 분야의 평가에 영향을 주는 오류 예 근태가 좋지 않은 조리원을 평가할 때 이와 무관한 조리실력까지도 좋지 않다고 평가하는 오류
중심화 경향	평가자가 극단적으로 좋은 평가나 나쁜 평가를 피하고 중간점수를 부여하는 오류로 피고과자에 대한 정보 부족으로 나타남
관대화 경향	평가자가 피평가자의 수행력을 실제보다 더 높게 평가하려는 오류로 피평가자를 나쁘게 평가하여 자신과 적대적인 관계를 만들 필요가 없다는 생각에서 나타남
상동적 태도(편견)	사람에 대한 고정관념 및 선입관, 즉 성별, 연령, 혈연, 지연, 종교 등의 요소에 의해 근거 없는 판단을 가지고 평가하려는 오류 예 남자 종사자가 여자 종사자보다 잠재능력이 높다고 평가하는 오류
평가표준의 차이	평가척도에 사용하는 용어에 대한 지각과 이해가 다름에서 오는 오류 예 평가자에 따라 우수, 보통, 미흡 등의 기준 해석이 달라 생기는 오류
논리오차	논리적으로 상관관계가 있다고 생각하는 특성 사이에서 나타나는 오류 예 종사자의 숙련도가 높으면 작업성과가 클 것이라고 평가하는 오류
유사성 오류	평가자의 지각하는 수준에 근거하여 종사자를 평가하는 방법 예 고과자 자신이 성실한 사람이라고 지각하는 경우 피고과자의 성실한 면만을 찾아 평가하려는 오류
시간적 오류	전체 평가기간의 실적으로 피고과자를 평가하는 것이 아니라 최근의 실적을 중심으로 평가하여 발생하는 오류
대비오류	평가순서에 의해서 발생하는 오류 예 잘하는 종사자를 평가한 후 평균 수준의 종사자를 평가할 경우 보통 점수 이하의 낮은 평가를 받을 수 있는 오류

2) 인사이동

인사이동은 변화하는 조직의 환경 속에서 효율적인 업무를 수행하기 위하여 필요하며, 인사이동의 종류에는 전직, 승진, 좌천, 이직, 징계가 있다 표 8-8.

표 8-8 인사이동의 종류

인사이동	내용
전직transfer	• '전근'이라고도 함 • 조직 내 동일 또는 유사한 직무 수준의 다른 직무로 수평 이동하는 것
승진promotion	• 조직도상에서 현 직위보다 상위 수준의 직위로 수직 상향하는 것 • 더 많은 급여와 직위를 제공하고, 직무의 기술과 책임이 확대됨
좌천demotion	• '강등'이라고도 함 • 기술과 책임 등의 측면에서 하위단계로 이동하며, 경제적인 손실 동반함
이직separation	• 조직에서 고용이 종료되는 것을 의미 • 자발적 이직 : 사직, 휴직 - 사직 : 자발적으로 조직을 떠나는 것 - 휴직 : 병가, 출산 등의 특정사유로 일정 기간 직무를 수행하지 않는 것 • 비자발적 이직 : 해고, 정년퇴직, 레이오프(귀휴) - 해고 : 고용주가 종사자의 고용 계약을 해제하는 것으로 종사자에 대한 징계 일환으로 발생 - 정년퇴직 : 단체협약규정과 취업규칙 등에 명시된 일정 연령이 되면 노동계약에 의해 조직을 떠나는 것 - 레이오프(귀휴) : 조직의 사정에 의하여 일시적으로 해고되는 것으로 조직이 경영부진으로 인원을 줄여야 되는 경우 발생
징계discipline action	• 조직의 정책 또는 규칙을 준수하지 않거나 일반적인 행동에서 벗어나 조직의 목적 달성에 위협을 줄 경우 제제를 가하는 것 - 강등, 해고

5. 외식 인적자원의 보상

1) 직무평가

직무평가job evaluation는 직무의 중요성, 위험성, 책임성을 평가하고 다른 직무와 비교하여 직무의 상대적 가치를 결정하고 가치에 따라 서열을 부여하는 과정이다. 직무평가는 직무기술서와 직무명세서를 기초로 합리적인 임금체계를 수립하는 데 목적이 있으며,

용도는 다음과 같다.

- 조직 내 직무의 기본임금과 공정한 임금구조를 위한 기준 마련
- 새롭게 변경된 직무에 적용할 수 있는 임금 책정방법을 제공
- 종사자 및 노동조합에게 단체교섭에 필요한 임금 결정을 위한 자료 제공

직무평가는 직무분석에서 직무기술서와 직무명세서를 작성하는 것에서 시작하여 기술, 노력, 책임, 작업조건 등의 평가요소의 선정, 평가방법의 선정, 직무가치의 기준에 근거하여 임금을 결정하는 순서로 이루어진다 그림 8-5.

직무분석	인사고과 시기, 고과 빈도, 고과자, 고과방법과 절차 등 인사고과 제도의 설계
평가요소의 선정	• 기술(skill) – 지능적 기술, 육체적 기술 • 노력(effort) – 육체적 노력, 정신적 노력 • 책임(responsbility) – 기구/과정, 재료/제품, 안전, 직무 • 작업조건(working condition) – 작업환경조건, 위험도
평가방법의 선정	• 비계량적 평가 – 서열법, 분류법 • 계량적 평가 – 점수법, 요소비교법
직무서열화	직무평가 결과에 근거
임금 결정	직무가치 기준에 근거

그림 8-5 직무평가의 단계

2) 직무평가의 방법

직무평가 방법에는 비계량적 평가와 계량적 평가방법이 있다. 비계량적 평가방법에는 서열법과 분류법이 있으며, 계량적 평가방법에는 점수법과 요소비교법이 있다.

(1) 서열법

서열법ranking method은 가장 오래된 방법으로 직무의 상대적인 가치를 비교하여 직무를 서열화하는 방법이다. 서열법은 간단하여 신속하게 직무를 평가할 수 있는 장점이 있고, 평가할 직무의 수가 많고 복잡할 경우 이용하기 어려운 단점이 있다.

(2) 분류법

분류법classification method은 동일한 가치의 직무에 같은 임률과 승진 속도를 적용하고자 고안된 것으로 사전에 직무의 등급기준표를 작성하고, 그 기준에 따라 직무를 평가하여 해당 등급에 포함시키는 방법이다. 분류법은 비교적 간단하고 이해하기 쉽다는 장점이 있고, 직무의 분류기준이 모호하고 부정확하면 평가가 어려운 단점이 있다.

(3) 점수법

점수법point rating method은 직무를 평가요소별로 분류하여 중요성에 따라 점수를 부여하여 직무의 가치를 평가하는 방법이다. 점수법은 이해하기 쉽고 상대적인 차이를 결정할 수 있다는 장점이 있는 반면 평가요소의 선정과 중요성 결정시 평가자의 주관적인 판단이 개입될 수 있는 단점이 있다.

(4) 요소비교법

요소비교법factor comparison method은 주요한 몇 개의 대표직무를 선정하고 평가하고자 하는 직무를 요소별로 구분하여 직무의 중요도를 대표직무와 상호 비교·평가하여 임률을 결정하는 방법이다. 요소비교법은 평가기준이 금액단위로 표시되어 별도의 임금산출 작업을 할 필요가 없으며, 평가기준이 구체적이어서 비교가 쉽다는 장점이 있다. 반면에 대표직무의 선정이 어렵고 임률을 평가요소별로 배분하는 것이 어렵다는 단점이 있다.

3) 보상의 종류

보상은 사용자가 노동의 대가로 종사자에게 지불하는 금전적 또는 비금전적 대가를 의미한다. 금전적 보상은 근로의 대가로 주어지는 경제적 보상을 말하며, 기본급, 부가급, 상여금 등의 임금wage, 직접적 보상과 보험, 주택지원, 의료지원과 같은 복리후생fringe benefit, 간접적 보상이 있다. 비금전적 보상에는 직무와 관련된 경력개발 기회 제공, 승진 기회 제공, 쾌적한 직무환경 제공, 사회심리적인 보상 등이 있다 그림 8-6 표 8-9.

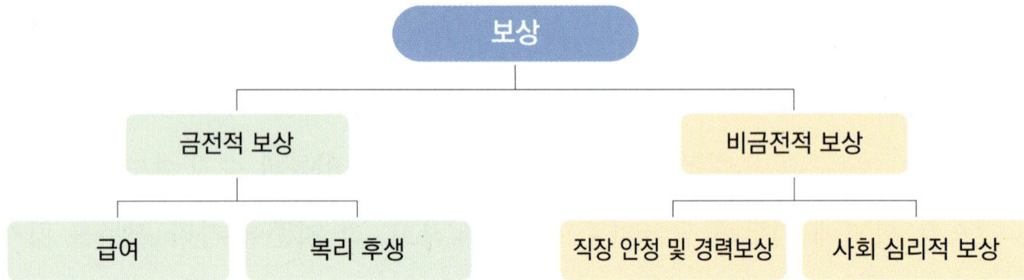

그림 8-6 보상체계

표 8-9 경제적 보상의 종류

보상의 종류			내용
직접적 보상 (임금)	기준임금	기본급	• 기본급 : 임금과 봉급에 준하는 기본 급여 임금 중 가장 중요한 항목으로 상여금과 퇴직금의 산정기준 결정기준에 따라 연공급, 직무급, 직능급, 성과급 등으로 분류 - 연공급 : 호봉급이라고도 함. 근무연수에 비례하여 임금이 변화하는 체계 - 직무급 : 동일 직무에 동일 임금의 원칙을 적용하여 직무에 따라 임금을 산정하는 방법 - 직능급 : 직무수행능력에 따라 임금의 차이를 두는 방법 - 성과급 : 종사자의 성과에 따라 임금을 산정하는 방법
		부가급	• 정상 근무수당: 직무수당, 근속수당, 안전수당, 교통수당 등
	기준외 임금		• 기준 외 임금 : 기본급에 덧붙여 근로조건에 따라 차이를 두고 지급 특별 근무수당(연장근로수당, 야간근로수당, 휴일근로수당 등)
	상여금		• 보너스, 인센티브 등으로 불림 • 기본급과 부가급을 제외하고 부정기적으로 지급되는 임금
	퇴직금		• 일정기간(1년) 이상 근무한 종사자가 퇴직할 때 받는 임금 • 근로자퇴직보장법 제2장 8조: 계속 근로 연수 1년에 대하여 30일분 이상의 평균임금을 퇴직금으로 지급하도록 명시함
간접적 보상 (복리후생)	법정복리후생		• 복리후생 : 종사자와 가족의 생활 수준을 향상시킬 목적으로 제공하는 임금 이외의 급여 • 법률에 의해 의무적으로 가입해야 하는 사회보험 예) 건강보험, 국민연금보험, 산업재해보상보험, 고용보험
	비법정 복리후생		• 기업이 자율적으로 종사자에게 제공하는 복리후생으로 경제적 복리후생(교육비 지원, 주택자금 지원, 금융지원), 보건위생 복리후생(질병치료와 예방을 위한 제도 및 시설 제공) 등이 해당

CJ푸드빌의 복리후생제도

복리후생

보상·급여	생활·편의	교육
• 4대 보험적용 • 야간, 심야, 휴일 수당 지급 • 경조사비 지원 • 장기 근속 보너스 지급	• 건강검진 • CJ푸드빌 브랜드 35%할인 (외식브랜드) • CGV관람권 지급(연6회) • 항공권 할인(최대 10%)	• 서비스&위생교육 • 스테이크마스터 • 와인 소믈리에 • 커피 마스터 등

자료 : CJ 푸드빌 홈페이지(https://www.cjfoodville.co.kr/recruit/intern_manager.asp)

스타벅스의 복리후생제도

안정된 생활	**4대보험 가입**	국민연금, 건강보험, 고용보험, 산재보험에 가입됩니다.
	교육비 지원	직급과 근속년수에 따라 유치원부터 대학까지 자녀교육비를 지원하는 제도입니다.
건강한 생활	**건강진단**	파트너의 보건생활을 향상시키고자 정기건강진단, 간부종합진단 등을 매년 실시합니다.
	의료비 지원	건강보험으로 처리할 수 있는 질병이나 사고로 인하여 일정액 이상의 의료비 발생시 의료비를 지원합니다.
풍요로운 생활	**경조제도**	결혼, 수연, 조의, 출산 등의 경우에 직급과 대상에 따라 경조금 및 경조휴가를 부여합니다.
	휴가제도	연차휴가, 연중휴가, 경조휴가, 포상휴가 등을 운영하고 있습니다.
	휴양시설 지원	휴가생활 편의를 위해 전국 제휴 호텔 패키지를 제공합니다.
	파트너시음용원두 지급	월 1회 파트너시음용 원두를 지급합니다.
신세계그룹 임직원 할인 혜택		사원증 또는 임직원 신용카드를 통해 신세계백화점, 이마트, 스타벅스, 제휴호텔, 프리미엄 아울렛 등 신세계 계열사 사업장에서 임직원 할인 등 다양한 혜택을 받을 수 있습니다.
신바람나는 일터	**포상제도**	우수한 실적 및 탁월한 서비스 등에 대한 포상제도를 운영하고 있습니다. 포상 대상자에게는 해외견학 등 다양한 부상이 주어집니다.

자료 : 신세계 채용 홈페이지(http://job.shinsegae.com/job_intro/starbucks/starbucks05.jsp)

썬앳푸드의 복리후생제도

자료 : 썬앳푸드 홈페이지(http://www.sunatfood.com/detail/2833)

CHAPTER

9

외식 원가관리

1. 원가의 이해
2. 원가관리
3. 재무제표

학습목표

1. 원가의 개념을 이해한다.
2. 원가관리를 이해한다.
3. 재무제표를 이해하고 효과적으로 활용한다.

1. 원가의 이해

1) 원가의 개념

원가cost는 제품의 제조, 생산 및 판매를 위하여 소비된 재화나 용역의 경제가치different costs for different purposes를 의미한다.

외식 원가는 음식을 생산하여 제공하기 위해 소비된 경제적 가치를 말하며 식재료비, 인건비, 수도광열비, 통신비 등의 비용이 소요된다.

(1) 원가의 3요소

① 재료비material cost : 음식 생산을 위해 식재료 구입에 소요된 비용

② 노무비labor cost : 외식 종사자들의 급여, 임금, 각종 수당, 상여금, 퇴직금 등

③ 경비overhead cost : 식재료비와 인건비를 제외한 수도광열비, 전력사용료, 소모품비, 관리비, 교통비, 통신비, 회의비, 교육훈련비, 보험료, 감가상각비 등

(2) 원가의 분류

① 제품 생산 관련성에 따른 분류

- 직접비 : 특정 제품의 생산을 위해 사용된 비용(직접재료비, 직접인건비, 직접경비)
- 간접비 : 여러 제품에 공통 또는 간접적으로 사용된 비용[(간접재료비, 간접인건비, 간접경비(감가상각비, 수도, 전기, 가스, 보험료)]

② 생산량과 비용에 따른 분류

- 고정비 : 생산량 증감에 관계없이 고정적으로 발생하는 비용으로 지급 임차료, 감가상각비, 세금, 보험, 수선유지비, 수도광열비
- 변동비 : 생산량의 증감에 따라 증가 또는 감소하는 비용으로 식재료비, 직접노무비
- 반변동비(혼합비용) : 고정비와 변동비의 성격을 동시에 갖고 있는 비용으로 시간제 종업원 임금

(3) 원가의 구성

① 직접원가

특정 제품의 생산을 위하여 직접적으로 소비된 원가

② 제조원가

직접원가에 일정 기준에 의해 배정된 제조 간접비(간접재료비, 간접인건비, 간접경비)를 합한 생산원가

③ 총원가

제조원가에 판매비와 일반관리비를 가산한 금액으로 제품의 제조에서 판매에 이르기까지 발생한 모든 원가

④ 판매가격

총 원가에 일정한 이윤을 가산한 금액

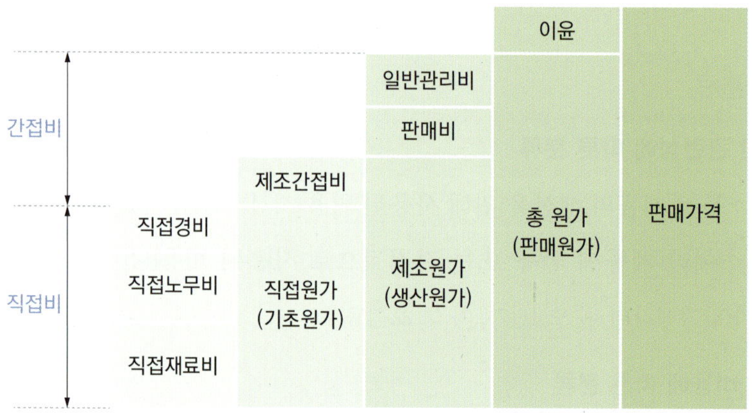

그림 9-1 원가의 구조
자료 : 문운당

2. 원가관리

원가관리는 원가계산을 바탕으로 경영활동 전반을 합리화하고 원가절감을 도모하는 경영활동이다. 외식기업에서는 식재료비, 인건비 및 기타 운영경비 등을 파악하여 원가

관리 계획을 세우고 손익관리를 효율적으로 수행해야 한다.

원가관리의 목적은 판매가의 조정, 운영 예산수립, 새로운 기기 구입 및 시설 개선, 원가표준을 정하고 실제로 발생한 원가를 표준과 비교하여 차이를 분석하는데 있다.

1) 원가계산

원가계산은 일정 기간 소비된 모든 원가를 그 기간 동안의 생산량으로 나누어 산출하고 미리 설정된 표준원가와 음식 생산에 사용된 실제원가를 비교하여 차이의 원인을 분석하는 과정이 필요하다.

표준원가는 제품 생산에 필요한 작업시간, 재료 사용량, 제조 기술 및 작업의 관점에서 과학적으로 측정하고 화폐가치로 환산한 원가이다.

외식기업에서 표준원가 계산을 위해서는 1인 분량, 표준 레시피, 구매 명세서와 표준 산출률이 필요하다.

(1) 식재료비 원가

음식 생산을 위해 식재료 구입에 소요된 비용으로 주식비, 부식비 등이 있다.

- 한달 식재료비 = 월초의 식재료 재고량 + 한달간 식재료 구매량 - 월말의 식재료 재고량
- 판매된 식재료의 총원가 = 소비된 식재료 총원가 - 직접적으로 음식판매에 사용하지 않은 식재료 + 타업장에서 반입된 식재료

(2) 식재료비 비율

전체 매출액 중 식재료비가 차지하는 비율이며 외식기업에서는 식재료 원가를 통제하는 중요한 수단이다.

$$식재료비\ 비율[\%] = \frac{식재료비}{매출액} \times 100$$

(3) 인건비

인건비는 제품 생산을 위해 소비되는 노동력에 대한 가치 또는 그와 관련하여 지급되는 비용으로 외식기업에서는 원가 구성의 큰 비중을 차지하고 있다.

- 인건비 비율[%] = $\frac{\text{인건비}}{\text{매출액}} \times 100$
- 정규직 환산인원 = 총 노동시간 ÷ 필요기간의 정규직 법정 근로기준 시간

(4) 경비

제품의 생산을 위해 소비되는 원가 중에서 재료비와 인건비를 제외한 모든 원가요소이며 지급경비, 월할경비, 측정경비로 구분된다.

지급경비는 실제로 지급한 금액 또는 지급청구액이 있을 때 계산되는 경비이며 여비 교통비, 운임비, 통신비, 접대비, 외주가공비, 복리후생비, 수선유지비 등이 있다.

월할경비는 일정 기간 발생한 총 경비를 월별로 분할 계산하는 경비이며 감가상각비, 보험료, 지급 임차료, 조세 공과금, 특허권 사용료 등이 있다.

측정경비는 그 달의 실제 소비량을 측정계기에 의해 산정한 경비이며 전기비, 가스비, 수도광열비 등이 있다.

(5) 손익분기점

손익분기점break even point은 매출액과 그 매출을 위해 소요된 모든 비용이 일치되는 점으로 투입된 비용을 완전히 회수할 수 있는 판매량이 얼마인가를 나타내준다.

외식기업에서 손익분기점 이상의 매출을 올리면 총수입의 증가로 이익이 발생하게 되며, 판매량이 그 이하이면 총비용의 증가로 손실이 발생한다.

외식기업에서 손익분기점 분석은 원가관리를 위한 중요한 수단이 된다.

(6) 감가상각비

고정자산의 소모, 손상에 의한 가치 감소를 연도에 따라 할당해 자산 가격을 감소시켜

나가는 것으로 이때 감가된 금액을 감가상각비라고 한다.

감가상각비의 계산방법에는 정액법과 정률법이 있으며, 정액법은 고정자산의 감가 총액을 내용 년수로 균등하게 할당하는 방법으로 매년 일정액의 감가상각비를 산출한다.

정률법은 구입가격에서 감가상각비 누계를 차감한 금액에 매년 일정한 비율을 곱해 계산한다.

정액법 계산방법

- 매년 감가상각액 = $\frac{\text{구입가격 - 잔존가격}}{\text{내용년수}}$
- 내용년수 = 사용가능 총 기간

3. 재무제표

일정 기간 외식기업의 경영 상태를 보여주는 회계보고서를 재무제표라고 하며 기업의 자산상태, 경영성과, 현금의 변동사항, 이익금에 대한 처분 내용 등과 같은 재무정보를 제공하기 위해 작성한다. 일반적으로 재무제표에는 재무상태표, 손익계산서, 현금흐름표 등이 있다.

1) 재무상태표

가장 기초적인 재무보고서로 일정 시점에서 외식기업의 재무상태를 보여준다.

재무상태표balance sheet는 자산, 부채, 자본으로 표시되며, 기업의 영업활동에 사용되는 자산이 어떠한 형태로 얼마만큼 있으며 그것이 어떠한 자본으로 조달되고 있는가를 나타낸다.

자산 = 부채 + 자본

(1) 자산

자산asset은 기업이 소유하고 있는 재산으로 유동자산과 고정자산으로 분류된다.

유동자산은 단기간 내에 현금화가 가능한 자산을 말하며 현금, 예금, 유가증권, 외상매출금, 재고 상품 등이 해당된다.

고정자산은 토지, 건물, 기구, 비품 등과 같이 투자목적 또는 영업활동에 사용할 목적으로 장기간 보유하는 자산이다.

(2) 부채

빚을 내어 조달한 자금을 부채liability라고 하며 현금화 가능 여부에 따라 유동부채와 고정부채로 구분된다.

유동부채는 보통 1년 이내에 상환해야 하는 부채로 외상 매입금, 지급어음, 미지급금 등이 포함된다.

고정부채는 상환기일이 1년 이후인 부채를 말하며 장기차입금, 사채 등이 있다.

(3) 자본

자본capital은 자산에서 부채를 차감하고 남은 잔여지분으로 자산을 요구할 수 있는 권리를 말한다.

총자산에서 타인 지분인 총 부채를 제외한 잔액만이 소유자의 지분으로 귀속된다.

2) 손익계산서

손익계산서income statement는 일정기간 기업의 영업활동에 대한 경영 성과를 보여주는 회계자료이며 수익, 비용, 순이익의 세 가지 요소로 구성되어 있다

수익은 일정 기간 벌어들인 돈으로 영업활동 관련 여부에 따라 매출액, 영업 외 수익, 특별이익 등으로 구분된다.

비용은 일정 기간 수익을 얻기 위해 지출한 경비를 말하며 매출원가, 판매비, 일반관리비, 영업 외 비용, 특별손실, 세금 등이 포함된다.

순이익은 발생한 수익에서 비용을 차감한 것으로, 수익이 비용보다 높은 경우에는

순이익이 발생한다.

3) 현금흐름표

현금흐름표statement of cash flows는 일정 기간 외식기업의 현금흐름을 나타내는 재무보고서로 현금의 유입과 유출에 대한 정보 제공 및 현금흐름의 변동 상황을 파악할 수 있다.

현금 흐름표는 영업활동, 투자활동 및 재무활동으로 인한 현금흐름을 구분하여 표시하고 기초의 현금을 가산하여 기말의 현금을 산출하는 형식으로 표시한다.

외식기업에서 손익계산서나 재무상태표는 현금 자체의 변동을 자세히 보여주지 못하므로 현금 흐름표 등 3개 재무제표를 독립적, 종합적으로 분석하고 활용해야 한다.

4) 재무제표의 분석

재무제표 분석은 재무제표를 통해 외식기업의 재무상태를 분석하는 것으로 이를 바탕으로 과거의 재무성과를 평가하고 향후 기업의 성장성, 수익성, 안정성 등을 전망하는 것을 목적으로 한다.

재무제표의 분석방법은 재무비율 분석이 가장 많이 활용되며 재무제표의 구성 항목 중에서 상관성이 있는 것을 선택하여 비율로 산출하는 것이다.

재무비율 분석에서 지속적으로 검토해야 할 지표는 수익성, 안전성, 성장성, 활동성, 유동성 비율 등이 있다.

수익성 비율은 외식기업의 이익 창출능력을 나타내는 비율이며 영업성과를 요인별로 분석 및 검토하기 위한 지표로 이용된다.

안전성 비율은 외식기업의 채무를 지급할 수 있는 능력을 의미하며 단기채무 지불능력인 유동성과 경기대응능력을 측정하는 지표로 활용된다.

성장성 비율은 외식기업의 경영규모와 기업활동의 성과가 얼마나 증가하였는가를 나타내는 지표로 기업의 수익창출능력을 나타낸다.

활동성 비율은 매출액으로 활동성의 정도를 평가하는 지표이며 외식기업은 수익 증대를 목적으로 투입된 자본을 끊임없이 회전시키는데 이에 따른 성과는 매출액으로 나타난다.

유동성 비율은 기업의 단기채무에 대한 지급능력을 측정하는 지표로 재무구조 안정성을 측정하는 비율이다.

매출분석

외식기업에서 매출분석은 매출액의 증감 추세와 원인을 파악하고 추후 매출계획을 세우는 데 도움을 줄 수 있다.

(단위: 원, %)

점 명	브랜드명 OO점 (OO월)			비 고
항 목	금 액		비 율	
총 매출	48,947,500		100.0%	
순매출액	43,999,000		89.9%	
(현금매출)		16,759,000	34.2%	
(카드매출)		27,240,000	55.7%	
매출할인	4,948,500		10.1%	할인 행사
매출원가	26,314,460		53.8%	
제품 매출원가	26,314,460		53.8%	
본사물품		23,962,560	49.0%	
거래처 1		2,351,900	4.8%	
			0.0%	
			0.0%	
매장		25,240	0.1%	
매출총이익	22,633,040		46.2%	
판매관리비	16,201,720		33.1%	
급여와 임금	10,877,500		22.2%	
급여		5,460,600	11.2%	
급여외		5,416,900	11.1%	파출, 파트사원
복리후생비	117,450		0.2%	
부식		117,450	0.2%	
회식			0.0%	
보험료		0	0.0%	
수도광열비	171,810		0.4%	
수도		0	0.0%	
전기		0	0.0%	
가스		171,810	0.4%	

점 명	브랜드명 OO점 (OO월)			비 고
항 목	금 액		비 율	
세금과 공과			0.0%	
지급임차료		4,800,000	9.8%	
접대비			0.0%	
광고선전비			0.0%	
비품			0.0%	
소모품			0.0%	
수선비			0.0%	
교통비			0.0%	
통신비		22,560	0.0%	
지급수수료			0.0%	
잡비		212,400	0.4%	쓰레기 봉투, 음식물 쓰레기, 매트 청소
영업이익	6,431,320		13.1%	
프라임코스트 (인건비 + 매출원가)	37,191,960		76.0%	목표 : 65%

CHAPTER

10

외식 창업

학습목표

1. 외식 창업의 개념 및 절차를 이해한다.
2. 외식 창업을 위한 사업타당성을 분석한다.
3. 창업 콘셉트 및 메뉴 개발을 이해한다.
4. 외식서비스와 마케팅관리 및 사례를 이해한다.
5. 상권과 입지 분석 및 사례를 이해한다.
6. 창업 세무관리 및 개점 준비를 이해한다.

1. 외식 창업의 개요

1) 외식 창업의 개념

외식 창업은 개인이나 단체(법인)이 사업 아이디어를 바탕으로 사업목표를 수립하고 경영자원을 확보한 후, 음식과 서비스를 생산, 판매하는 조직과 시스템을 만드는 것이다.

외식 창업에 필요한 요소에는 창업자의 자질, 창업 아이템, 인적자원, 재무자원, 점포 등이 있다.

외식 창업자는 성공적인 창업을 위해 목표 설정, 외식 환경분석, 상권과 입지 분석, 푸드테크 등 현대화된 외식 시스템 조사 및 창업관련 교육 참여 등 다양한 정보를 수집하고 사전 준비를 철저히 해야 한다.

2) 외식 창업의 분류

(1) 업종과 업태

외식 창업의 업종은 한식, 양식, 일식, 중식, 이탈리아, 에스닉 푸드 등이 있으며, 업태는 다이닝, 캐주얼 다이닝, 패스트 캐주얼, 패스트푸드 등으로 구분할 수 있다.

(2) 투자 형태

외식 창업의 유형은 투자 형태에 따라 독립, 위탁 및 프랜차이즈 창업으로 구분할 수 있다.

독립창업은 개인자금으로 필요한 시설을 갖추어 직접 운영하는 것으로 창업자의 경우에는 위험성을 감수해야 하므로 충분한 경험과 지식이 있어야 한다.

위탁창업은 외식경영전문가에게 창업 및 경영을 위탁하는 형식이며 프랜차이즈 창업은 외식기업이 가맹점 형태로 운영하는 방식이다. 프랜차이즈 창업은 외식기업의 브랜드, 경영시스템 등을 지원받아 창업하므로 안전성이 높으나 가맹비, 로열티 등의 부담이 있다.

독립, 위탁 및 프랜차이즈 창업은 경영 측면에서 장단점이 존재하므로 예비창업자는 이러한 부분을 철저히 검토 한 후 투자 형태를 결정해야 한다.

(3) 점포 보유 여부

외식 창업은 점포 보유 여부에 따라 점포창업과 무점포창업으로 구분할 수 있다.

점포창업은 점포의 형식을 갖춘 공간이 있는 음식점 창업이며, 무점포창업은 온라인을 이용한 외식 창업 및 푸드트럭 등이 있다.

2. 창업 콘셉트 개발

외식 콘셉트는 이미지로 보이는 것으로 메뉴, 품질, 서비스, 식자재, 위치, 경영 형태, 분위기, 가격 등에 의해 결정된다.

콘셉트는 외식 업체만의 차별화된 가치와 특성을 전달할 수 있으며 고객 행동에 영향을 줄 수 있다. 따라서 외식 창업 시 콘셉트를 개발할 때에는 해당 상권에 맞는 업종과 업태를 결정하고 목표고객을 선정한 후 메뉴, 인테리어, 서비스 마케팅 등을 통해 긍정적인 브랜드 이미지를 구축하고 타 업체와의 차별화를 모색해야 한다.

1) 창업 콘셉트 개발 프로세스

(1) 외부환경 분석

① 거시환경 분석political, economic, social and technological analysis

기업의 활동과 성과에 영향을 줄 수 있는 정치적, 경제적, 사회적, 기술적 요인 등을 파악하는 분석기법으로 이러한 요인 분석을 통해 기회와 위협요인을 도출한다.

거시환경 분석을 위한 체크리스트는 필요에 따라 외식창업에 필요한 내용으로 수정하여 사용할 수 있다 표 10-1.

② 산업환경 분석

산업 동향, 시장, 기술, 수명주기, 유통채널 등의 분석을 통해 기회요인과 위협요인을 도출할 수 있다.

산업환경 분석의 내용은 산업 트렌드, 시장규모와 성장성, 기술 및 원가구조, 산업의

표 10-1 거시환경 분석 체크리스트

환경요인	분석내용	기회요인	위협요인	시사점
정치적, 법적 환경요인(P)	정부의 안정성과 변화 가능성, 관료, 부패 수준, 조세 정책, 언론의 자유, 규제/탈규제, 무역 통제, 수입 제한, 관세, 대회 규정, 노동 조합 및 협약에 대한 정부 개입, 환경법, 교육법, 독점 금지법, 차별법, 저작권, 특허/지적 재산권법, 소비자 보호 및 전자상거래, 근로 계약서, 보건 및 안전법, 데이터보호법, 환경 오염을 규제하는 법규 등			
경제적 환경요인(E)	성장률, 인플레이션율, 이자율, 환율, 실업 추세, 노동 비용, 경기 순환 단계, 여신 가용성, 무역 흐름과 패턴, 소비자 가처분 소득 수준, 통화 정책, 재정 정책, 가격 변동, 주식 시장 동향, 날시, 기후 변화 등			
사회, 문화적 환경요인(S)	건강 의식, 교육 수준, 수입 상품 및 서비스에 대한 태도, 일·여가·경력 및 은퇴에 대한 태도, 제품 품질 및 고객 서비스에 대하 태도, 저축과 투자에 대한 태도, 안전 강조, 라이프 스타일, 구매 습관, 종교와 신념, "녹색" 또는 생태 제품에 대한 태도, 재생 가능 에너지에 대한 태도와 지원, 인구 증가율, 이민 및 이민율, 연령 분포 및 기대 여명 비율, 성 분배, 평균 가처분 소득 수준, 사회 수업, 가족 크기 및 구조, 소수민족 등			
기술적 환경요인(T)	기본 인프라 수준, 기술 변화율, 연구 개발비 지출, 기술 인센티브, 기술 관련 법규, 업계의 기술 수준, 통신 인프라, 최신 기술에 대한 엑세르, 인터넷 인프라 및 침투 등			

수명주기, 유통채널 등이 있다.

③ 경쟁환경 분석

구매자 교섭력, 공급자 교섭력, 대체재의 위협, 새로운 경쟁자의 위협, 기존 업체들 간의 경쟁 등이 있다.

④ 소비자행동 분석

소비자의 욕구 발생 단계에서 부터 실제 구매에 이르는 과정까지 외부 환경에 어떻게 영향을 받는지 분석하는 것이다.

소비자행동 분석요소에는 정보처리 과정, 구매 의사결정 과정, 소비자 행동의 영향요인 등이 있다.

(2) 내부환경 분석

내부환경 분석은 기업의 경영현황을 진단하고, 사업을 추진하는 데 필요한 내부 역량을 분석하는 것이다. 내부역량은 기업 경쟁력의 기반이 되는 조직역량으로 유형 및 무형자산을 포함하는 경쟁역량을 의미한다.

내부환경 분석은 과거 성과와의 비교, 산업 진화 단계에 따른 평가, 경쟁사와의 비교, 산업 내 핵심 성공요인과의 비교를 통해 자사의 강점과 약점을 진단하고 경쟁적 위상을 평가할 수 있다.

(3) 스왓SWOT 분석 및 전략 도출

① SWOT 분석

기업의 환경분석과 내부능력 분석 결과를 종합하여 전략 방안을 도출하는 분석 기법으로 기업의 환경분석을 통해 강점strength, 약점weakness, 기회opportunity 및 위협threat 요인을 규정하고 이를 토대로 전략을 수립하는 것이다.

SWOT 분석은 환경 기회와 내부적 강점을 활용하여 외부적 환경과 기업의 약점을 최소화하고 기업이 처한 대내외의 상황에 대한 체계적인 분석과 기업이 선택 가능한 전략 대안들을 도출하는 것이다.

② SWOT 분석을 통한 전략

- SO(Strengths, Opportunities), 시장기회 선점 및 다각화 전략 : 기회의 이익을 얻기 위해 강점이 이용되는 전략, 기회의 이익을 얻기 위해 강점이 이용되는 전략, 이 경우에는 공격적, 성장 지향적인 전략이 바람직하다.
- ST(Strengths, Threats), 시장침투 및 제품확충 전략 : 위협을 회피하기 위해 강점을 이용하는 전략, 강점이 많은 기업 임에도 불구하고 환경여건이 불리한 상황, 다른 제품 시장에서 현재의 강점을 활용하는 전략, 즉 다각화 전략이 바람직하다.
- WO(Weaknesses, Opportunities), 핵심역량 강화 및 전략적 제휴 전략 : 약점을 극복함으로써 기회를 활용하는 전략, 시장의 기회는 풍부하나 내부 능력의 취약성으로 기회 활용이 제약받고 있는 상황, 내부 약점의 단기적 개선을 통해 기회를 적극적으로 포착하는 것이 필요하다.

- WT(weaknesses, threats), 철수 및 집중화 전략 : 위협을 회피하고 약점을 최소화하기 위한 전략, 기업의 가장 불리한 상황으로서 환경도 좋지 않고 내부 능력도 취약한 경우, 사업을 축소하거나 전략 방향의 재조정 등 방어적 전략이 요구된다.

③ 시장침투전략(STP 전략)

시장침투전략은 시장세분화segmentation, 목표시장 선정targeting, 포지셔닝positioning을 의미한다.

시장세분화는 제품에 대한 니즈, 인구통계학적, 심리학적, 지리적 등 일정한 변수에 따라 집단으로 구분하여 전체 시장을 나누는 것이다. 목표시장 선정은 세분화된 각각의 시장의 매력도를 고려하여 제품에 맞는 시장을 선정하는 것으로 시장표적화라고도 한다. 포지셔닝은 세분화된 시장을 목표로 설정하여 제품을 어떠한 이미지로 각인시킬 것인가를 결정하는 활동이다.

2) 창업 콘셉트 개발 사례

(1) 꼬장마차

외식기업 꼬장마차는 실내 포장마차이며 20대 초반의 학생들을 메인 타깃으로 창업하였다. 일반 포장마차에서 먹을 수 없는 특별한 메뉴(안주)와 다양한 이벤트 콘셉트를 바탕으로 골목 상권에서 고객을 유치하고 있다.

표 10-2 꼬장마차의 콘셉트 차별화

메뉴	이벤트
• 차돌박이 부추 • 크림 떡복이 • 자연산 홍합(섭) 탕 • 꼬장마차 칵테일(쏘리 세트) 등	• 복불복 게임 • 생일자 불쇼 이벤트 • 소주 뚜껑 숫자 맞추기 등

(2) 마녀주방

마녀주방은 1년 365일을 할로윈 콘셉트로 운영하며 마녀가 차려준 듯한 음식 제공 및 메뉴에 스토리텔링을 활용하여 손가락 쿠키, 해골 계란 등으로 플레이팅한다. 또한 차별화된 인테리어 콘셉트를 기획하여 어느 지점을 방문해도 새로운 즐거움을 느낄 수 있도록 하였다.

① 고객층 콘셉트

마녀주방은 전국 30개 지점 리미티드 오픈을 지향하고 각 지역의 메인상권에만 입점한다. 각 지역의 메인 상권은 마녀주방의 주 고객층인 20대 초반부터 30대 초반까지의 연령대가 밀집되어 있으며, 경제에 민감하지 않고 트렌디한 외식을 추구하는 사람들을 위한 콘셉트를 개발하였다.

② 메뉴 콘셉트

마녀주방은 주변 상권의 동종 레스토랑에서 맛볼 수 없는 색다른 이탈리안 메뉴 콘셉트를 바탕으로 마녀가 차려주는 듯한 독특한 메뉴 플레이팅과 색다른 맛을 제공하고 있다. 또한 트렌드에 맞는 시즌 메뉴를 출시하여 고객의 요구 및 가치를 극대화한다.

③ 가격 콘셉트

마녀주방에서는 주 고객층인 20대에 맞춘 가격 콘셉트로 파스타 9,000~13,500원, 피자 13,500~15,500원으로 구성하였다.

직영점 및 가맹점은 가격 경쟁력에 부담을 느끼지 않도록 공동구매 형식의 유통방식을 채택하여 원가 절감을 하고 있다.

④ 인테리어 콘셉트

마녀주방은 어느 지점을 방문하더라도 새로운 느낌을 줄 수 있도록 다양한 인테리어 콘셉트를 개발하였다.

고객들이 일상에서 경험하지 못한 이색적인 공간에서 재미있는 식사를 통해 즐거운 미래를 꿈꿀 수 있으며 마녀가 차려주는 듯한 독특한 플레이팅과 색다른 음식의 맛을 통해 즐거운 식문화 공간을 경험하도록 하였다.

표 10-3 마녀주방의 메뉴 및 인테리어 콘셉트

구분	내용		
	마녀의 호러상점	마녀의 별장	마녀의 박물관
지점	• 강남점 • 대학로점 • 신촌점 • 부평점	• 홍대점 • 천안점 • 성신여대점	• 안양엔터식스점
메뉴 콘셉트	넓적다리스테이크(손가락쿠키) 	김치칠리라이스(해골 후라이) 	고구마피자(거미줄 데코) 
인테리어 콘셉트			

자료 : ㈜BY4MFNT

3. 사업타당성 분석(사업성 분석)

사업타당성 분석은 창업 혹은 신규로 진출하고자 하는 사업의 가치를 평가하는 것이다. 기술, 시장 점유율, 경제성 등의 총체적인 분석을 통해 가치를 측정하는 과정으로 목표하는 투자수익률을 달성할 수 있을지를 판단하는 활동이다.

사업타당성 분석은 창업자가 계획한 상품의 시장성, 수익성, 자금수지계획, 기술성 등 세부적인 항목을 분석할 수 있으며 창업자의 객관적이고 체계적인 사업타당성을 분석하기 때문에 성공 확률을 높일 수 있다. 또한 창업자들이 사업타당성 검토를 통해 구상하고 있는 사업의 구성 요소를 정확히 파악하기 때문에 창업 기간을 단축시킬 수 있다.

사업타당성 분석을 위해서는 투자액, 예상매출액, 예상비용 등을 추정할 수 있어야 한다.

사업타당성 분석의 요소

- 창업자 경영능력 : 자질과 경영능력, 풍부한 관련 지식과 경험
- 시장성 : 경쟁 상황, 수요층, 시장 형성 여부 확인
- 제품성 : 제품과 서비스의 차별성, 계절성
- 수익성 : 투자수익률, 손익분기점, 성장성
- 재무성 : 자금 조달 능력, 현금 흐름

1) 사업타당성 분석의 내용

(1) 창업자 분석

창업자의 업무수행능력을 검토하는 것으로 창업자의 선천적, 후천적 능력과 경영 및 사회능력을 검토하는 것이다.

창업자는 사업을 유지, 발전시키고 노력하는 관리자로서의 자질과 목표를 세우고 계획을 수립하는 사업가 능력 및 자신의 업무에 최선을 다하는 것이 필요하다.

(2) 시장성 분석

외식 창업의 성공 가능성이 있는지를 알아보기 위해서는 사업 아이템과 관련된 표적 시장의 규모와 잠재고객의 파악이 중요하다. 또한 과거와 현재의 시장뿐만 아니라 미래 시장의 환경 변화와 메뉴상품 수명주기, 식자재 수급의 원활성 등의 분석을 통해 창업 여부와 시기를 판단해야 한다. 특히 현재 경쟁 구도에 있는 동종업체의 상황과 창업하고자 하는 입지의 주변 경쟁업체의 상황에 대한 정밀한 분석을 토대로 자사의 메뉴상품이 추구하는 위치와 가격, 예상 점유율, 매출액 등의 전략을 세우고 창업의 성공 가능성이 어느 정도인지 분석해야 한다.

(3) 기술성 분석

외식 창업 시 메뉴상품의 품질은 매우 중요하다. 자사의 메뉴 상품과 개발능력이 타 경쟁업체의 품질보다 어느 정도 우위에 있는지 예상 판매량, 최대 생산 가능량 등을 분석해야 하며, 특히 독특하고 새로운 메뉴 상품일 경우 수요 창출 가능성과 메뉴 상품의

품질 수준, 제품의 원가율, 서비스방법, 원자재 확보력, 인적자원 및 생산시설 확보 등 메뉴상품 생산에 필요한 전반적인 분석이 필요하다.

(4) 수익성(경제성) 분석

외식산업은 타 사업에 비해 투자금의 회수기간이 빠른 편으로 대략 6개월 정도로 추정한다. 대부분이 업체를 알리기 위한 홍보기간이 많이 소요될 뿐만 아니라 고객의 평가가 주관적이므로 재구매 정보와 기간을 정확히 예측하기 어렵다. 따라서 소비자 반응 정도가 예측보다 낮거나 오래 걸릴 수 있어 창업 초기에 예측하기 못했던 운영비용이 발생할 수도 있다.

창업 자금을 계획함에 있어 손익분기점 도달 기간까지의 운영비용을 충분하게 고려하여 계획을 세우는 것이 매우 중요하다. 또한 계획하는 사업이 적당한 수익률과 현금 흐름을 보장할 수 있는 것인가를 검토해야 하며, 자기자본율이 타인자본율보다 낮은 경우에는 채무 상환계획과 위험요인, 이자율 등을 동시에 고려하여 사업의 수익성과 사업의 재무적 타당성 등 사업의 경제성을 미리 검토하고 사업을 전개해야 한다.

2) 사업타당성 분석 사례

(1) 투자비 추정

(단위 : 천 원, 부가세 포함)

구분	지급대상	금액		면적 (3.3㎡당 금액)		지급기한	비고
		배달형	카페형	배달형	카페형		
합계	-	40,040	72,960	4,004	3,648	-	배달형 10평 내외 카페형 20평 내외
인테리어	(요청시)가맹본부	16,500	39,600	1,650	1,980	시공 시작 10일 전	시세/현장상황에 따라 변동 가능
간판	가맹본부	2,200	5,500	220	275	시공 시작 10일 전	
설비 및 기기	(요청시) ㈜뉴현대글로벌	11,000	13,200	1,100	660	입고 10일 전	
집기 및 비품		3,850	7,150	-		입고 10일 전	
의탁자	(요청시)가맹본부	3,850	3,850	-		설치 10일 전	
초도물품	가맹본부	2,640	3,660	-		입고 10일 전	

(2) 매출 및 손익 추정

① 매출 추정		
항목	A타입 배달형	B타입 카페형
객단가	25	30
주문건수	40건	40건
일매출액	1,000	1,216
월매출액 (30일 기준)	30,000	36,500

② 손익 추정_A타입 배달형			
상품매출		30,000	100%
매출원가		11,700	39%
매출 총이익		18,300	61%
판관비	로열티	990	3%
	카드 수수료	600	2%
	배달 수수료	5,700	19%
	수도광열비	300	1%
	임차료	900	3%
	배달 채널 광고비	300	1%
	소모품비	1,800	6%
영업이익		7,800	26%

③ 손익 추정_B타입 카페형			
상품매출		36,500	100%
매출원가		14,235	39%
매출 총이익		22,265	61%
판관비	로열티	1,095	3%
	카드 수수료	730	2%
	배달 수수료	5,475	15%
	수도광열비	365	1%
	임차료	1,825	5%
	배달 채널 광고비	365	1%
	소모품비	1,825	5%
영업이익		10,585	32%

④ 손익분기점 추정		
항목	A타입 배달형	B타입 카페형
월 영업이익	7,800	10,585
총투자금액	40,040	72,960
결론	결론 창업 개시월로부터 5개월 후 손익분기점 도달	결론 창업 개시월로부터 6개월 후 손익분기점 도달

4. 상권 및 입지 분석

1) 상권 및 입지의 개념

상권은 점포가 미치는 영향권의 범위를 말하며 규모에 따라 대형, 중형 및 소형 상권으로 구분하고 주변 환경에 따라 오피스, 주택가, 대학가 상권, 역세권 및 교외형 상권 등이 있다.

입지는 점포가 소재하고 있는 위치적인 조건을 말하며 외식 창업 시에는 영업 및 성패를 좌우하는 중요한 요소로 신중하게 선택해야 한다.

창업자는 입지 선정을 위하여 후보 점포의 지리적 특성, 주변 환경과 기능적인 특성, 충분한 수요층의 존재 여부, 정부 및 지자체의 정책 등을 면밀히 검토해야 한다.

2) 상권 및 입지 분석 사례

"당신은 지금 치킨이 땡긴다" 송파구 헬리오시티점 창업을 위한 상권 및 입지 분석은 업종 분석, 매출과 특성 분석, 유동인구, 주거 및 직장인구, 주택 현황 등의 인구분석을 통해 적합성을 파악할 수 있다 그림 10-1.

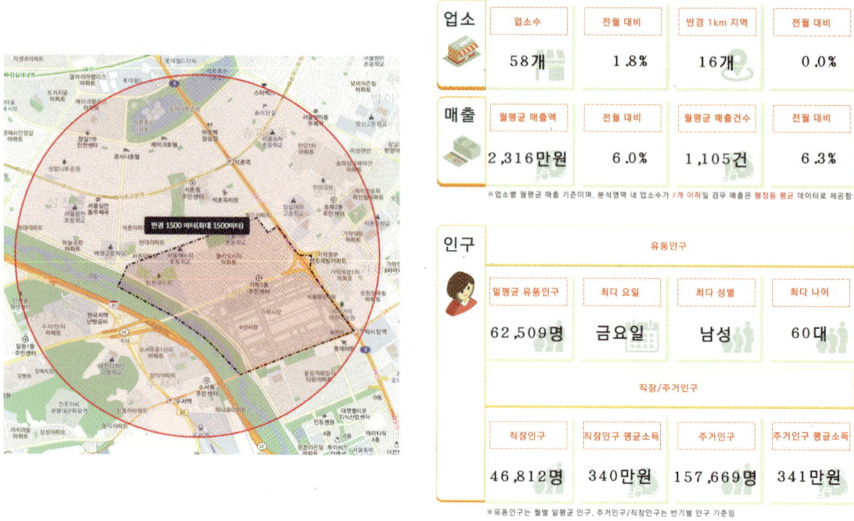

그림 10-1 "당신은 지금 치킨이 땡긴다" 송파구 헬리오시티점 상권 및 입지 분석

자료 : 상권정보시스템(https://sg.sbiz.or.kr/godo/index.sg)

(1) 업종 분석

- 분석지역 기준으로 반경 1km의 업황, 경쟁 강도, 경기 변동이 확인 가능하며, 분석 결과는 단기적인 동향이다.
- 최근(22.7 기준) 업소 수는 58개로 작년 동월대비 3.6% 증가했으며, 전월대비 증감률은 1.8%로 증가하였다.
- 통상적으로 업소수의 증가는 해당 업종의 경기가 좋을수록 증가하며, 다만 여러 업종에서 동일한 시기에 업소 수의 증가가 발생하는 경우에는 부정적인 요소로 인한 변동일 가능성이 높다.
- 업소수 추이는 업종에 대한 시장의 선호도를 반영한다.
- 업력 현황은 공단이 보유한 상가업소 데이터를 기반으로 반기 기준으로 제공되며 소상공인의 창·폐업을 의미하지 않는다.

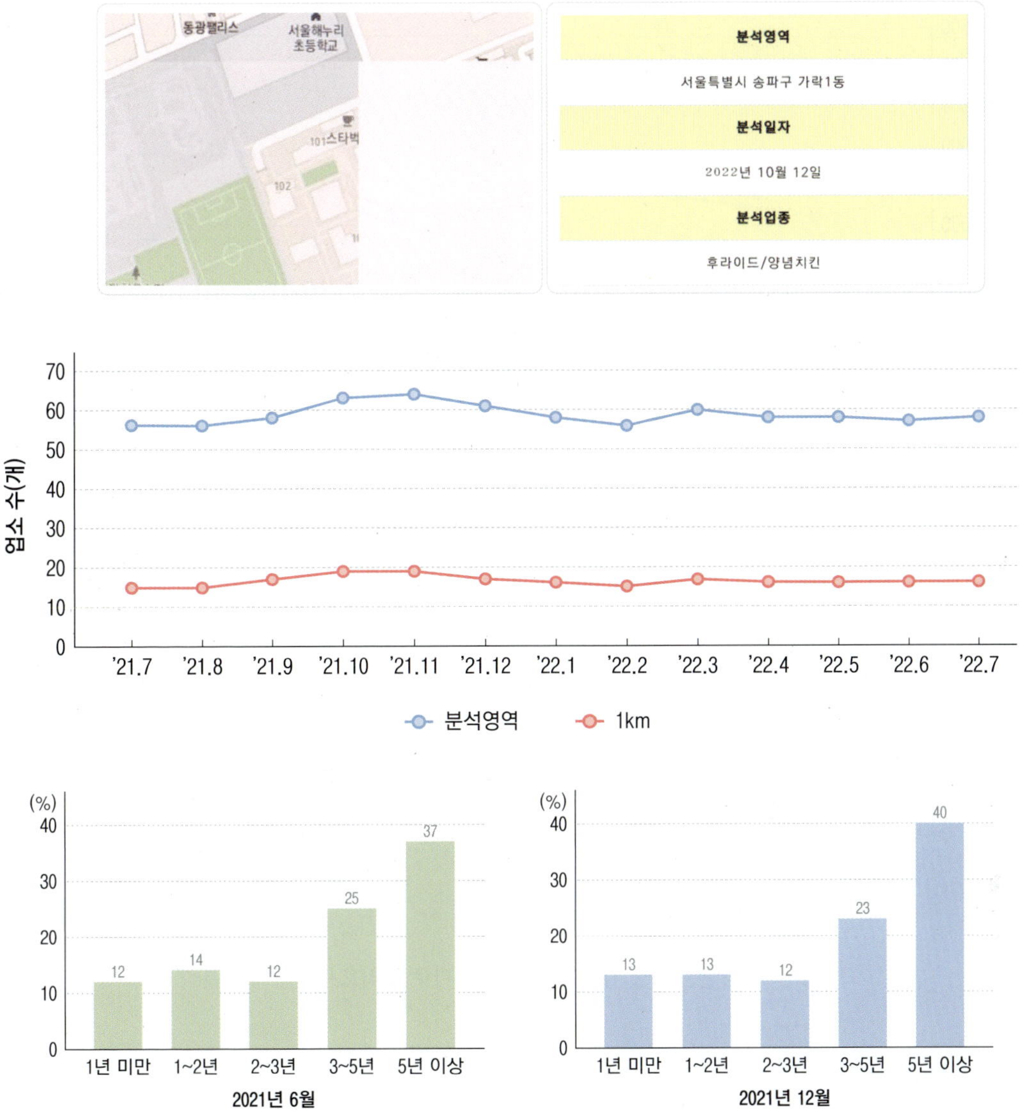

그림 10-2 "당신은 지금 치킨이 땡긴다" 송파구 헬리오시티점 업종 분석

자료 : ㈜BY4MFNT

(2) 매출 분석

분석영역의 매출액 및 건수는 2,316만원과 1,1105건으로 전반기 대비 84.0% 증가하였다 그림 10-3.

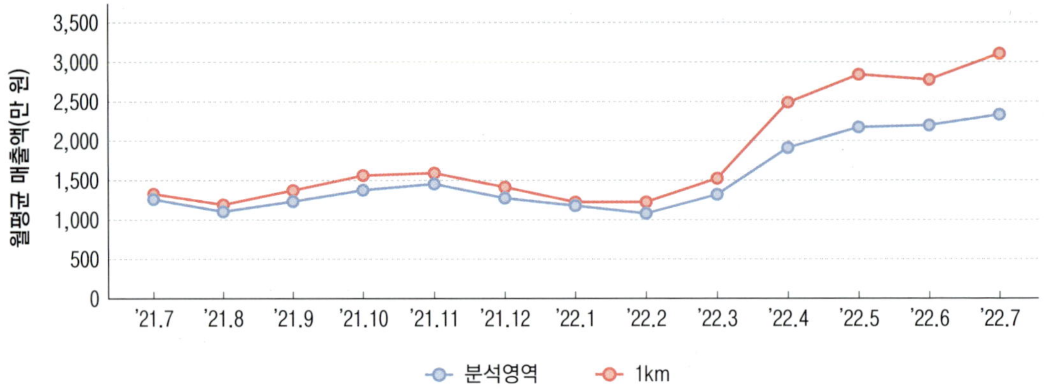

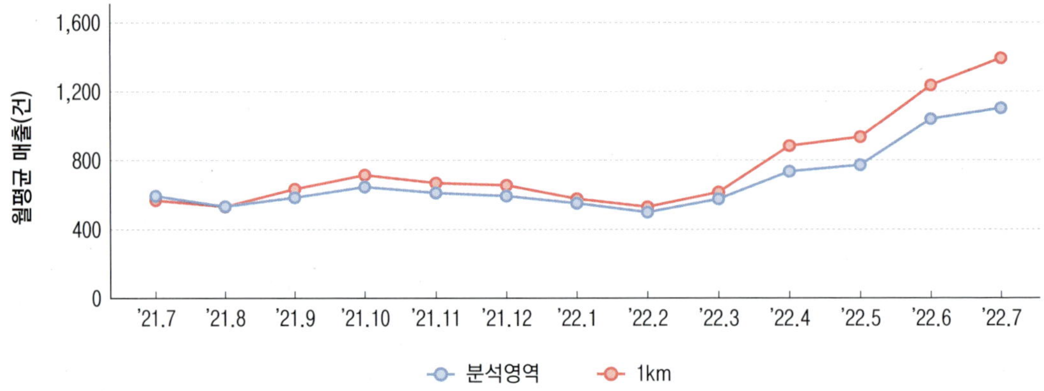

그림 10-3 "당신은 지금 치킨이 땡긴다" 송파구 헬리오시티점 매출 분석

(3) 매출 특성

- 매출은 주중이 평균 333만원(50.6%)으로 높게 나타나며, 금요일이 474만원(20.5%)으로 가장 높고, 월요일은 260만원(11.2%)으로 가장 낮게 나타났다.
- 시간대별로는 17~21시에 913만원(39.4%)으로 가장 높고, 6~11시에 29만원(1.3)으로 가장 낮게 나타났다.
- 매출은 주로 남성이 1,393만원(60.2%), 연령대별로는 30대가 670만원(28.9%)으로 높게 나타났다.

- 주중 매출의 비중이 높은 것으로 보면 주말엔 매출이 별로 발생하지 않는 직장인, 근로자 중심으로 소비가 주로 이뤄진다고 볼 수 있다.
- 주중과 주말의 매출차가 크지 않은 상권이 더 좋은 상권이다.
- 요일별, 시간대별 매출 비율을 통해 평균 매출이 낮은 요일의 경우 할인행사나 이벤트를 진행하는 등의 마케팅 및 운영시간의 조정 등 업장 운영에 활용 가능하다.

표 10-4 매출 특성

(단위: 만 원, %)

주중/주말, 요일별 월평균 매출액/매출건수 비율										
지역	구분	주중/주말		요일별						
		주중	주말	월	화	수	목	금	토	일
분석 영역	매출액	333	325	260	295	283	353	474	346	304
	비율	50.6	49.4	11.2	12.7	12.2	15.2	20.5	14.9	13.1
	매출건수 비율	49.8	50.2	11.2	12.7	12.3	14.6	20.3	15.2	13.6
1km	매출액	447	432	368	359	353	485	671	474	390
	비율	50.9	49.1	11.9	11.6	11.4	15.6	21.6	15.3	12.6
	매출건수 비율	50.6	49.4	12.4	11.5	11.4	15.3	21.3	15.9	12.1

시간대별 월평균 매출액/매출건수 비율							
지역	구분	00~06시	06~11시	11~14시	14~17시	17~21시	21~24시
분석 영역	매출액	164	29	145	277	913	788
	비율	7.1	1.3	6.3	12	39.4	34
	매출건수 비율	5.3	1.4	7.3	13.9	41.1	30.9
1km	매출액	201	23	176	373	1274	1053
	비율	6.5	0.7	5.7	12	41.1	34
	매출건수 비율	5.2	0.9	6	13.1	42.3	32.6

성별/연령대별 월평균 매출액/매출건수 비율									
지역	구분	성별		연령대별					
		남성	여성	10대	20대	30대	40대	50대	60대
분석 영역	매출액	1393	922	0	204	670	652	566	224
	비율	60.2	39.8	0	8.8	28.9	28.2	24.4	9.7
	매출건수 비율	57.1	42.9	0	10	29.4	27.7	23.3	9.6
1km	매출액	1737	1364	0	260	984	802	759	295
	비율	56	44	0	8.4	31.7	25.9	24.5	9.5
	매출건수 비율	54.7	45.3	0	8.5	32.1	26.3	23.2	9.8

(4) 인구 분석

① 유동인구

- 유동인구는 총 62,509명이며, 남성 비율이 55.7%, 60대가 25.5%로 가장 높았다.
- 요일별은 금요일에 15.0%로 가장 많고, 일요일은 12.7%로 가장 적게 나타났다.
- 시간대별로는 17~21시에 23.2%로 가장 많고, 00~06시에는 12.1%로 가장 적게 나타났다.
- 유동인구는 상권 분석에 있어 매우 중요한 요소이며, 상권의 구매력 파악과 서비스 전략을 구축하는 데 도움이 된다.

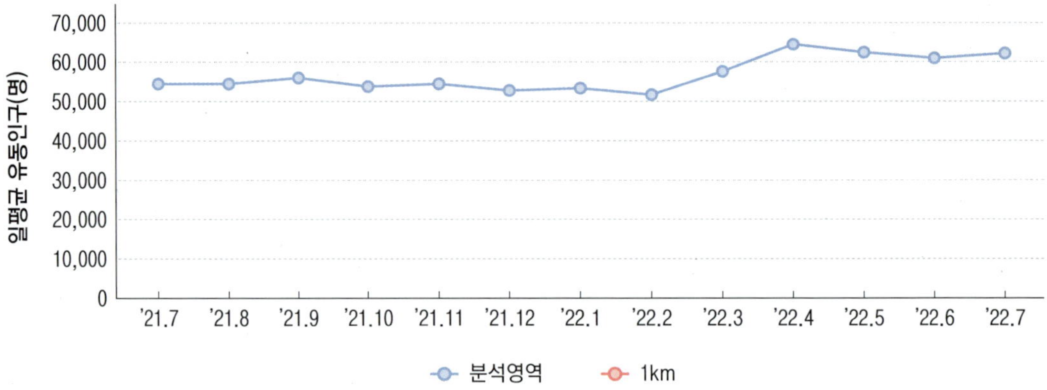

그림 10-4 "당신은 지금 치킨이 땡긴다" 송파구 헬리오시티점 유동인구

② 주거 및 직장 인구

- 직장인구는 총 46,812명이며, 남성의 비율이 52.6%, 40대가 24.7%로 가장 높다 그림 10-5.
- 직장인구는 해당 상권의 잠재적 구매력을 평가할 수 있는 지표로 직장인구가 많을수록 주중에 안정적인 매출을 기대할 수 있다는 장점이 존재하며 직장인구의 성별과 연령대를 고려한 전략적 타깃팅이 중요하다.

③ 주택 현황

주거인구의 비중이 높은 주거상권의 경우, 상품이나 서비스의 소비가 가구 단위로 이뤄지므로 가구수의 파악이 해당 상권의 잠재구매력을 확인하는 데 필수적이다. 물론

그림 10-5 "당신은 지금 치킨이 땡긴다" 송파구 헬리오시티점 주거 및 직장인구

경쟁업체와 배달, 주요 이동동선에 따른 접근성 등에 따라 확보할 수 있는 잠재고객이 제한되므로 실제 기대 가능한 매출은 그보다 낮다.

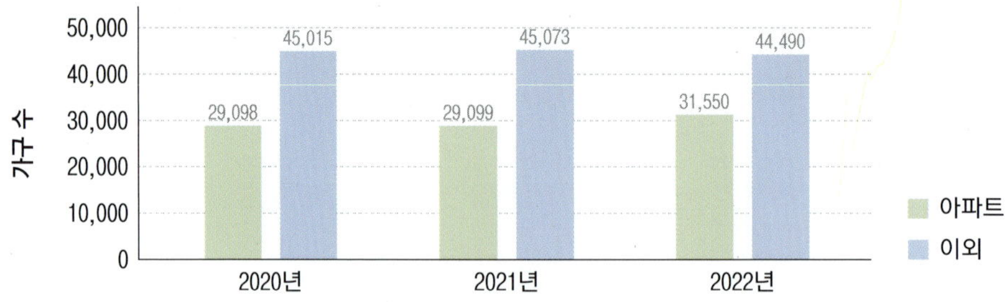

그림 10-6 "당신은 지금 치킨이 땡긴다" 송파구 헬리오시티점 주택 현황

(5) 상권 및 입지의 적합성 분석

"당신은 지금 치킨이 땡긴다" 송파구 헬리오시티점 입점 예정인 송파구 가락1동의 경우 입지 자체의 가시성이 높으며 헬리오시티 상가 내에 위치하고 있기 때문에 송파역과 석촌역 인근에 위치한 경쟁업체보다 통행량과 자연 유동인구가 높다. 따라서 배달 상권뿐만 아니라 헬리오시티 고객 대상의 방문 포장 매출도 높을 것으로 예상된다. 그러므로 입점 예정인 상권과 입지는 경쟁업체와 비교했을 때 더욱 우위의 있다는 것을 파악할 수 있다.

경쟁업체에 비해 좋은 상권과 입지를 갖추었다고 하더라도 "당신은 지금 치킨이 땡긴다" 브랜드가 가지는 경쟁업체 대비 상대적으로 낮은 인지도로 인해 현 입지에 비하여 큰 성과를 달성하지 못할 수 있다. 하지만 해당 상권 내 주거인구는 총 157,669명으로 타 지역대비 높은 인구수를 확인할 수 있으며, 브랜드의 주요 타깃층인 여성 고객이 52.6%로 우위에 있어 이는 해당 상권의 잠재적 구매력을 높게 평가할 수 있다.

5. 창업 메뉴 개발

메뉴는 식사에서 제공되는 음식의 목차, 식단 또는 차림표를 말하며 외식기업에서는 고객을 연결하는 판매 촉진의 도구이며 중추적인 역할을 한다.

외식 창업 시 메뉴 개발은 다양한 메뉴를 조사하고 분석 한 후 고객 트렌드와 음식의 시각적 요소, 식품 재료비, 인력과 조리기기, 운영관리, 서비스 방법 및 경영 측면 등을 고려해야 한다.

1) 메뉴 개발 프로세스

(1) 메뉴계획

메뉴는 고객의 요구와 기호도 반영, 외식 생산성 및 수익성 제고를 위해 지속적으로 수정, 보완해야 하며 시대의 흐름에 따라 새롭게 개발되어야 한다.

메뉴계획 시 고려해야 할 사항

- 주요 고객들의 연령, 성별, 직업, 소득 등 메뉴 콘셉트 개발의 중요한 요소에 대한 조사 분석이 선행되어야 한다. 이러한 정보는 고객의 음식 선호도와 잠재 고객시장에 대한 정보를 제공해 준다.
- 고객들의 건강 및 영양에 대한 관심 증가로 건강 메뉴에 대한 중요성 및 사회 트렌드를 반영해야 한다.
- 음식의 색, 맛, 온도, 향미, 조직감 및 전체적인 외관 등 관능적 특성을 고려하여 푸드 코디네이션 및 식공간 연출을 계획해야 한다.
- 메뉴는 예산 범위와 설정된 식재료비 비율에 맞도록 계획되어야 하고 원가 및 수익률 목표 등이 필요하다.
- 주방 공간의 크기, 기기의 종류와 조리 인력의 역량 및 서비스 방식 등을 고려해야 한다.

(2) 메뉴 개발

창업 메뉴는 외식기업의 경쟁력 강화에 도움이 될 수 있도록 고객의 니즈, 메뉴 콘셉트, 경쟁업체, 새로운 식재료 개발, 최신 트렌드 등 다양한 정보 수집하고 타깃 고객층, 음식의 맛과 품질, 고객의 소비실태, 지역 특성, 판매 단가 및 전략 등을 고려하여 개발한다.

(3) 메뉴가격 결정

메뉴가격은 메뉴계획이 이루어진 이후 메뉴의 상품성, 음식 서비스 수준, 분위기, 추가적인 운영비용 등 복합적인 요소를 반영하여 책정한다.

창업 시 메뉴 가격을 결정할 때에는 원가관리 측면과 정부 정책, 음식 품질 및 마케팅

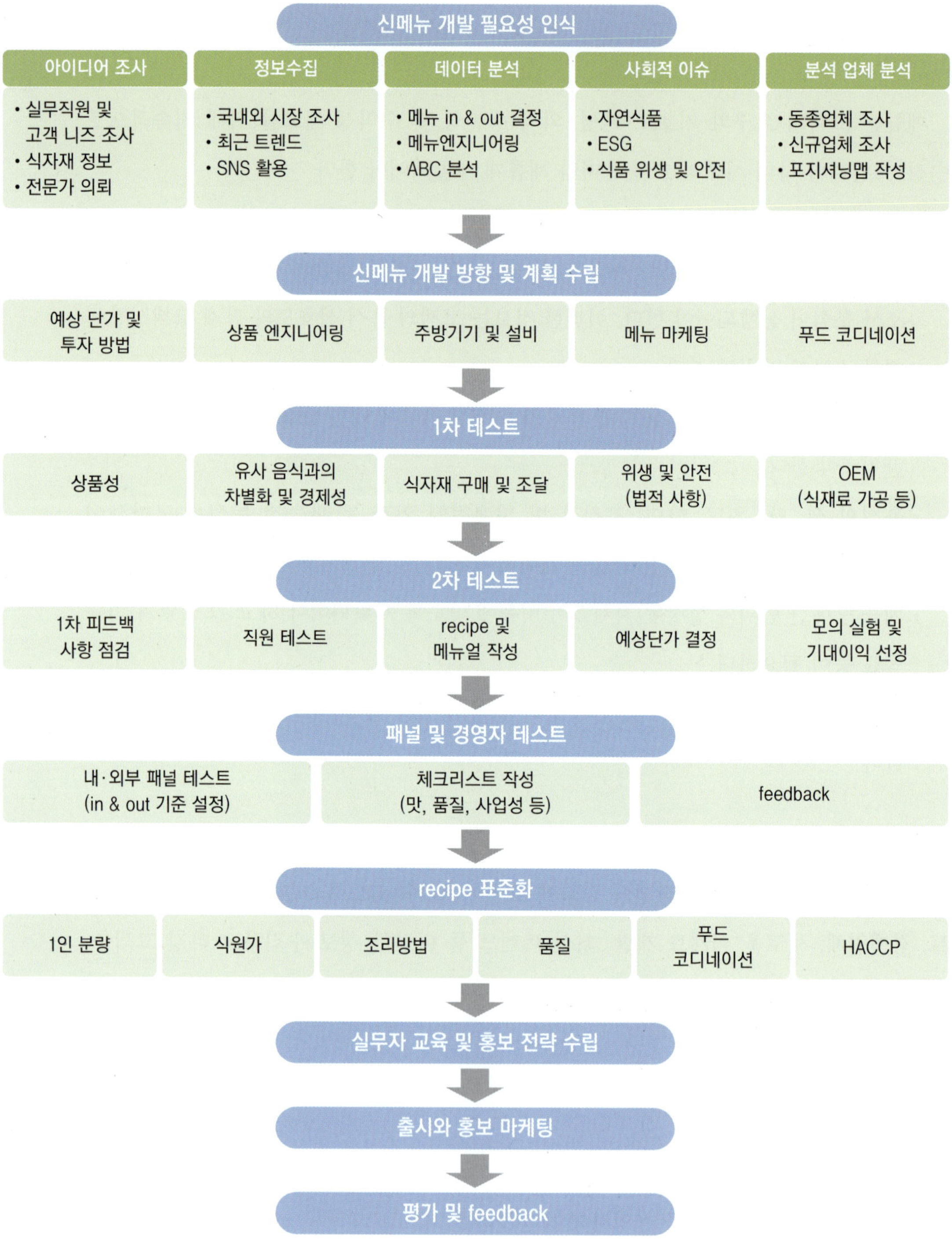

그림 10-7 신메뉴 개발 프로세스

측면을 고려해야 하며 고객이 만족하는 가격과 경영자가 만족하는 가격의 조화를 통해 안정적인 수요 및 목표 매출을 달성할 수 있다.

메뉴가격 책정방법에는 객관적 및 주관적 메뉴가격 산출법, 심리학적 메뉴가격 산출법, 전략적 가격 산출법 등이 있다.

(4) 메뉴평가

메뉴평가는 메뉴계획, 메뉴개발이 이루어진 후 메뉴 판매 이전에 여러 단계의 시제품 제작을 통하여 고객의 선호도, 맛, 가격 및 성공 가능성을 측정하는 것으로 내부 및 외부 평가가 있다.

메뉴평가 방법에는 ABC 분석, 메뉴 엔지니어링이 있으며 ABC 분석은 메뉴를 가치도에 따라 A, B, C의 세 등급으로 분류하여 그에 따라 차별적으로 관리하는 방식이다. 메뉴 엔지니어링은 외식기업의 고객과 경영 측면을 종합적으로 평가할 수 있는 방법으로 메뉴의 인기도 및 수익성으로 메뉴를 평가하는 것이다.

외식 창업 시 메뉴분석은 메뉴계획, 메뉴개발, 메뉴판매가 모두 이루어진 후, 메뉴의 만족도와 수익성 등을 평가한다.

2) 창업 메뉴 개발 사례

외식 메뉴는 외식기업의 정보 전달과 경영과정을 조정 및 통제하는 역할을 한다. 따라서 창업 메뉴는 운영관리 시스템의 중심적인 기능을 수행하고 고객의 요구와 업체의 목표에 맞도록 개발해야 한다.

(1) 퀸즈블랙

퀸즈블랙의 메뉴는 블랙의 모던함과 여왕의 화려함을 고급스럽게 표현하였다. 남들과는 다른 평범하지 않은 새로운 메뉴를 개발하여 유니크한 비주얼과 맛을 추구하고 수제 버거의 새로운 트렌드를 이끌고 있다. 대표 메뉴로는 여왕의 품격을 느낄 수 있도록 맛있는 블랙에 담은 수제버거, 유니크한 버거에 트렌드를 더한 퀸즈블랙, 오징어 먹물을 활용한 블랙번, 치킨의 튀김옷에 오징어 먹물을 넣은 블랙 치킨 등이 있다.

록키 랍스타 버거 | 퀸즈 버거 | 블랙 치킨 버거

그림 10-8 퀸즈블랙의 수제버거

자료 : ㈜BY4MFNT

(2) 퀸즈블루

푸른 섬 제주도의 특성을 살린 퀸즈블루의 메뉴 콘셉트는 MZ세대의 니즈에 맞도록 푸드트럭에서 사진찍기 좋은 비주얼과 함께 랍스터 샌드위치를 간편하게 먹을 수 있도록 기획하였다.

그림 10-9 퀸즈블루의 랍스터 샌드위치

자료 : ㈜BY4MFNT

(3) ㈜BY4MFNT의 "당신은 지금 치킨이 땡긴다", "당신은 지금 떡볶이가 땡긴다"

"당신은 지금 치킨이 땡긴다" 치킨 브랜드는 2020년 코로나19로 매장에서 식사가 어렵고 영업시간 및 인원수 제한 등 매장 내점 고객이 줄어들어 비대면 서비스가 많아지는 상황을 고려하여 대표적인 배달 전문 음식인 치킨 메뉴를 개발하였다. 닭고기의 육질과 육즙을 극대화할 수 있는 브레딩 기술과 에어샤워 공법을 활용하여 더욱 바삭하고 촉촉한 맛을 내는 차별화 전략을 추구하고 있다.

"당신은 지금 떡볶이가 땡긴다"의 창업 콘셉트는 닭, 기름 등 원재료 값 상승에 따른 대책으로 원가율이 좋으며 가맹점주들이 쉽게 만들 수 있고 치킨이 비주류 시간대인 점심시간의 매출 증대에 도움이 될 수 있도록 떡볶이 메뉴를 개발하였다 그림 10-10.

그림 10-10 ㈜BY4MFNT의 신메뉴

(4) ㈜BY4MFNT의 마녀주방

고객들이 평소 경험하지 못하는 이색적인 공간에서 맛있게 놀고 재밌게 먹을 수 있도록 마녀가 차려주는 듯한 색다른 메뉴와 독특한 플레이팅을 개발하여 고객에게 즐거움을 주고 있다.

6. 외식서비스

외식서비스는 판매 목적으로 제공되거나 음식이 고객에게 제공되는데 포함되는 모든 과정을 의미한다.

서비스의 목표는 고객의 요구와 기대에 최대한 부응할 수 있는 서비스를 제공하여 외식 브랜드의 신뢰도 및 발전에 기여하는 것이다.

1) 외식서비스관리

외식기업에서 서비스는 고객만족과 함께 재방문 의사에 영향을 미칠 수 있다.

외식 창업 시에는 고객에게 서비스를 제공하는 과정에서 고객과 종사자의 역할, 서비스 단계와 활동 등을 효율적으로 설계하여 서비스 제공자들에게 업무 수행의 지침이 되도록 관리해야 한다.

2) 외식서비스관리 사례

(1) 진실의 순간MOT 관리

진실의 순간MOT : moments of truth은 고객이 입점하는 순간부터 퇴점할 때까지 8단계의 접점을 경험하게 되는데 서비스 관리를 위한 가이드라인과 서비스 방식이 필요하다. MOT 8단계 교육은 환대, 자리 안내, 메뉴 주문, 메뉴 제공, 테이블 체크, 버씽(식사중인 고객이 쾌적한 환경에서 식사할 수 있도록 빈 그릇이나 테이블을 정리하는 것), 계산, 환송으로 구분된다.

고객서비스 관리 및 응대 서비스는 고객 경험 설계 및 서비스 관리를 통해 고객에게 긍정적인 경험을 전달하며 브랜드와의 접점을 확대하여 보다 지속 가능한 관계를 만들어 간다.

(2) 고객서비스 관리 및 응대

고객 경험 설계 및 서비스 관리를 통해 고객에게 긍정적인 경험을 전달하며 브랜드와의 접점을 확대하여 보다 지속 가능한 관계를 만들어간다 그림 10-11.

(3) 불만 고객의 관리

불만 고객은 불만사항에 대한 직접적인 표현을 하는 고객과 아무 말없이 다시는 찾지 않는 고객으로 구분된다.

불만 고객은 주위 사람들에게 부정적인 이미지를 전파하고 서비스 회복의 기회도 주어지지 않기 때문에 서비스 종사자들은 세련되고 프로다운 모습의 단계별 응대가 필요하다 표 10-5.

그림 10-11 고객서비스 관리 및 응대((주)BY4MFNT)

표 10-5 불만 고객의 응대 프로세스

응대 순서	방법	주요 포인트
나의 감정 다스리기	• 흥분한 고객의 마음을 가라앉히게 하기 위해서 먼저 본인의 감정을 다스리고, 내용의 정확한 이해와 어떻게 응대할 것인지 정리해 본다.	• 감정을 다스리되 시간을 길게 끌면 안 된다.
공감적 경청, 사과	• 고객의 말을 끊지 않고 끝까지 듣는다. • 들을 때에는 고개를 끄덕이며 "아~ 네~" "그러셨군요..." 등의 공감 표현을 하며 듣는다. • 일단 정중하게 사과드린다.	• 충분히 몰입하여 듣고 있음을 반드시 표현한다. • 진심을 담아 사과 먼저 한다.
진상조사	• 왜 이렇게 됐는지에 대한 원인을 조사한다. • 우리의 잘못이 아닌 상황이라면 사과 후 원인을 조사한다.	• 객관적 원인분석
사실인정	• 불편을 드린 점에 대해 인정한다.	• 핑계 대지 않는다.
신속한 문제해결, 대안 제시	• 문제해결(적절한 보상)에 대한 대안을 2가지 이상 제시하여 고객이 선택할 수 있도록 한다. • "○○○해 드릴게요"라는 일방적인 태도는 고객이 원하지 않는 방법일 경우 더욱 화나게 할 수 있다. 절대 해서는 안 된다.	• 일방적 해결안 제시는 절대 금물. 고객의 동의를 얻어야 한다.

응대 순서	방법	주요 포인트
긍정적 마무리	• 해결 결과에 만족하시는지 확인한다. • "말씀해 주셔서 감사합니다."라고 멘트한다.	• 해결했다고 끝나는 것이 아니다.
재발 방지책 수립	• 앞으로 이러한 일이 다시는 발생하지 않도록 어떻게 하겠다는 구체적인 약속, 다짐을 드린다.	• 고객께 약속 드린다.

자료 : ㈜BY4MFNT

(4) 고객만족 커뮤니케이션

외식기업에서는 고객에게 항상 감사한 마음과 관심을 가지고 친밀한 관계를 유지하여 고객의 기대를 뛰어넘는 세심한 서비스로 고객만족을 실현해야 한다.

외식기업 마녀주방에서는 종사자들에게 고객을 응대할 때 필요한 화법, 상황별 응대법, 경청 자세 등에 관한 교육을 통해 고객만족 및 소통을 강화하고 있다 표 10-6.

표 10-6 고객만족 커뮤니케이션 방법

매장 온도	고객	여기요!!
	직원	네! 고객님~ 필요하신 것 있으세요?
	고객	아니 여기 왜 이렇게 더워요? 에어컨 안 틀어요? 더워서 밥을 못 먹겠네!!
나의 감정 다스리기	직원	응대 단계를 되짚어 보고, 어떤 대안을 드릴 것인지 등의 생각을 정리한다.
공감의 경청, 사과	직원	식사하시기에 너무 더우시다고요?
	고객	아니 여기 에어컨 안 틀어요? 아니 안 더우세요? 안 느껴지세요?
	직원	아~ 네 그러셨군요...., 네~ 그럼요 그럼요... (고객의 말에 공감의 표현을 하며 끝까지 듣는다.) 고객님 먼저 식사 중에 불편을 드려 대단히 죄송합니다.
진상조사	직원	지금 에어컨을 21℃로 가동 중인데 외부에서 유입되는 뜨거운 공기 때문에 실내가 더 덥게 느껴지는 것 같습니다.
사실 인정	직원	현재 실내 온도가 덥게 느끼실 수 있습니다. 맞습니다.
	고객	여기 앉아서 식사를 해 보시라니까요. 더운지 안 더운지?
신속한 문제해결, 대안 제시	직원	그럼 고객님 괜찮으시다면 저희 매장에서 에어컨 바람이 가장 시원한 좌석이 있는데 그쪽으로 옮겨 드리는 건 어떠세요? 아니시면 제가 시원한 에이드라도 준비해 드리고 싶은데 그건 어떠세요?
	고객	그래요! 자리를 좀 옮겨주세요. 난 못 참겠어요.
긍정적 마무리	직원	예, 알겠습니다. 고객님, 바로 좌석 마련해 드리겠습니다. 이렇게 불편한 점 말씀해 주셔서 감사합니다.

자료 : ㈜BY4MFNT

(5) 서비스 품질관리

고객에게 제공하는 서비스는 쿠폰이나 메뉴처럼 눈에 보이는 유형의 것 외에 눈에 보이지 않는 무형의 것도 있다.

외식기업 마녀주방에서는 서비스 체크리스트와 고객만족도 조사를 통해 서비스 품질을 평가한다.

서비스 체크리스트는 마녀주방에서 식사하는 모든 고객께 반드시 제공되고, 표현되어야 하는 서비스 항목들 및 가이드 라인이 정립되어 있다. 서비스 체크리스트는 매월 1회 고객을 가장한 평가자가 매장을 방문하여 해당 항목에 대하여 서비스 가이드라인 준수 여부를 체크한다 표 10-7.

고객만족도 조사는 마녀주방을 이용하는 고객 중 무작위로 평일 런치 5팀, 디너 5팀(월요일 제외), 주말 하루 5팀씩 테이블에서 마녀주방에 대한 만족도 조사를 실시하고 있으며, 이를 매 주 취합하여 주 1회 고객 만족도 개선을 위해 간부 회의를 진행하고 개선 방안을 모색한다.

표 10-7 ㈜BY4MFNT의 서비스 품질관리

항목	점검 항목	배점
환대	입장 후 30초 이내에 나에게 인사하였는가? (예: 감사합니다 마녀주방입니다. 혹은 감사합니다. 어서오세요.)	7
	직원이 친절히 자리 안내를 해주었는가? (예: 고객님, 이쪽 자리입니다. 주문하실 때, 벨을 눌러주시면 감사하겠습니다. 즐거운 시간 되세요.)	4
	웨이팅 시 대기시간과 단말기 사용법에 대하여 정확하고 친절하게 알려주었는가? (웨이팅 없을 시 만점) (예: 고객님, 지금 전좌석이 만석인 관계로 대기시간 약 20분 예상하고 있습니다. 단말기에 연락처와 인원수를 입력해 주시면 외부에 계시더라도 카카오톡이나 전화로 미리 연락을 드립니다. 대기팀이나 시간을 실시간으로 확인하실 수 있습니다. 등등)	3
	소계	14
주문 접수	고객이 메뉴의 재료와 맛, 메뉴 추천 등의 메뉴 관련 질문 시 정확히 대답했는가? (본인이 모를 때, 다른 직원에게 물어봐거라도 대답해 준 경우 점수 인정) ("잠시만 기다려 주시면 담당 매니저를 통해 정확히 말씀드리겠습니다."라고 한 후 담당 메니저가 와서 잘 대답해 준 경우 점수 인정) (잘 모르겠다거나 그럴 것이라는 성의없는 추측성 대답을 할 경우 감점)	6

항목	점검 항목	배점
주문 접수	최초 주문 이후 추가한 메뉴에 대해 중간계산서를 최신화하여 바꿔주었는가? (새로운 중간계산서로 바꿔준 경우 점수 인정)	3
	메뉴 주문 후 고객이 주문한 메뉴명, 수량에대해서 다시 확인하였는가? (주문 후 고객 빌지에 입력된 메뉴와 수량에 대해서 확인한 경우 점수 인정)	3
	고객이 주문한 메뉴 이외에 다른 메뉴를 추가로 추천 및 권유하는가? (메뉴 혹은 음료 둘 중 하나 추천하면 점수 인정/많은 메뉴를 주문하였을 경우 "더 필요하신 것은 없으세요?"라고 하면 점수 인정) (예: 주류 및 음료를 시키지 않았을 경우, "음료는더 필요하신 건 없으신가요")	6
	소계	18
계산	계산 시 고객의 카드나 현금을 전달받았을 때 캐셔는 두 손으로 취급하며 계산에 집중하는가? (한 손을 옆으로 받치고 제공하는경우 점수 인정, 다른 한 손으로 포스를 누르거나 기대거나 다른 일(통화 등)을 하는 경우 감점) (예: 캐셔가 다른 일을 먼저 하고 있었다면 "통화 끝나는 대로 결제해 드리겠습니다. 잠시만 기다려 주세요." 등의 응대를 하는 경우 점수 인정)	3
	계산원이 eye contact을 했는가?	3
	계산원이 만족도 체크 "식사는 맛있게 하셨어요?"라고 인사를 했는가? (만족도의 체크와 불만족 시 불만족 사항에 대한 대처가 이루어졌다면 점수 인정) (예: 음식이 늦게 제공되었다면, 늦은 이유에 대한 설명과 진심의 사과를 전한다.) (예: 입맛에 맞지 않았다면, "주방 셰프님께 전달하여 꼭 개선하도록 하겠습니다." 혹은 "입맛에 맞지않았던 음식은 서비스로 제공해 드리고 참고하여 꼭 개선하겠습니다." 등의 사과와 불만족스러웠던 메뉴에 대한 처리)	3
	계산 시 캐셔는 고객이 요구하기 전에 영수증 제공 여부를 확인하였는가? (현금으로 계산할 경우에도 반드시 영수증 제공까지 물어보아야 점수 인정)	3
	소계	12
유니폼 및 청결	메뉴판이 많이 훼손되었거나 이물질이 없는가? (이물질이 묻어 있거나 보기 불편할 정도로 훼손되었으면 감점)	3
	테이블 위는 깨끗하고 음식물이나 이물질, 끈적임이나 찌든 때는 없었는가? (지속적으로 청결이 유지되고 있는지 확인함. 매장 방문 즉시 청결상태를 확인한 후 퇴점 시까지 치워지지 않는 경우 감점처리하며, 퇴점 전 정리가 이루어지면 점수 인정)	5
	매장 바닥이 깨끗하고 음식물이나 이물질, 끈적임이나 찌든 때는 없었는가? (지속적으로 청결이 유지되고 있는지 확인함. 매장 방문 즉시 청결상태를 확인한 후 퇴점 시까지 치워지지 않는 경우 감점처리하며, 퇴점 전 정리가 이루어지면 점수 인정)	5
	모든 직원의 용모, 유니폼의 청결 상태가 어떤가? (유니폼 상의, 바지에 이물질이나 구김이 있거나 불쾌한 냄새(담배 냄새, 땀 냄새)가 나지 않은가? 유니폼의 손질은 잘 되어 있는가?) (한 항목이라도 지적될 경우 감점 처리)	5
	소계	18

항목	점검 항목	배점
서비스	테이블에 고객용 기물이 세팅되어 있는가? (고객용 냅킨, 물컵, 포크, 스푼, 물병, 앞접시/물의 경우 테이블 착석 후 바로 제공되었는가?) (3인 이상일 경우 추가 세팅이 1분 이내에 되었는가?)	4
	메뉴 제공 시 메뉴명을 설명하며 테이블에 놓았는가? (예1: 실례하겠습니다. 주문하신 메뉴 나왔습니다. ○○○마저 놓아드리겠습니다.) (예2: 실례하겠습니다. 주문하신 ○○○, ○○○ 메뉴 나왔습니다. ○○○ 어느 쪽으로 놓아드릴까요?)	7
	고객의 요구 시 1분 안에 서비스를 제공하였는가? (예1: "냅킨 준비해 드리겠습니다." 즉시 응대가 불가능한 경우 사전에 양해멘트를 하면 점수 인정) (예2: 죄송합니다 고객님. 잠시만 기다려주시면(먼저 요청하신 고객 응대 후) 신속하게 정리(준비)해 드리겠습니다.)	7
	칵테일, 음료 서빙 시 먹는 방법에 대해 충분히 설명하였는가? (예: 링거칵테일의 열고 잠그는 법에 대해 설명하였는가? 에이드의 침전물을 잘 저어 드실 수 있도록 설명하였는가?) (칵테일 또는 에이드를 주문하지 않아 해당 접점이 없으면 점수 인정)	7
	고객의 요청 이전에 먼저 물 또는 피클 등 새로 추가하였는가? (식사 동안 1회 이상 실시하였으면 점수 인정) (예: "실례하겠습니다. 물(냅킨), 피클 새로 준비해 드리겠습니다.") (물 또는 피클 등 부족하지 않아 해당 접점이 없으면 점수 인정)	7
	매장에서 나올 때 환송인사를 하였는가? (계산 직원, 홀 서버 직원 둘 중 한 명이라도 하면 점수 인정) (예: "감사합니다. 안녕히 가세요" 혹은 "감사합니다. 또 뵙겠습니다."	6
	소계	38
합계		100

코르크 차지 서비스

코르크 차지cork charge 또는 "콜키지"라고 불리는 서비스는 레스토랑의 와인리스트에 없는 와인을 고객이 직접 가져오면 직원이 서브하여 드리는 서비스 요금을 말한다. 예를 들어 와인의 오픈부터 와인에 맞는 글라스의 셋팅, 칠링과 디캔터를 제공하여 받는 인적, 물적 서비스 요금으로 보통 15,000~30,000원을 받는다.

고객	코르크 차지(콜키지)를 낼 테니 와인을 가져오면 안 될까요?	코르크 차지를 받는다는 것은 반입되는 와인에 따른 부가 서비스를 해 드리는 것인데 해드릴 수 없음을 설명 드리자.
직원	**고객님~ 죄송합니다만** 저희가 와인을 취급하지 않기 때문에 제공해 드릴 수 있는 글라스나 디캔터가 없어 올바른 서비스 해 드리기가 어렵습니다. **양해 부탁드립니다.**	

7. 외식마케팅

1) 외식마케팅 관리

외식기업에서는 SNS와 광고, 홍보 매체를 이용하여 소비자에게 브랜드의 정체성을 알리고 선행 마케팅 등을 통해 이미지를 각인시킬 수 있는 다양한 마케팅 전략을 수립하고 있다.

외식 창업 시 마케팅 전략을 수립하기 위해서는 외식 환경분석과 목표시장 선정, 자사분석, 경쟁사분석, 소비자분석, 시장현황, S.T.P 분석, 브랜드 아이덴티티brand identity 수립 및 가치 제안, 브랜드 콘셉트 개발, 브랜드 구성요소 개발 등이 있다.

2) 외식마케팅 관리 사례

외식기업 '당신은 지금 치킨이 땡긴다'에서는 유명 연예인을 앞세워 인지도를 높이고 최고의 차별화된 조리법, 맛, 품질 등을 모두 갖춘 프리미엄 치킨 브랜드를 강조할 수 있는 다양한 마케팅 전략을 추구하고 있다.

(1) 마케팅 전략의 수립 및 방법

① 외식환경 분석 및 목표시장 선정

마케팅 전략을 수립하기 위해서는 자사분석SWOT, 경쟁사 및 소비자 분석, 시장 현황, 마케팅 방법 등 외식환경 분석과 목표시장을 선정해야 한다 그림 10-12.

② 브랜드 아이덴티티 수립

브랜드 아이덴티티는 브랜드 고유의, 고객에게 본질적으로 전달하고 싶은 이미지를 말한다 그림 10-13. 창업 시에는 브랜드 개발을 위하여 핵심적인 아이덴티티 수립이 필요하다.

'당신은 지금 치킨이 땡긴다'의 3C

- CRAVING : 성공한 맛을 모방하는 것이 아닌 실패를 두려워하지 않는 선구자로 '땡기는' 맛을 창조하기 위해 끊임없이 나아가고 있습니다.
- CRAZY : 우리 브랜드는 고객의 가심비 향상을 위해 치킨에 '미쳐있는' 외식전문가들

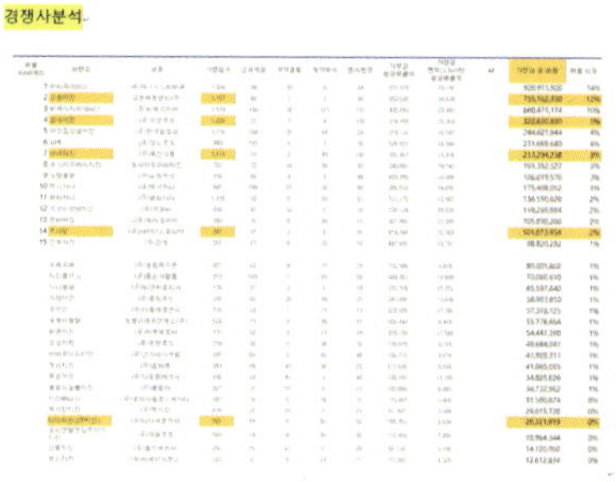

'치킨' 키워드 분석으로 본 트렌드

* 조사기간 : 2020.1월 ~ 2020.8월

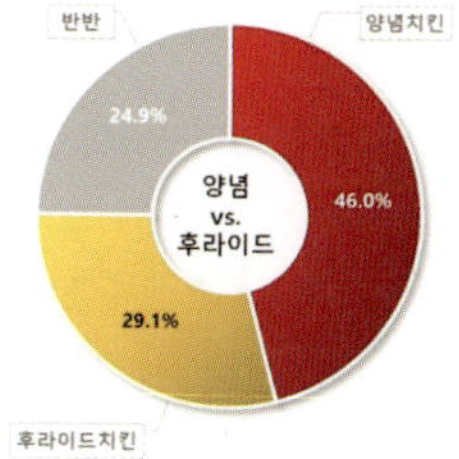

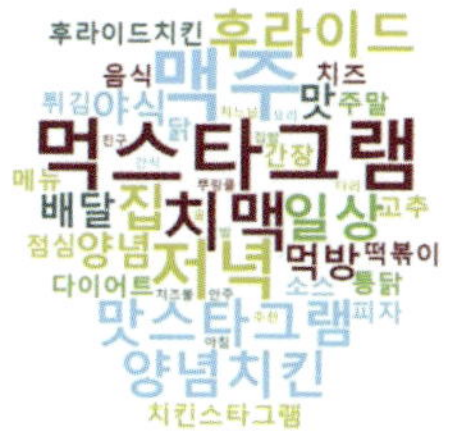

순위	키워드	언급량
1	먹스타그램	18.6%
	맥주	16.1%
2	저녁	11.8%
3	치맥	10.0%
4	양념치킨	9.7%
5	집	9.2%
6	후라이드	8.4%
7	맛스타그램	8.4%
8	일상	8.2%
9	배달	7.4%
10	야식	7.2%

그림 10-12 외식환경 분석

입니다.

- CHOICE : 원가절감을 위해 저품질의 닭을 선택하는 것이 아닌 건강과 맛까지 채울 수 있는 국내 최고 등급만을 '선택'합니다.

③ 가치 제안

가치 제안은 브랜드 아이덴티티를 통해 실제 고객이 느낄 가치를 어떤 형태로 제안할 것인가에 관한 것이다.

기능적 가치는 제품을 통한 문제해결과 같은 기능 가치를 브랜드에 연결시키는 것이고 상징적 가치는 자아표현, 멤버십 표현수단을 브랜드에 연결시키는 것이며 정서적 가치는 소비나 소유에 따른 감각적, 감성적 즐거움을 브랜드에 연결시키는 것이다. 최근 외식기업에서는 브랜드가 두 가지 이상의 가치를 결합하는 하이브리드hybrid를 시도하고 있으며 "당신은 지금 치킨이 땡긴다"에서는 언제 먹어도 바삭한 치킨, 이름부터 재밌고 트렌디한 브랜드 가치를 추구하고 있다.

그림 10-13 브랜드 마케팅

자료 : ㈜BY4MFNT

④ 브랜드 콘셉트 개발

브랜드 콘셉트는 가장 효과적인 브랜드 아이덴티티의 전달을 위하여 강력하고 독특하며 호감가는 브랜드를 만들고 경쟁사 브랜드와 차별화된 브랜드 포인트를 찾는 것이 중요하다.

"당신은 지금 치킨이 땡긴다"에서는 맛, 품질을 모두 갖춘 프리미엄 치킨 브랜드, 세련되고 멋스러운 트렌드의 중심에 위치하여 타 프랜차이즈와의 완벽한 차별화 그리고 점주와 본사 모두가 상생하는 공공 브랜드 및 소비자 만족을 높이는 브랜드 콘셉트를 개발하였다.

⑤ 브랜드 구성 요소 개발

외식 브랜드명은 제품 내용과의 조화, 경쟁제품과의 차별화, 기억과 발음의 용이성, 부정적 연상 방지가 기준이 되어야 한다.

로고는 브랜드 관련 연상이 용이하고 인지도 제고 및 긍정적 느낌을 유발해야 한다.

슬로건은 브랜드 아이덴티티brand identity, BI를 설명하는 짧은 문구로 핵심을 담아야 하며 패키지는 브랜드 핵심 아이덴티티brand core identity를 시각적으로 표현한 것이다.

그림 10-14 브랜드 구성요소의 개발

자료 : ㈜BY4MFNT

8. 인적자원관리

1) 종사자의 채용관리

인적자원관리는 외식창업의 목표달성을 위해 필요한 인적자원을 확보하고 효율적으로 관리하여 직무만족과 능력의 개발 및 유지, 발전시키기 위한 경영활동이다.

외식 창업 시 종사자의 채용관리는 인적자원 계획, 모집, 선발, 배치 및 평가과정을 거쳐 실시하며, 평가 결과는 수정·보완되어 환류된다.

인적자원 계획은 창업에 필요한 인적자원을 공급하는 과정으로 성공적인 경영활동을 위해 요구되는 인력 수요와 외식기업이 보유하고 있는 인적자원의 공급을 파악한 후 채용하는 것이다.

모집은 인적자원 계획과정을 통해 수요와 공급이 예측되면 초과 수요만큼의 실질적인 인적자원을 확보하는 것이다.

선발은 모집 지원자 중에서 성공적으로 직무를 수행할 종사자를 선별하는 활동이다. 창업 시 선발을 위해서는 어떤 지원자를 바람직한 지원자로 간주할 것인가에 관한 인재관이 확립되어야 한다.

배치는 선발과정을 거쳐 채용한 인력을 직무수행능력 및 적성에 맞는 직무에 배속시키는 것으로 조직에 적합한 조건과 능력 및 부여된 직무를 원활하게 수행할 수 있도록 적재적소에 배치해야 한다.

종사자의 채용관리는 효율적인 평가방법이 필요하며 바람직한 지원자를 선발하기 위한 평가기준에는 신뢰성, 타당성, 실용성, 수용성 등이 있다.

그림 10-15 ㈜BY4MFNT의 모집 공고

(1) 종사자의 채용관리 사례

㈜BY4MFNT에서는 종사자 모집 시 인터넷을 활용하여 정기 및 수시채용을 하고 있으며 회사 홈페이지에 모집단위, 인재상 및 복지제도 등을 공지하고 있다 그림 10-15.

(2) 종사자의 배치관리

외식기업 마녀주방에서는 종사자를 역량 중심 체계에 따라 Career Path 4 단계 직급으로 구분, 배치하며 각 단계에서 목표로 하는 필요 역량이 갖추어지면 다음 단계로 진급한다. 서비스 파트의 경우에는 Staff → Leader → Captain → Manager, 조리 파트는 Commi Chef → Demmi Chef → CDPChef De Partie → Sous Chef 단계로 발전해 나간다.

포지션은 매장의 효율적인 운영을 위하여 각자의 위치에서 정해진 업무를 완수 할 수 있도록 업무의 단위를 나눈 것으로 외식기업 마녀주방에서는 창업 시 포지션별로 업무 메뉴얼 작성 및 배치관리를 하고 있다 표 10-8.

표 10-8 포지션별 업무 메뉴얼(외식기업 마녀주방)

분류	포지션 개요	
주문 접수 server	주요 업무	• 고객의 첫 주문 및 추가 주문 접수 • 고객이 메뉴 고민 시 needs에 맞는 메뉴 추천 • 고객이 주문한 메뉴 외 추가 추천 판매
	책임 사항	• 고객의 주문을 정확하고 친절하게 접수 • 고객이 주문한 메뉴에 대한 메뉴명, 수량 체크 • 주문 테이블에 빌즈 및 피클 제공
	필요 역량	• 메뉴에 대한 정확한 이해 • 추가 추천 판매를 할 수 있는 능력
버써 busser	주요 업무	• 식사중인 고객 테이블 정리 • 식사중인 고객 테이블 체크 • 고객의 요청, 필요 사항의 즉각적인 도움 • 식사를 마친 테이블의 최종 버싱
	책임 사항	• 식사 중 고객에게 쾌적한 환경 제공
	필요 역량	• 신속하고 깔끔하게 테이블 정리 • 테이블 옆면, 의자, 바닥 이물질 정리

분류		포지션 개요
라인 업 line up	주요 업무	• 최종 버싱이 완료된 테이블의 클리닝과 셋팅
	책임 사항	• 입점 고객에게 깨끄하고 정돈된 테이블 제공
	필요 역량	• 깨끗한 테이블 관리를 위한 위생 마인드 • 반복되는 업무에도 기준을 철저히 준수
딜리버리 delivery	주요 업무	• 고객이 주문한 메뉴를 정확하게 서빙 • 주방에서 나온 메뉴 그래도 흐트러짐 없이 서빙
	책임 사항	• 신속하고 정확하게 고객이 주문한 메뉴 서빙
	필요 역량	• 메뉴에 대한 정확한 이해
캐셔 cashier	주요 업무	• 가장 첫 접점에서 고객 환대 • 웨이팅 안내 및 자리 안내 • 계산 및 환송 인사
	책임 사항	• 첫 접점과 마지막 접점에서 고객이 만족할 수 있도록 밝은 미소로 응대
	필요 역량	• 매장의 상황 파악을 누구보다 빨리 하여야 한다.

2) 종사자의 교육·훈련

외식환경 변화에 따라 종사자의 담당직무는 새로운 능력이나 태도가 요구되고 있으며 이에 대응하기 위해서는 교육·훈련을 통한 인적자원의 개발 및 유지가 필요하다.

교육은 확보한 종사자의 정신적, 육체적 능력과 성과창출 및 태도를 향상시키기 위한 활동이다.

교육방법에는 직장 내 훈련on the job training, 직장 외 훈련off the job training 및 자기개발self development 등이 있다.

종사자 교육은 활동에 대한 평가가 이루어져야 하며 참가자들에게 교육 결과를 피드백함으로써 교육효과 제고 및 훈련 활동의 기반을 확립할 수 있다.

(1) 종사자의 교육훈련 사례

① 하우스 룰house rule 교육

하우스 룰은 매장에서 근무하는 직원 간에 지켜야 할 가장 기본적인 규칙이다. 서로 간 기본적인 예의를 준수하고 규칙을 지켜감으로써 신뢰감과 팀워크를 형성하도록 한다.

교육 내용은 종사자의 근무 시 호칭 및 예절, 근태 관리, 유니폼 스탠다드, 위생· 안전 교육 등이 있다.

② 서비스service 교육

서비스는 외식기업에 대한 고객이 갖게 되는 이미지를 형성하는 데 결정적인 요소로서 창업의 성패를 결정하는 중요한 역할을 한다.

서비스 기준 4대 원칙에는 깨끗한 용모와 복장, 친절한 응대, 미소, 세심한 배려 등이 있으며 관련 교육을 통해 훌륭한 서비스를 제공하고 고객 만족 및 매출 신장에 기여할 수 있다.

표 10-9 직급 및 파트별의 서비스 교육(외식기업 마녀주방)

직급		업무 개요
직급별	manager	• 해당 영업점의 Q.S.C. 향상 및 매장 운영에대한 최종 결정권자이다. • 목표 손익 달성을 위해 손익 관리에 대한 전반적인 업무를 진행한다. • 홀과 주방, 본사와 매장 간의 원활한 커뮤니케이션 담당자이다.
	captain	• 매장의 서비스 파트 인원(근태, 스케줄, man hour) 관리 및 서비스 교육 • 직원들에 대한 실무 교육을 통해 업무 숙련도 및 서비스 스킬 향상 도모 • 영업 중 고객과 직원 관찰을 통한 즉각적인 피드백을 최우선으로 하며 방문하신 모든 고객의 전반적인 만족도 점검을 통해서 재방문이 이루어지도록 한다.
	leader	• 신입 직원들에 대한 실무 교육을 통해 업무 숙련도 및 서비스 스킬 향상 도모 • 마녀주방만의 friendly 서비스로 고객에세 최상의 서비스를 제공하도록 한다.
	staff	• 마녀주방만의 friendly 서비스로 고객에세 최상의 서비스를 제공하도록 한다.
조리파트	sous chef	• 해당 영업점 주방의 조리 및 음식 퀄리티 총괄 관리 • 정확한 recipe를 준수하여 조리하며, 해당 영업점의 식자재 cost를 총괄 관리 • 홀과 주방, 본사와 매장 간의 원활한 커뮤니케이션 담당자 • 식자재 재고 파악 및 발주
	CDP chef de partie	• 매장의 조리파트 인원(근태, 스케줄, man hour) 관리 및 서비스 교육 • 정확한 recipe를 준수하여 조리하며, 각 파트별 직원 교육 • 조리 기물 및 도구 청결 관리 • 전체적인 주방 청결 관리
	demmi chef	• 영업에 필요한 식자재 프랩 • 음식 조리과정 및 식재료 보관에 위생적으로 관리
	commi chef	• 영업에 필요한 식자재 프랩 • 마녀주방의 모든 메뉴의 정확한 recipe 습득

9. 식공간 디자인

식공간은 불특정 다수를 위한 식사 및 식사와 관련된 모든 공간을 의미한다.

식공간은 고객에게 직관적으로 보이는 것으로 메뉴 구성, 고객층, 객단가 등을 고려하여 적합한 식공간의 형태, 규모, 배치방법, 내·외부 환경디자인 및 인테리어 등을 계획해야 한다. 또한 브랜드 콘셉트와 일치되고 식공간의 구성요소들이 조화를 이루어야 한다.

최근 소비자들은 외식기업에서 제공하는 음식의 맛, 서비스, 분위기 등 상품을 제공하는 식공간 전체에 대한 기대감이 높아지고 있다. 따라서 창업 시 식공간은 기능적, 심미적 요소를 효과적으로 활용하여 고객의 가치를 높이고 외식 생산성 및 품질을 높일 수 있도록 연출해야 한다.

1) 외식 유형별 식공간 디자인

외식산업은 서비스하는 음식과 서비스 유형에 따라 파인 다이닝, 캐주얼 다이닝, 패스트 캐주얼, 패스트푸드점으로 구분된다.

식공간은 식사의 목적과 최신 트렌드, 고객 취향을 반영하고 문화적인 공간 조성과 함께 식사 만족도를 높일 수 있도록 외식 유형별 특성을 살려야 한다.

(1) 파인다이닝fine dining

파인다이닝은 풀 서비스full service 레스토랑을 말하며 고객은 음식과 식공간 연출에 대한 기대가 높다.

식공간 디자인은 고품격의 서비스와 최고급 시설을 갖추고 전체적인 분위기는 아름답고 독창적이며 격식있도록 연출한다.

(2) 캐주얼 다이닝casual dining

캐주얼 다이닝은 일반적인 테이블 서비스와 풀 메뉴를 제공하며 파인다이닝과 패스트 캐주얼의 중간 형태이다.

식공간 디자인은 판매하는 음식의 종류나 식당의 콘셉트에 따라 다양하게 하며 파인

다이닝보다 자유로운 분위기를 연출한다.

(3) 패스트 캐주얼fast casual

패스트 캐주얼은 일반 캐주얼 레스토랑과 패스트푸드점의 중간 형태로 제한된 서비스만을 제공받을 수 있다.

식공간 디자인은 패스트푸드점보다 여유롭고 편안한 분위기에서 양질의 식사를 할 수 있도록 자연스럽고 부드러운 이미지를 연출한다.

(4) 패스트푸드점fast food

페스트푸드점은 퀵서비스 레스토랑이라고도 하며 주요 고객층은 편리성, 경제성을 중요하게 생각한다.

식공간 디자인은 개별적인 고유 기능을 수행할 수 있도록 심플하게 구성하고 청결한 분위기에서 간편한 식사를 할 수 있도록 매장의 인테리어도 최대한 간편성을 고려한다.

2) 식공간 디자인의 사례

(1) 마녀의 상점

어둠의 마녀들이 모여 위험한 마법 재료들을 은밀하게 거래하는 상점 콘셉트의 인테리어이다. 마녀가 실제로 호러상점을 운영하고 있고, 음식에 무엇을 넣었을지 모르는 으스스한 분위기 속에서 식사를 하는 느낌이 들도록 엔틱하고 어두운 톤의 건축 구조물, 낡아 해진 진열장들, 녹슨 창틀, 어두운 그레이빛 파벽돌, 전체적으로 낮고 은은한 조도 등을 최대한

그림 10-16 마녀의 상점

활용하여 차갑고 으스스한 분위기를 연출하였다.

(2) 마녀의 별장

서쪽마녀 에밀리아의 별장에 초대되어 저녁 만찬을 즐길 수 있도록 구현된 인테리어 콘셉트이다.

각 지역의 초대받은 마녀들과 어울려 별장이라는 한 공간에서 에밀리아가 만들어주는 요리와 함께 마녀가 사는 집을 체험할 수 있는 곳으로 엔틱하고 어두운 톤의 건축 구조물, 낡은 진열장들, 녹슨 창틀, 전체적으로 은은한 조도 등을 활용하여 차갑고 으스스한 분위기를 연출하였다.

그림 10-17 마녀의 별장

(3) 마녀 박물관

과거부터 현재까지 마녀의 모든 것들에 대한 역사와 변천사를 구경할 수 있는 식공간을 연출하였다.

마녀의 역사를 지키고 있는 분위기를 나타내기 위하여 빗자루, 마법 모자, 지팡이,

그림 10-18 마녀 박물관

망토 등 디자인과 기능, 가상의 스토리를 설명과 함께 진열하고 마녀의 성향에 따라 믿는 종교나 신의 동상도 배치하였다.

대리석, 유광 타일 등 광이 나는 무거운 느낌의 소재를 주로 사용하여 중후하고 무게감 있는 박물관 분위기를 조성하였다.

(4) 마녀의 연회장

항상 열리는 이벤트나 기념일에 마녀의 연회장에 초대되어 마녀들과 함께 파티를 즐기는 콘셉트의 식공간이다.

마법을 걸어 스스로 연주하는 악기들을 보며 프라이빗한 공간보다는 트여 있는 공간에서 다같이 축제 분위기에서 식사를 할 수 있는 공간을 구현한다.

인테리어는 높은 층고의 공간에 스테이지, 부스, 홀 등으로 구역을 나누고 다양한 컬러의 커튼, 카펫 등을 이용하여 무도회장 같은 느낌의 식공간을 연출하였다.

그림 10-19 마녀의 연회장

10. 창업 세무관리 및 개점 준비

외식 창업 시 개점을 위하여 창업관련 인허가 등 행정절차와 세무관련 사항을 철저히 관리해야 한다.

사업장의 모든 거래에 대한 증빙서류인 세금계산서, 계산서, 신용 카드매출전표, 직불 카드영수증, 기명식선불카드영수증, 현금영수증, 3만원 이하의 간이영수증은 작성, 수취하여 신고기한으로부터 5년간 보관해야 한다.

1) 창업 세무관리

(1) 사업자등록

외식창업자는 영업신고를 한 후, 세무서에 방문하여 사업자등록 신청을 해야 한다. 사업자등록증은 사업장별로 사업을 개시한 날로부터 20일 이내에 사업장의 관할 세무서장에게 사업자등록을 해야 한다.

사업을 개시한 날부터 20일 이내에 사업자등록을 신청하지 않은 경우에는 사업 개시일부터 신청일 전일까지 매출액의 1%를 미등록 가산세로 부과한다.

세무서 구비서류

- 개인의 경우 : 사업자등록신청서 1부, 임대차계약서 사본, 허가(등록, 신고)증 사본, 동업계약서(공동사업자인 경우), 자금출처 명세서, 재외국민 또는 외국인 등의 경우(재외국민등록부등본, 외국인등록증)
- 법인의 경우 : 법인설립신고 및 사업자등록신청서 1부, 법인등기부등본, 임대차계약서 사본, 주주 또는 출자자 명세서, 허가증 사본, 대표자가 국내거주자가 아닌 경우 외국인 등록증 원본 및 사본

(2) 세무관련 사이트

외식 창업자는 사업자 등록 후 세무관련 사이트에 가입하여 기본적인 증빙관리 및 세금계산서를 발급받아야 세금신고 등을 편리하게 할 수 있다.

- 홈택스http://www.hometax.go.kr : 홈택스에 사업자로 가입하여 각종 세금신고 및 납부가 가능하고 민원서류를 즉시 발급받을 수 있다.
- 현금영수증사이트http://www.taxsave.go.kr : 개인사업자의 경우 현금영수증 사이트에 가입하고 사업과 관련된 신용카드를 현금영수증사이트에 등록한다.
- 이세로http://www.esero.go.kr : 법인사업자는 전자세금계산서 발급이 의무이고, 개인사업자는 공급가액이 3억 원 이상인 경우 전자세금계산서 발급이 의무화 되었다. 이세로는 전용 공인인증서를 별도로 발급받아야 한다.
- 가맹점 매출거래정보통합시스템http://www.cardsales.or.kr : 카드사별로 입금액과 신용카드수수료를 확인할 수 있으므로 꼭 가입해야 한다.

(3) 부가가치세

부가가치세는 상품(재화)의 거래나 서비스(용역)의 제공과정에서 얻어지는 부가가치(이윤)에 대하여 과세하는 세금이며, 영리목적의 유무에 불구하고 사업상 상품(재화)의 판매나 서비스(용역)를 제공하는 모든 사업자는 부가가치세를 신고·납부할 의무가 있다.

부가가치세는 사업자의 규모에 따라 일반과세자와 간이과세자로 구분된다.

일반과세자는 10%의 세율이 적용되는 반면, 물건 등을 구입하면서 받은 매입세금계산서상의 세액을 전액 공제 받을 수 있고 세금계산서를 발급할 수 있다.

음식점의 연간 매출액이 8천만 원 이상으로 예상되는 경우에는 일반과세자로 등록하는 것이 유리하다.

간이과세자는 세금계산서를 발행하거나 교부받을 수 없다.

연간 매출액이 8천만원에 미달할 것으로 예상되는 소규모 음식점의 경우에는 간이과세자로 등록하는 것이 바람직하다.

부가가치세는 6개월을 과세기간으로 하여 신고·납부하게 되며 각 과세기간을 다시 3개월로 나누어 중간에 예정신고기간을 두고 있다.

2) 개점 준비와 절차

개점준비는 창업절차의 마지막 단계이며 성공적인 음식점 개점을 위해서는 준비사항을 꼼꼼하게 체크하고 홍보 마케팅 및 판매촉진 전략을 수립해야 한다.

개점 전에는 브랜드와 로고, 종업원 채용과 교육·훈련(종사자 수 결정, 근로계약서, 인건비, 근무조건, 업무분담, 유니폼, 서비스 메뉴얼, 보건증), 법률 및 인허가(위생교육, 영업허가증, 사업자등록증, 식품위생법) 확인, 개점 행사 및 이벤트, 구매관리 시스템 구축, POS 시스템 설치, 주류카드 발급, 각종 서류, 메뉴북, 벽면 메뉴사진 및 샘플 등을 준비해야 한다.

창업자는 개점 시 인건비, 식재료비, 홍보 마케팅, 구매 비용 및 개점 후 인큐베이션 기간 동안의 충분한 운영자금을 확보해야 한다.

창업자금 조달 방안

창업 시 자금을 조달하는 방법에는 자신의 자금으로 시작하는 방법, 친구 · 지인 · 가족 등의 도움을 받는 방법 및 공동투자를 통한 자금 조달의 방법 등이 있다. 창업 시에는 초기 설립자금뿐 아니라 사업이 정상궤도에 오르기까지 운영자금에 대한 준비가 필요하다.

스타트업의 보편적인 자금 조달 방법

1. 창업자의 시드머니

창업자의 시드머니는 외부로부터 자본을 조달하는 것이 아닌 창업자 본인 또는 co-founder들의 창업 자본으로 자금을 조달하는 것이다. 보통 수천만원에서 수억원 정도의 규모이며, 사업을 위한 최소한의 종잣돈이다.

2. 스타트업 지원 사업 활용

정부 기관, 지자체, 민간 기관에서 다양한 창업 지원 프로그램을 운영하고 있다. 이러한 프로그램은 지원 사업 형태이기 때문에 일정 비율의 자기 부담금은 있지만 상환 의무가 없다는 것이 장점이다. 일반적으로 수천만원 정도의 지원금을 제공하는 '창업패키지' 지원사업이 있다.

3. 엔젤 투자 및 매칭 펀드

초기 스타트업에게 엔젤 투자자가 선 투자한 후, 매칭 투자를 사단법인 한국 엔젤투자협회에 신청하면 엔젤 투자자와 해당 스타트업에 대한 평가를 거쳐 일정 배수의 자금을 한국벤처투자가 지원해 주는 제도이다.

4. 크라우드 펀딩(crowd funding)

군중 및 다수를 뜻하는 crowd와 funding을 조합한 용어다. 온라인 소액투자 중개업자를 통해 다수의 소액 투자자로부터 자금을 조달하는 것이다. 국내의 경우, 이러한 크라우드 펀딩을 중개해 주는 기업으로 와디즈, 텀블벅, 크라우디 등이 있다.

5. 엑셀러레이터(accelerator)

엑셀러레이터는 자금을 지원해 주는 방식이 아니며 주된 역할은 스타트업에게 사무실을 무상으로 임대해 주거나 인력 수급의 지원, 경영과 관련한 교육 및 컨설팅을 제공하는 것이다.

6. 벤처 캐피탈(venture capital)

외부 투자자로부터 자금을 유치해 스타트업이나 벤처기업에 투자하여 수익을 올리는 대표적인 투자전문 기업이다. 창업 초기 단계에 자본 참여를 하여 창업가와 위험을 공동으로 부담하고, 이후 사업이 성공했을 때 수익을 공유하는 방식이다.

7. 기업 공개(IPO)

스타트업이 증권시장에 상장되는 것이며 일반 투자자들이 공개적으로 주식을 살 수 있도록 기업의 주식과 경영 내역을 시장에 공개하는 것이다. 이렇게 상장을 하면 일반 투자자들의 투자금을 통해 대규모의 자금 조달이 가능해진다.

CHAPTER

11

캡스톤 디자인

1. 캡스톤 디자인의 개요
2. 산학 연계형 캡스톤 디자인 과정 운영 및 활용 사례

학습목표

1. 캡스톤 디자인의 개념을 이해한다.
2. 캡스톤 디자인의 운영 절차를 이해한다.
3. 캡스톤 디자인의 프로젝트 개발 및 방법을 이해한다.

1. 캡스톤 디자인의 개요

1) 캡스톤 디자인의 개념

캡스톤은 돌기둥이나 담 위 등 건축물의 정점에 놓인 장식, 성취, 최고의 업적을 의미한다.

캡스톤 디자인capstone design은 학생들에게 산업 현장에서 부딪칠 수 있는 문제를 해결할 수 있는 능력을 길러주기 위하여 전공 지식을 바탕으로 연구가치가 있는 과제 또는 프로젝트를 학생들 스스로 기획, 설계, 제작, 평가하는 과정을 경험하게 하는 종합설계 프로그램이다. 또한 작품 설계과정에 학생, 교수, 기업이 함께 참여하여 산업체가 필요로 하는 기술을 주제로 활용하거나 산업체 인사가 캡스톤 디자인 교육에 직접 참여할 수 있는 교과목이다.

2) 캡스톤 디자인의 목표

학생들이 산업 현장에서 필요로 하는 과제 중심의 교육을 통해 문제해결 방법, 아이디어 개발과 현장 적응력을 향상시켜 취업 후 곧바로 현장에서 일할 수 있는 유능한 인재를 양성하고 종합설계 및 프로젝트 개발 능력을 함양하여 4차 산업혁명 시대에 알맞은 창의 인재를 양성하고자 한다.

3) 캡스톤 디자인의 필요성

4차 산업혁명 시대에는 빠른 기술 변화에 대처할 수 있는 인재 양성과 성과 중심의 교육 패러다임 변화에 부응할 수 있는 창의적 문제해결 및 협업능력 등을 배양할 수 있는 프로젝트 교육이 필요하다.

캡스톤 디자인은 프로젝트 중심의 종합설계 프로그램으로 학생들에게 실제적인 문제를 접할 수 있는 기회를 제공하며 창의성, 효율성, 안전성, 경제성 등의 모든 측면을 고려할 수 있는 통합적 기술능력과 산업현장에서 필요한 실무능력 함양에 도움이 될 수 있다.

4) 캡스톤 디자인의 운영 유형

(1) 일반 캡스톤 디자인

각 학과(전공)에서 전공 관련 프로젝트 수행 및 링크사업 참여학과 캡스톤 디자인 또는 종합설계 교과목 지원

(2) 전공심화형 캡스톤 디자인

정규 교과목화된 각 학과(전공)에서 전공 관련 심화과제 수행

(3) 창의형 캡스톤 디자인

창의적인 아이디어를 도출하여 작품을 제작하는 과정

(4) 융합 캡스톤 디자인

각기 다른 전공분야의 학생들이 융합으로 팀을 구성하여 과제를 수행(기업체 참가 가능)

(5) 산학연계형 캡스톤 디자인

산업체와 연계한 실무인재 양성을 위해 반드시 기업체와 연계하여 과제를 수행

(6) ICIP 캡스톤 디자인

인턴십·캡스톤 디자인 통합프로그램으로 기업체 맞춤형 프로젝트의 운영 및 지원

5) 캡스톤 디자인의 교수·학습법

캡스톤 디자인 수업은 교수자가 교육과정 전체를 지휘하는 방식에서 벗어나 학습자 중심 교육이 될 수 있도록 교수자는 과제의 목표를 정해 주고 학생들에게 목표달성 방법을 선택할 수 있도록 안내자의 역할을 해준다. 또한 학생들 스스로 아이디어를 개발하고 체험하는 학습과정을 통해 팀워크와 의사소통능력을 키우고 최종 목표를 달성할 수 있도록 교육한다.

6) 캡스톤 디자인의 아이디어 개발

(1) 디자인 싱킹design thinking

디자인 싱킹은 '창의적 문제해결을 위한 사고방식'을 말하며 학생 개개인의 감성과 경험을 이해하고 구성원들이 공감할 수 있는 행동 변화를 이끌어 내는 교육방법이다.

디자인 싱킹은 공감하기, 문제의 근본원인 정의하기, 아이디어 도출하기, 프로토타입 만들기, 테스트 및 피드백 받기 등의 5단계 프로세스로 구성되며 학습을 통해 새로운 솔루션을 도출할 수 있다.

디자인 싱킹은 디자인적 사고를 기반으로 학생 중심의 공감을 통해 새롭게 문제점을 해석하고 풀어내는 창의적인 혁신을 촉진하는 마인드셋이다. 관찰·공감을 통해 자신과 상대방을 이해하고 협력을 통해 다양한 대안을 찾는 확산적 사고divergent thinking와 다수의 해결책 중에서 가장 적합한 것을 찾는 수렴적 사고convergent thinking의 반복을 통해 창의적으로 문제를 해결할 수 있는 방법을 체득할 수 있다.

(2) 마인드 맵mind map

마인드 맵은 '생각의 지도'란 뜻으로 마음속에 지도를 그리듯이 줄거리를 이해하며 정리하는 방법이다.

핵심 단어를 중심으로 거미줄처럼 사고가 파생되고 확장되어 가는 과정을 확인하고, 자신이 알고 있는 것을 동시에 검토하고 고려할 수 있는 일종의 시각화된 브레인스토밍이다.

마인드맵은 유기적으로 연결되는 일련의 생각을 훌륭하게 상기시켜 주며 기억력, 사고력, 창의력 향상에 효과가 있다.

(3) 트리즈TRIZ

트리즈는 '창의적 문제해결teoriya resheniya izobretatelskikh zadach'이라는 러시아어의 줄임말로 주어진 문제에 대하여 얻을 수 있는 가장 최선의 결과를 정의하고, 그 결과를 얻는데 방해가 되는 모순을 찾아내어 그 모순을 극복할 수 있는 해결책을 얻을 수 있도록 하는 체계적 방법에 대한 이론이다.

(4) 브레인스토밍brainstorming

브레인스토밍은 알렉스 오스본Alex F. Osborn이 창안한 기법으로 여러 사람이 토론을 통해 아이디어를 구상하는 것으로 구성원들이 자유롭게 의견을 낼 수 있도록 하여 집단의 효과를 살리고 다양한 아이디어를 얻을 수 있다.

아이디어 구상 과정은 주제 선정, 아이디어 발표, 아이디어의 콘텐츠별 구분·정리, 토의를 통한 효율적인 아이디어 도출, 최종 아이디어 선정 및 구체화 등으로 이루어진다.

브레인스토밍은 5~7명의 구성원이 적당하며 자유로운 분위기를 조성한 후 타인의 다양한 의견에 자신의 아이디어를 접목시켜 창의적인 결과물을 얻을 수 있다.

2. 산학 연계형 캡스톤 디자인 과정 운영 및 활용 사례

표 11-1 캡스톤 디자인 수업 설계

구분	내용
과제명	배둥이의 yum yum 푸드트럭 창업 프로젝트
목적	• 푸드트럭은 음식을 조리하고 판매 할 수 있는 대형 차량으로 지정된 곳에서 정해진 기간 동안 지속적으로 운영할 수 있다. • 또한 상가를 임대하여 창업하는 것보다 임대료나 인건비가 저렴하고 자유롭게 판매 지역을 이동할 수 있기 때문에 20대 청년 창업가들에게 인기를 끌고 있다. 최근 정부에서는 창업 교육, 사업공간 제공 등 다양한 방법으로 창업을 지원하고 있으며 종합적인 창업 생태계 구축을 통해 청년 일자리 창출에 기여하고 있다. • 학생들은 푸드트럭 창업 프로젝트를 통해 외식 및 급식 실무에 필요한 메뉴개발, 푸드 디자인, 홍보 마케팅 등에 관한 아이디어 도출, 종합설계 및 수행능력을 함양하고 4차 산업혁명 시대에 알맞는 창의 인재를 양성하고자 한다.
수업 구성	• 대상자 : 식품영양학과 3학년 • 구분 : 전공선택 • 학점/시간 : 2(2) • 성적평가 : 절대평가 • 지도교수 : 한은숙 • 산업체 인사 : 5인

구분	내용
수업목표	• 푸드트럭 창업에 대한 이해도를 높이고 현장실무를 습득하기 위하여 푸드트럭 업체를 방문하여 다양한 정보를 습득할 수 있다. • 푸드트럭 대표, 메뉴 개발자, 홍보마케팅 담당자와 산업체 인사 멘토링을 진행하여 팀 프로젝트 교육에 필요한 문제해결 방법, 아이디어 개발 및 수행능력을 높인다. • 푸드트럭 창업에 필요한 환경분석과 다양한 정보를 수집 한 후, 고객들의 취향에 알맞는 메뉴, 푸드 코디네이션, 홍보 마케팅 등을 개발 및 제작할 수 있다. • 배둥이의 yum yum 푸드트럭 창업 프로젝트 수행은 창의적인 아이디어 개발, 캡스톤 디자인 결과물의 제작과 전시회 개최 등을 통해 산업현장에서 필요한 전문기술의 습득 및 실무능력을 향상시킨다.
수업운영	• 캡스톤 디자인은 푸드 코디네이션 교과목 이수자 및 졸업반 학생들이 수강하는 것을 원칙으로 한다. • 캡스톤 디자인 운영절차는 과제 신청, 과제 선정, 사업 실시. 결과 보고 순으로 이루어진다 • 캡스톤 디자인은 5명 내외로 팀을 구성하고 산업체 인사를 선정한다. • 학생들은 담당교수의 강의계획표에 맞춰 캡스톤 디자인 아이디어 개발 등 모든 과정을 학생들 스스로 참여하도록 한다. • 프로젝트 수행 시 푸드트럭 창업 콘셉트 개발, 메뉴개발, 브랜딩 및 홍보마케팅 기획 등에 도움이 될 수 있도록 산업체 인사 멘토링을 시행하고 팀별로 최종 결과물을 완성한다. • 캡스톤 디자인 종료 후에는 최종결과물 전시 및 결과 보고서를 작성한다. • 캡스톤 디자인의 교수학습 방법은 이론 강의, 실습, 발표, 토론 등으로 진행한다. • 학생들의 성적은 포트폴리오, 평가자 체크리스트, 구두발표 및 프로젝트의 최종 결과물 등을 절대 평가 한다.
기대효과	• 학생들은 캡스톤 디자인의 프로젝트를 수행하는 동안 제한된 경비와 조건 내에서 아이디어 도출, 재료 구입 및 스스로 최종 결과물을 만들어가는 과정을 통해 모든 측면을 고려할 수 있는 통합적 기술 인력을 양성할 수 있다 • 캡스톤 디자인은 산업현장의 실제적인 문제를 접할 수 있는 기회를 제공하고 팀워크, 리더십 및 의사 소통 능력을 향상시킨다. • 전공 직무와 관련된 프로젝트는 학습자의 역할을 인식하여 자율학습 능력을 배양하고 결과물 Outcome이 제시되기 때문에 학습 성취감을 높일 수 있다. • 산업체 인사 멘토링 등 산학 네트워크 구축을 통한 실무역량 강화와 향후 진로 및 취업을 대비할 수 있다.

1) 캡스톤 디자인 지원 신청

캡스톤 디자인 수업에 참여하는 학생들은 4~5명씩 팀을 구성하고 지원신청서와 과제 수행계획서를 작성, 제출한다 그림 11-1A, 그림 11-1B.

캡스톤 디자인의 운영 유형이 산학 연계형인 경우에는 참여할 산업체를 선정한 후, 참여 산업체 신청서를 작성한다 그림 11-2.

캡스톤 디자인 지원신청서

구분	성명	학년	학번	연락처(H.P.)	E-mail
팀명					
과제명					
과제유형	■ 산학연계형			□ 전공심화형	
소속	배화여자대학교			과	
수업	학기	20 년 학기		과목명	
지도교수	학과명			성명	
	E-mail			연락처	
구분	성명	학년	학번	연락처(H.P.)	E-mail
팀장					
팀원					
참여 산업체 (산학연계형)	산업체명			담당자명	
	연락처(H.P.)			E-mail	
	주소				

캡스톤 디자인 과제 신청서를 제출합니다.

20 년 월 일

팀 장 : (서명/인)

담당교수 : (서명/인)

그림 11-1A 캡스톤 디자인 지원신청 서식 1

자료 : 배화여자대학교

캡스톤 디자인 과제 수행계획서

팀명	
과제명	
기간	

1. 과제 수행 목표 및 배경

2. 과제 수행 내용 및 방법

3. 과제 수행 일정

주차	수행계획	비고
1주		
2주		
3주		
4주		
5주		
6주		
7주		
8주		
9주		
10주		
11주		
12주		
13주		
14주		
15주		

위와 같이 수행계획서를 제출합니다.

20 년 월 일

담당교수 : (서명/인)

그림 11-1B 캡스톤 디자인 지원신청 서식 2

자료 : 배화여자대학교

캡스톤 디자인 참여 산업체 신청서

<table>
<tr><td rowspan="4">산업체
참여 인력</td><td>사업체명</td><td></td><td>대표이사 성명</td><td></td></tr>
<tr><td>사업자번호</td><td></td><td>업종</td><td></td></tr>
<tr><td>산업체전문가 성명</td><td></td><td>지위</td><td></td></tr>
<tr><td>휴대전화</td><td></td><td>회사 연락처</td><td></td></tr>
<tr><td colspan="5">위의 캡스톤 디자인 신청서를 제출합니다.

20 년 월 일

산업체전문가 : (서명/인)</td></tr>
</table>

그림 11-2 캡스톤 디자인 참여 산업체 신청 서식

자료 : 배화여자대학교

2) 캡스톤 디자인의 강의계획표

캡스톤 디자인 수업에 참여하는 학생들에게 주차별 강의 및 산출물 등의 내용을 제시하여 팀 프로젝트 수행에 도움이 될 수 있도록 한다 표 11-2.

표 11-2 캡스톤 디자인의 강의계획표(다음 페이지 참조)

구분	강의	산출물	비고
1주	캡스톤 디자인 오리엔테이션 • 캡스톤 디자인의 개요 • 캡스톤 디자인의 과제 선정	• 프로젝트 팀구성 및 역할 분담표	• 지도교수 팀티칭
2주	캡스톤 디자인 수업 설계 • 과제 수행 계획 수립 • 참여 산업체 선정	• 캡스톤 디자인 지원신청서 • 캡스톤 디자인 과제 수행 계획서 • 캡스톤 디자인 참여 산업체 신청서	• 지도교수 팀티칭
3주	캡스톤 디자인 운영 • 푸드트럭 창업을 위한 환경분석 • 사회적 이슈 및 최근 트랜드 분석 • 푸드트럭 창업 사례 분석 및 정보 수집	• 푸드트럭 창업 환경분석 및 사회적 이슈 조사 자료	• 산업체 전문가 특강 • 지도교수 팀티칭 • 팀별 발표
4주	캡스톤 디자인 운영(아이디어 도출) • 푸드트럭 창업 콘셉트별 아이디어 기획 • 팀별 푸드트럭 모형 이미지 기획	• 팀별 콘셉트 및 아이디어 기획안 • 팀별 푸드트럭 모형 이미지	• 디자인 싱킹 • 브레인 스토밍 • 지도교수 팀티칭 • 산업체 인사 멘토링
5주	캡스톤 디자인 운영(아이디어 도출) • 푸드트럭 메뉴 조사 • 푸드트럭의 창업 메뉴계획 • 푸드트럭의 창업 메뉴별 영양량 분석	• 푸드트럭 메뉴 인덱스 • 푸드트럭 콘셉트별 메뉴 계획안 • 메뉴별 영양성분표	
6주	캡스톤 디자인 운영(아이디어 도출) • 푸드트럭의 창업 콘셉트별 푸드 코디네이션 계획 • 푸드트럭의 창업 콘셉트별 용기 setting 디자인	• 푸드 코디네이션 계획안 • 용기 setting 디자인 시안	
7주	캡스톤 디자인 운영(아이디어 도출) • 푸드트럭의 홍보 마케팅 조사 및 분석 • 푸드트럭의 창업 브랜딩 기획	• 푸드트럭 브랜딩 기획안(스토리텔링, 네이밍)	
8주	중간평가 • 팀별 프로젝트 운영 중간보고 및 발표	• 캡스톤 디자인 운영 중간보고서 • PPT 발표자료	• 지도교수 중간평가

구분	강의	산출물	비고
9주	캡스톤 디자인 운영(아이디어 개발) • 푸드트럭의 창업 콘셉트별 메뉴 개발 및 평가 • 푸드트럭의 창업 메뉴별 표준 레시피 작성 • 푸드트럭 창업을 위한 식재료 구매 계획 수립	• 푸드트럭 콘셉트별 메뉴 및 표준 레시피 • 식품구매요구서	• 디자인 싱킹 • 브레인 스토밍 • 지도교수 팀티칭 • 산업체 인사 멘토링
10주	캡스톤 디자인 운영(아이디어 개발) • 푸드트럭의 창업 메뉴별 음식 조리법 개발 • 푸드트럭 창업 콘셉트별 푸드 코디네이션과 디자인 • 푸드트럭 모형 이미지 선정	• 조리계획표 • 푸드트럭의 창업 메뉴별 푸드 코디네이션 • 푸드트럭 모형 이미지	
11주	캡스톤 디자인 운영(아이디어 개발) • 푸드트럭 창업 콘셉트별 브랜딩 개발 • 팀별 네이밍 및 스토리텔링 작성	• 콘셉트별 브랜딩 개발안 • 팀별 네이밍 및 스토리텔링 작성표	
12주	캡스톤 디자인 운영(아이디어 개발) • 푸드트럭의 홍보 마케팅용 브로슈어 제작	• 팀별 홍보 마케팅용 브로슈어 시제품	
13주	캡스톤 디자인 운영(아이디어 개발) • 푸드트럭 창업 메뉴 시제품 제조 및 품평회 • 푸드트럭 창업 홍보용 브로슈어 최종 평가	• 관능평가표 및 품평회 결과표 • 브로슈어 평가표	• 팀별 발표 • 산업체 인사 멘토링
14주	캡스톤 디자인 최종 결과물 • 푸드트럭 창업 음식 제조 • 푸드트럭 모형, 브로슈어 및 포스터 출력 -전시회	• 최종 결과물 • 푸드트럭 모형 이미지 • 홍보용 브로슈어 및 포스터 • 팀별 ppt 자료	• 전시 및 팀별 발표
15주	캡스톤 디자인 평가 및 피드백 • 캡스톤 디자인 최종보고서 작성 • 만족도 조사 및 피드백	• 포트폴리오 • 만족도 조사 • 결과보고서 및 기타 증빙자료	• 지도교수 최종 평가 • 피드백

3) 캡스톤 디자인의 운영

캡스톤 디자인은 프로젝트와 관련된 정보 수집, 아이디어 개발, 시제품 제작, 최종 결과물과 전시, 평가 및 피드백 등의 절차로 운영된다 표 11-3.

표 11-3 캡스톤 디자인의 운영 절차

절차	정보 수집	아이디어 도출	아이디어 개발	최종 결과물&전시	평가 및 피드백
내용	• 푸드트럭 환경 분석 • 푸드트럭 창업 사례 분석 및 정보수집 • 사회적 이슈 및 최근 트렌드 분석 • 푸드트럭 이용 대상자의 영양관련 자료 수집	• 푸드트럭 창업 콘셉트 기획 • 푸드트럭 창업 메뉴 계획 • 푸드트럭 창업 메뉴별 영양량 분석 • 푸드트럭 창업을 위한 브랜딩 및 홍보 마케팅 기획	• 푸드트럭 창업 콘셉트 개발 • 푸드트럭 창업 메뉴 개발 및 시제품 제조 • 푸드트럭 창업 콘셉트별 브랜딩 홍보 마케팅용 브로슈어 제작	• 푸드트럭 창업 최종 메뉴 및 음식 • 푸드트럭 브랜딩 모형 • 브로슈어 및 포스터 • 캡스톤 디자인 전시회	• 팀별 포트폴리오 및 ppt 발표 • 만족도 조사 • 결과보고서 및 기타 증빙자료
수업 방식	• 산업체 전문가 특강 • 지도교수 팀티칭 • 팀별 발표	• 팀별 아이디어 디자인 싱킹 • 팀별 브레인 스토밍 • 지도교수 팀티칭 • 산업체 인사 멘토링	• 팀별 아이디어 디자인 싱킹 • 팀별 브레인 스토밍 • 지도교수 팀티칭 • 팀별 발표 • 산업체 인사 멘토링	• 전시 및 팀별 발표	• 지도교수 최종 평가 • 피드백

(1) 프로젝트 관련 정보 수집

① 푸드트럭 환경분석

푸드트럭 창업에 필요한 SWOT 분석, 최근 트렌드 및 대상자(배등이)의 영양관련 자료 등을 조사하여 창업 환경을 분석하고 팀별 발표를 통해 다양한 정보를 공유하도록 한다 그림 11-3.

푸드트럭 환경분석

푸드트럭의 최근 트렌드 분석

푸드트럭 이용 대상자의 영양관리 실태 및 영양섭취기준

그림 11-3 푸드트럭 창업을 위한 환경 분석

(2) 아이디어 도출

① 창업 콘셉트 기획

푸드트럭 창업 프로젝트의 수행을 위하여 팀별로 팀명 및 콘셉트를 기획한다.

소중한 서로팀
음식 제공자와 손님 "우리모두"가 소중한 존재이며 소중한 사람에게 음식 및 서비스를 제공하는 마음을 의미함

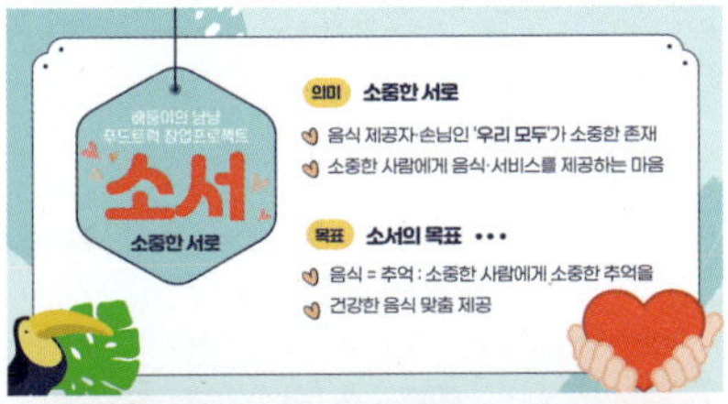

한 그릇 뚝딱팀
배둥이(배화여대 학생)에게 한끼의 식사 를 맛있게 먹도록 음식을 제공하는 것을 의미함

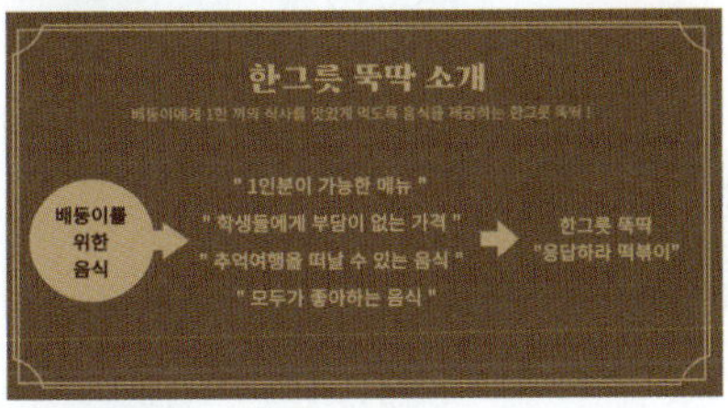

그림 11-4 **팀별 콘셉트**
자료 : 배화여자대학교

② 푸드트럭 창업 메뉴 계획

현재 푸드트럭에서 판매하는 음식과 식문화 및 선호하는 음식 등을 조사, 분석한 후 팀별 콘셉트에 알맞는 메뉴를 계획하고 영양량을 분석한다.

소중한 서로팀

동남아 음식문화 조사

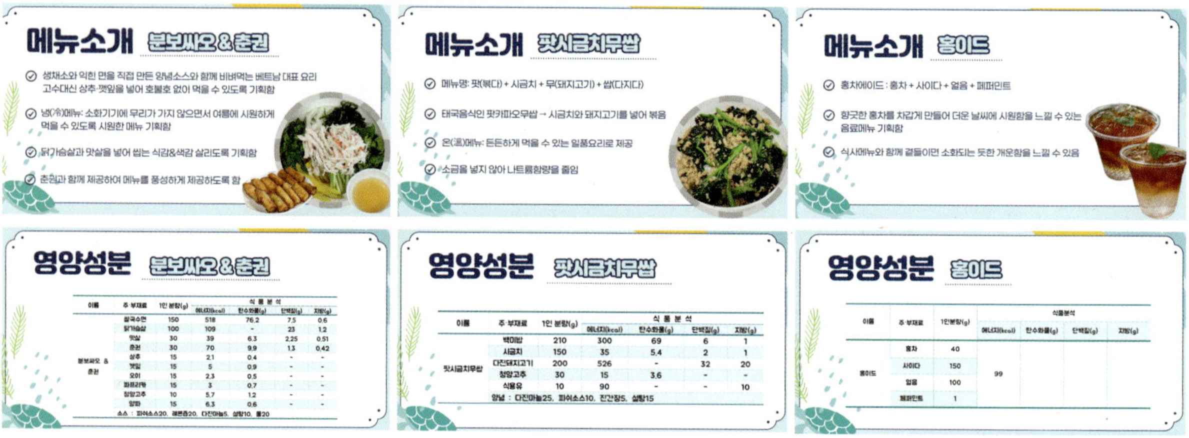

이름	주·부재료	1인 분량(g)	식품분석			
			에너지(kcal)	탄수화물(g)	단백질(g)	지방(g)
분보싸오 & 춘권	쌀국수면	150	518	76.2	7.5	0.6
	닭가슴살	100	109	-	23	1.2
	맛살	30	39	6.3	2.25	0.51
	춘권	30	70	9.9	1.3	0.42
	상추	15	2.1	0.4	-	-
	깻잎	15	5	0.9	-	-
	오이	15	2.3	0.5	-	-
	파프리카	15	3	0.7	-	-
	청양고추	10	5.7	1.2	-	-
	양파	15	6.3	0.6	-	-
	소스 : 피쉬소스20, 레몬즙20, 다진마늘5, 설탕10, 물20					

이름	주·부재료	1인 분량(g)	식품분석			
			에너지(kcal)	탄수화물(g)	단백질(g)	지방(g)
팟시금치무쌈	백미밥	210	300	69	6	1
	시금치	150	35	5.4	2	1
	다진돼지고기	200	526	-	32	20
	청양고추	30	15	3.6	-	-
	식용유	10	90	-	-	10
	양념 : 다진마늘25, 피쉬소스10, 진간장5, 설탕15					

이름	주·부재료	1인분량(g)	식품분석			
			에너지(kcal)	탄수화물(g)	단백질(g)	지방(g)
홍이드	홍차	40	99			
	사이다	150				
	얼음	100				
	페퍼민트	1				

메뉴계획 및 영양량 분석

그림 11-5A 푸드트럭 창업 메뉴계획 1

자료 : 배화여자대학교

한그릇 뚝딱팀

푸드트럭의 메뉴조사

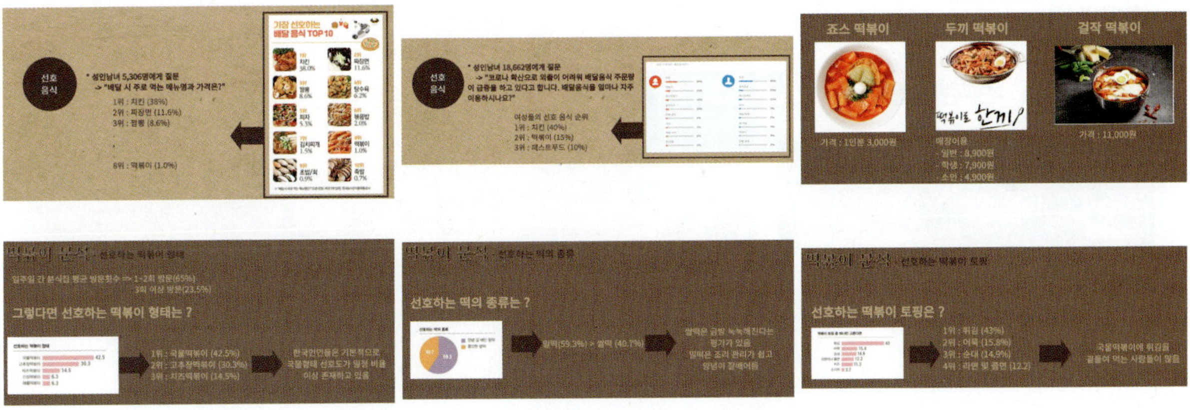

푸드트럭 이용 대상자의 선호음식 및 떡볶이 조사

메뉴 분석 - 떡볶이 영양산출량

	열량	나트륨	탄수화물	지방	단백질	당류
누들떡(100g기준)	213kcal	69.05mg	42.29g	2.1g	5.79g	0.17g
양념소스(150g기준)	315kcal	2650mg	59g	7g	5g	43g
사각어묵(100g기준)	194kcal	810mg	24g	6g	11g	5g
양배추(100g기준)	26kcal	8mg	7.92g	0.08g	1.68g	4.79g
깻잎(100g기준)	42kcal	1mg	8.89g	0.50g	4.46g	0g
대파(100g기준)	19kcal	0mg	4.80g	0.15g	1.78g	2.63g
다진마늘(100g기준)	102kcal	2mg	26.65g	0.12g	7.03g	0.47g
미니돈까스(100g기준)	315kcal	480mg	16g	23g	11g	7g
차돌박이(100g기준)	388kcal	66mg	0g	35.94g	16.45g	0g
액상계란(100g기준)	40kcal	170mg	5g	0g	5g	0g

메뉴 분석 - 모닝샌드위치 영양산출량

	열량	나트륨	탄수화물	지방	단백질	당류
모닝빵(1개 32g 기준)	120kcal	173mg	20g	2.7g	4g	4g
케요네즈(100ml 기준)	515kcal	800mg	13g	51g	1g	9g
양배추(100g 기준)	26kcal	8mg	7.92g	0.08g	1.68g	4.79g
액상계란(100g기준)	40kcal	170mg	5g	0g	5g	0g
깻잎(100g기준)	42kcal	1mg	8.89g	0.50g	4.46g	g

메뉴 분석 - 깻잎모히또 영양산출량

	열량	나트륨	탄수화물	지방	단백질	당류
트레비플레인	0kcal	15mg	0g	0g	0g	0g
라임사랑						
깻잎(100g기준)	42kcal	1mg	8.89g	0.50g	4.46g	0g
백설탕(100g기준)	400kcal	0mg	100g	0g	0g	100g

메뉴 계획 및 영양량 분석

그림 11-5B 푸드트럭 창업 메뉴계획 2

자료 : 배화여자대학교

③ 푸드트럭 창업을 위한 브랜딩 및 홍보 마케팅 기획

홍보 마케팅과 브랜딩 기획을 위하여 푸드트럭 창업에 성공한 업체의 사례를 분석한 후, 팀별 디자인 싱킹 및 브레인스토밍으로 아이디어를 도출하도록 한다.

소중한 서로팀

푸드트럭으로 느끼는 동남아시아 여행

❶ 동남아 여행 아이템
- 만국기, 선글라스, 동남아셔츠로 꾸밈으로써 동남아 여행 컨셉을 살림
- 베트남·태국 음식을 제공함으로써 동남아 음식을 체험할 수 있도록 함

❷ 퓨전요리 체험
-낯설 수 있는 메뉴명 옆에 보충설명 추가
-기존음식에서 우리나라 식재료(시금치, 상추·깻잎 등)로 제공

상호명 SEA WAY
- 배둥이가 여행분위기를 느끼도록 '항공'컨셉
- 바다건너 위치한 동남아 음식을 제공한다.

목표 소서의 목표 •••
- 음식 = 추억 : 소중한 사람에게 소중한 추억을
- 건강한 음식 맞춤 제공

한그릇 뚝딱팀

한그릇 뚝딱

배둥이에게 1한 끼의 식사를 맛있게 먹도록 음식을 제공하는 한그릇 뚝딱 !

1. 주메뉴 : 각종 토핑이 올라간 떡볶이 & 모닝 샌드위치 & 깻잎 모히또
2. 판매대상 : 배화여자대학교를 다니는 학생들과 교수님들(주로 20대 여성)
3. 컵셉 및 테마 : "레트로 여고생"
   - 교복을 입고 방문하면 할인을 해드려요!
   - 깻잎머리 유행하던 시절~ 모든 메뉴에 깻잎이 들어가요!
   - 추억의 노래를 틀어드려요!
   - 기다리다 지치면 뽑기에 도전해봐요!(추억의 뽑기)

그림 11-6 푸드트럭 창업을 위한 홍보 마케팅 및 브랜딩 기획
자료 : (주)칠링키친, 배화여자대학교

④ 산업체 인사 멘토링

푸드트럭 창업에 필요한 메뉴계획과 홍보 마케팅 및 브랜딩 기획에 관한 아이디어 도출을 위하여 산업체 인사 멘토링을 실시한다.

표 11-4 산업체 인사 멘토링

산업체 인사	멘토링 주제	내용		
푸드트럭 창업자 & 메뉴개발 팀장	푸드트럭 메뉴 계획	• 학생들이 푸드트럭 창업 프로젝트 수행 시 메뉴계획 및 개발에 도움이 될 수 있도록 푸드트럭 창업자와 메뉴 개발팀장을 산업체 인사로 선정하여 멘토링을 시행한다. • 산업체 인사는 푸드트럭의 메뉴 종류, 작성방법, 특징, 메뉴 작성 시 유의할 사항 등에 대해 학생 팀별로 멘토링을 실시하며 콘셉트에 알맞는 메뉴, 조리법 및 표준 레시피를 작성하도록 한다. • 학생 팀별로 푸드트럭을 방문하여 판매하는 음식의 종류, 메뉴관리, 조리법 및 제조과정 등을 습득하고 메뉴 개발 시 활용하도록 한다.		
		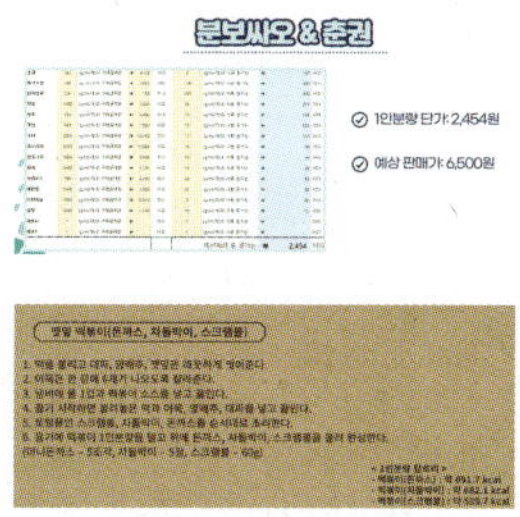	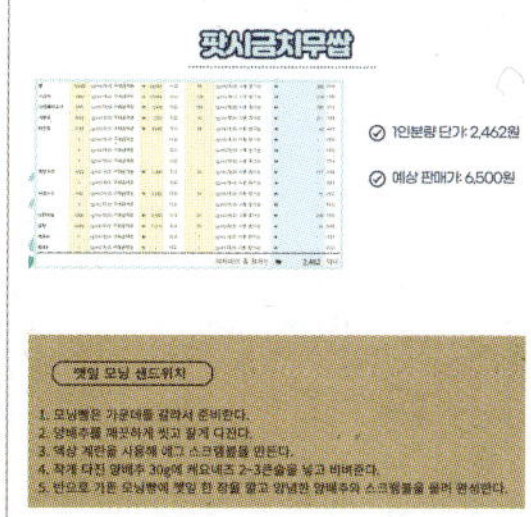	
푸드트럭 창업자 & 홍보 마케팅장	브랜딩 기획	• 학생들이 푸드트럭 창업 프로젝트 수행 시 홍보 마케팅 기획에 도움이 될 수 있도록 푸드트럭 창업자와 홍보 마케팀장을 산업체 인사로 선정하여 멘토링을 시행한다. • 산업체 인사는 푸드트럭의 홍보를 위한 브랜딩 방법 및 성공 사례를 설명하고 학생 팀별로 멘토링을 실시하며 콘셉트에 알맞는 브랜딩을 기획하도록 한다. • 학생 팀별로 푸드트럭 업체를 방문하여 다양한 홍보 마케팅 방법을 습득하도록 한다.		
		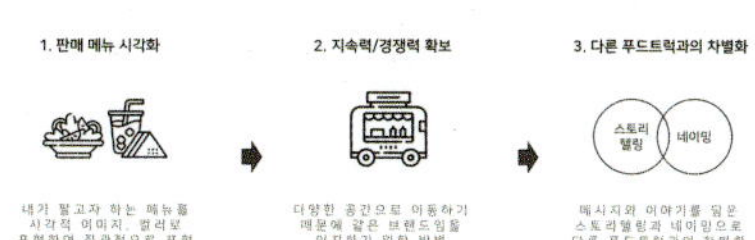	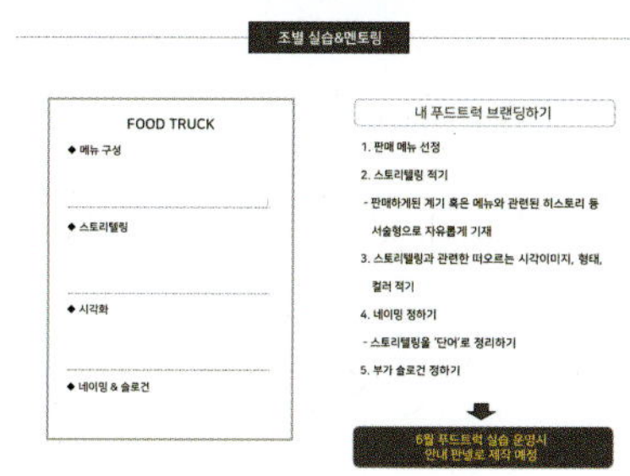	

(3) 캡스톤 디자인 아이디어 개발

① 시제품 제작

푸드트럭 창업 프로젝트 팀별로 개발한 메뉴는 시제품을 제작하며 메뉴별 특징과 맛을 높일 수 있도록 산업체 인사 멘토링을 시행한다.

그림 11-7 푸드트럭 창업 메뉴개발 및 시제품(예시)

② 품평회

푸드트럭 창업 프로젝트 팀별로 제작한 시제품은 학생, 산업체 인사 및 지도교수와 품평회를 실시하며 푸드트럭 창업 메뉴, 푸드 코디네이션, 홍보 마케팅을 위한 브랜딩 및 브로슈어 등은 평가 결과를 반영하여 수정, 보완한다.

	소중한 서로팀	한그릇 뚝딱팀
메뉴	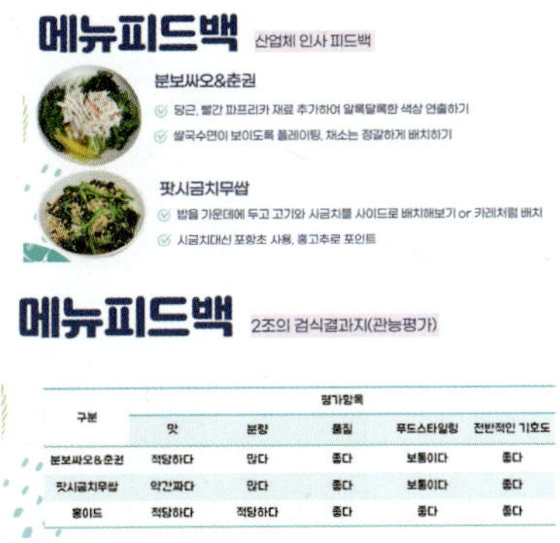	
푸드 코디네이션		
브랜딩 및 브로슈어	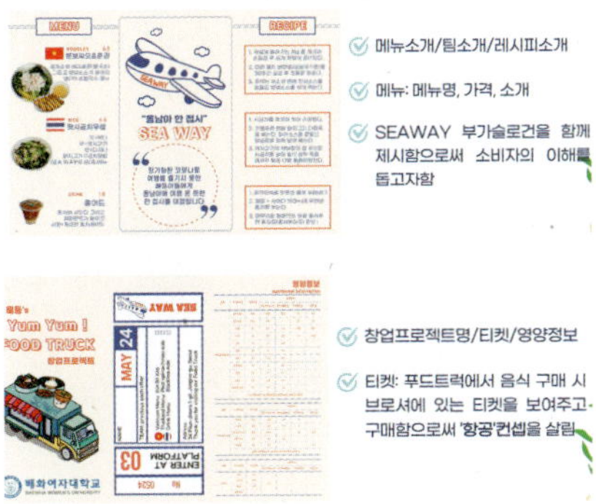	

그림 11-8 품평회

(4) 캡스톤 디자인 최종 결과물

① 푸드트럭 창업 프로젝트 결과물

푸드트럭 창업을 위한 메뉴별 음식과 푸드트럭 브랜딩 모형, 브로슈어 및 포스터 등 시제품은 품평회의 평가 결과를 반영하여 최종 결과물을 완성한다.

	소중한 서로팀	한그릇 뚝딱팀
푸드트럭 창업 메뉴별 음식		
푸드트럭 브랜딩 모형		
브로슈어 및 포스터	  	 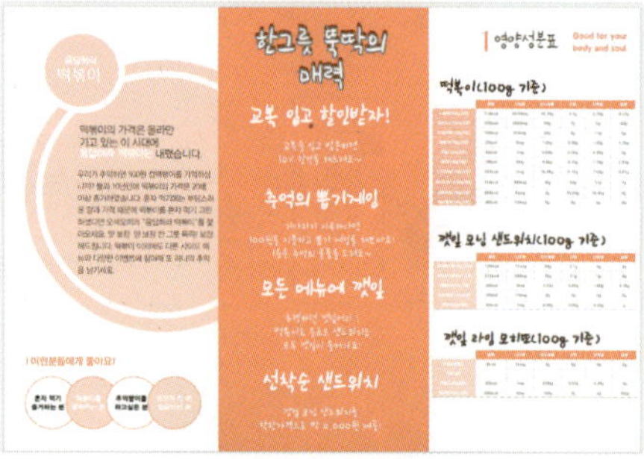 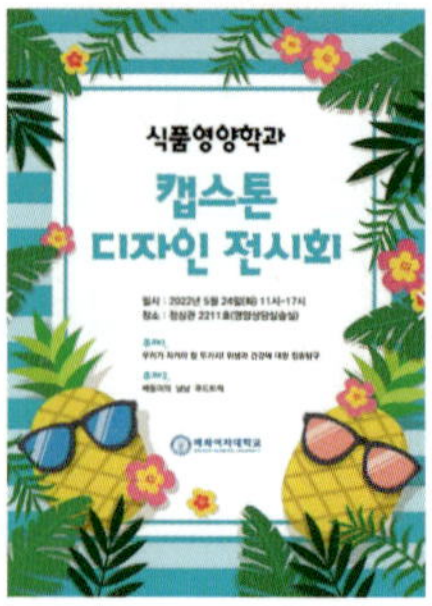

그림 11-9 푸드트럭 창업 프로젝트 결과물

② 캡스톤 디자인 전시회

캡스톤 디자인 전시회는 푸드트럭 창업 메뉴와 음식, 브랜드 모형 및 브로슈어 등 최종 결과물을 홍보 포스터와 함께 전시한다.

그림 11-10 캡스톤 디자인 전시회
자료 : 배화여자대학교 식품영양학과

(5) 평가 및 피드백

① 캡스톤 디자인 최종 보고서

학생들은 팀별로 최종 결과보고서와 포트폴리오를 작성, 제출하고 지도교수의 최종 평가를 받는다.

최종 결과보고서는 양식에 맞게 작성하며 포트폴리오는 팀별 프로젝트의 특성을 살릴 수 있도록 핵심 내용 등을 집약하여 자료집을 만든다.

캡스톤 디자인 결과보고서

팀명			참여인원	
과제명				
교과명				
과제수행기간	20 년 월 일 ~ 20 년 월 일 (개월)			
담당교수 (과제 총괄책임자)	학과명		성명	
	E-mail		전화번호	
			휴대전화	
대표학생 (과제수행팀장)	학과명		성명	
	E-mail		휴대전화	
참여 산업체 (있을 경우 작성)	기관명		담당자명	
	주소		회사 전화번호	
			휴대전화번호	
	주생산품		E-mail	
참여 업체 유형	□ 가족회사 ■ 일반회사 □ 기타( )			
집행금액				

본 보고서를 캡스톤 디자인 결과보고서로 제출합니다.

20 년 월 일

팀 장 : (서명/인)

담당교수 : (서명/인)

배화여자대학교 취업·창업지원처장 귀하

그림 11-11 캡스톤 디자인 결과보고서 양식

자료 : 배화여자대학교

② 캡스톤 디자인 결과보고서(예시)

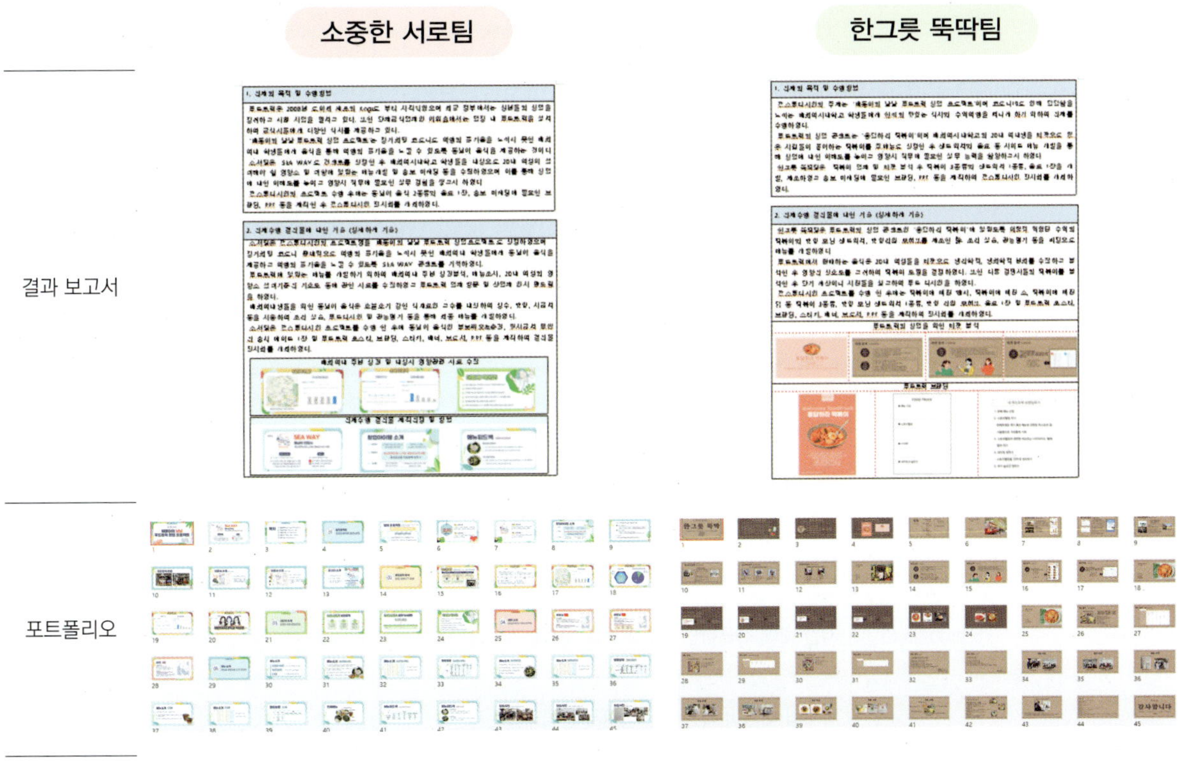

그림 11-12 캡스톤 디자인 최종 보고서(예시)

자료 : 배화여자대학교

③ 만족도 조사 및 기타 증빙자료

캡스톤 디자인 종료 후에는 캡스톤 디자인 만족도 조사와 산업체 전문가 활용 멘토비 신청서 및 멘토링 리스트 등을 작성한다 그림 11-13A, 그림 11-13B.

캡스톤 디자인 만족도 조사는 프로젝트에 참여한 학생들과 지도교수 및 산업체 인사를 대상으로 실시하며 피드백을 통해 캡스톤 디자인 교육의 질적 향상을 도모한다.

캡스톤 디자인 만족도조사

유형 : ☐ 산학연계형 ☐ 전공심화형 팀명 :

평가항목	평가내용	평가결과 전혀 아니다 (0점) 아니다 (3점) 보통이다 (5점) 그렇다 (7점) 매우 그렇다 (10점) ✓체크해 주세요.				
목표	과제의 목표가 과제내용과 적합한가?	0	3	5	7	10
임무수행	팀원의 임무가 적절히 분배되고, 수행되었는가?	0	3	5	7	10
time table	시간 내에 목표하던 일들이 완료되었는가?	0	3	5	7	10
정보, 자료의 분석 및 모델링	과제의 내용이 다양한 관점에서 분석되었는가?	0	3	5	7	10
	과제에 관련한 자료가 충분히 수집되었는가?	0	3	5	7	10
문제의 인식 및 도출	과제 수행 시 문제점이 정확히 파악되었는가?	0	3	5	7	10
	과제에 대한 문제점 해결의 대안은 적절히 제시되었는가?	0	3	5	7	10
결과 도출	팀으로 수행하면서 목적에 적합한 과제의 결과를 도출하는 경험을 하였는가?	0	3	5	7	10
	과제에 대한 결과의 도출에 논리적인 결함은 없는가?	0	3	5	7	10
결론	전공지식을 활용하여 창의력 향상과 현장 적응력 제고를 가져올 수 있는 결론을 얻었는가?	0	3	5	7	10

그림 11-13A 캡스톤 디자인 만족도 조사 및 기타 증빙 서식 1

자료 : 배화여자대학교

산업체전문가 활용 멘토비 신청서

팀명					
과제명					
산업체전문가	성명				
	연락처				
	이메일				
	계좌번호				
지도내용					
지도학생	순	학과명	학번	성명	비고
	1				
	2				
	3				
	4				
	5				

위와 같이 학생들을 지도하여 캡스톤 디자인 과제를 수행하였기에 신청합니다.

20　　년　　월　　일

담당교수 :　　　　　　　　(서명/인)

첨부: 산업체전문가 신분증 사본, 통장 사본 1부

캡스톤 디자인 멘토링 리스트

순번	교과목명	팀명	담당교수	산업체전문가명	멘토링금액	비고
1						
2						
3						
4						
5						
6						
7						
8						
9						
10						

20　　년　　월　　일

학과장 성명 :　　　　　　　　(서명/인)

그림 11-13B 캡스톤 디자인 만족도 조사 및 기타 증빙 서식 2

자료 : 배화여자대학교

Reference

강기두. 서비스마케팅. 북넷, 2018

곽동경 외. 급식경영학. 신광출판사, 2020

김근배. 끌리는 컨셉의 법칙. 중앙, 2015

김옥선 외. 급식경영학. 도서출판 효일, 2021

김태희, 윤지영, 서선희. 외식서비스 마케팅. 파워북, 2022

김태희 외. 외식서비스 마케팅. 파워북, 2017

김혜나. 음식과 사람 R&D, 2021

나정기. 외식산업의 이해. 백산출판사, 2013

설훈구. 외식경영: 전략과 투자. 도서출판 청람, 2017

안대희 외. 호텔, 외식 인적자원관리. 백산출판사, 2019

양성국. 기업과 사회. 청람, 2021

양일선 외. 급식경영학. 교문사, 2022

양일선 외. 외식사업경영. 교문사, 2016

유재욱 외. 소자본 창업경영. 청람, 2020

이장로 외. 국제마케팅. 한빛아카데미, 2020

정용주. 외식경영론. 백산출판사, 2020

정유경. 외식산업경영. 북넷, 2018

최지원. 음식과 사람 R&D, 2021

Index

ㅈ

저자 소개

한은숙 배화여자대학교 식품영양학과 교수

김옥선 장안대학교 식품영양학과 교수

김삼희 (사)한국외식업중앙회 한국외식산업연구원 연구실장

장우철 숭실대학교 경영학과 겸임교수

강창민 (주)바이포엠에프앤티 대표이사

김진수 부천대학교 호텔외식조리학과 교수

이해하기 쉬운

외식경영 및 창업 캡스톤디자인

2023년 3월 10일 초판 인쇄
2023년 3월 20일 초판 발행

지은이 | 한은숙 · 김옥선 · 김삼희 · 장우철 · 강창민 · 김진수
발행인 | 유제구
발행처 | 파워북
주 소 | 경기도 고양시 일산동구 호수로 358-25
동문타워 2차 529호
전 화 | (02) 730-1412
팩 스 | (031) 908-1410
등 록 | 1997. 1. 31. 제2014-000067호

정 가 23,000원
ISBN 978-89-8160-506-3 (93590)